W0344381

Inhaltsverzeichnis

Recht muss Recht bleiben

A. R. Penck, Großes Weltbild, 1965

Beschreiben Sie das Bild. Notieren Sie anschließend einige Stichworte über den Zusammenhang dieses Bildes zum Thema Recht – Gerechtigkeit – Menschenrechte. Diskutieren Sie im Kurs darüber.

Welche Auffassung von Recht und Gerechtigkeit wird in den einzelnen Aphorismen und Sprichwörtern deutlich? Stellen Sie ein Begriffsnetz mit den verschiedenen Aspekten von Recht und Gerechtigkeit zusammen und ergänzen Sie dieses im weiteren Verlauf des Unterrichts.

So fragte denn Hermes den Zeus, auf welche Art er Gerechtigkeit und Besonnenheit an die Menschen verleihen solle. „Soll ich mich hierbei", fragte er, „nach dem Muster richten, das die Verteilung der Künste bietet?
Diese Verteilung ist folgende Art: Ein Einzelner, der im Besitz der ärztlichen Kunst ist, reicht aus für viele Laien; und so steht es auch mit den anderen Werkmeistern. Soll ich es mit der Gründung von Gerechtigkeit und Besonnenheit ebenso halten oder soll ich sie an alle austeilen?"
„An alle", erwiderte Zeus, „und jedes soll daran teilhaben. Denn nie wird es zum Bestehen von Staaten kommen, wenn nur wenige jener Güter teilhaftig sind."

Platon (427–348/7 v. Chr.), griechischer Philosoph

Bei der Wahlrechtsaktion ist die Idee, dass Kinder eine grundsätzliche Mitsprachemöglichkeit in der Politik brauchen: Wenn sie ernst genommen werden sollen, müssen sie auch gleiche Rechte haben, und zwar ohne Altersgrenzen, sonst wäre es ja wieder undemokratisch.

Julia, 16 Jahre

Gerechtigkeit und Treue sind bei allen Gesellschaften Bindemittel.
Deshalb müssen selbst Geächtete und Räuber, die mit der ganzen übrigen Welt gebrochen haben, untereinander Treue halten.

John Locke (1632–1704), englischer Philosoph

Rechtliche Freiheit ist die Befugnis, keinen äußeren Gesetzen zu gehorchen, als zu denen ich meine Bestimmung habe geben können.

Immanuel Kant (1724–1804), deutscher Philosoph

Wo man das Recht hinauswirft, kommt der Schrecken zur Tür herein.

Sprichwort aus dem Sudan

Finden Sie weitere Sprichwörter und Redewendungen, die etwas mit den Begriffen Recht und Gerechtigkeit zu tun haben.

Moral ist stärker als Recht.

Russisches Sprichwort

Wahlrecht für Kinder und Jugendliche?

Pablo Picasso, La famille, 1970

- *Beschreiben Sie die Familie, die Picasso in seinem Bild darstellt. Wie werden die einzelnen Familienmitglieder dargestellt und welche Rolle spielen sie jeweils innerhalb der Familie?*

- *Fächerübergreifende Zusammenarbeit mit Kunst: Fertigen Sie selbst ein Bild von einer Familie in unserer Gesellschaft an. Beschreiben Sie die Unterschiede zum Bild von Picasso.*

- *Stellen Sie sich vor, unsere Gesellschaft würde sich in eine Richtung entwickeln, die zur Auflösung der Familie führt. Welche alternativen Formen des Zusammenlebens könnten Sie sich vorstellen? Entwerfen Sie mehrere Modelle.*

- *Welche Rechte müssen von den Eltern bis zur Volljährigkeit ihrer Kinder in Vertretung übernommen werden? Notieren Sie sie in Stichworten an der Tafel. Gibt es weitere Rechte, die Eltern für ihre Kinder übernehmen können sollten?*

Sollen Eltern für ihre Kinder wählen?

Der Anteil deutscher Kinder an der deutschen und damit wahlberechtigten Gesamtbevölkerung beträgt fast 20 %. Würde diese Gruppe ein Wahlrecht erhalten, so halte ich es für sicher, dass die politischen Parteien den Interessen von Familien, Müttern und Kindern ein erheblich größeres Gewicht beimessen würden. Sie würden mehr für die Kinder tun und leisten und würden ungeheure weitere Belastungen der nachfolgenden Generationen nicht mehr wagen. […] Was sagt unsere Verfassung? So sinnvoll und notwendig die Gewährung eines Wahlrechts von Geburt an wäre, so kann sie doch nur erfolgen, wenn sie im Einklang mit den Grundsätzen unserer Verfassung steht. Unsere Verfassung enthält zwei Bestimmungen, die sich scheinbar widersprechen. Art. 38 Abs. 2 Satz 1 GG legt in seiner derzeitigen Fassung ausdrücklich ein Mindestwahlalter von 18 Jahren fest. Wahlberechtigt ist, wer das achtzehnte Lebensjahr vollendet hat. Die Einführung eines Wahlrechts von Geburt an setzt also eine Änderung von Art. 38 voraus, das nur mit einer 2/3-Mehrheit des Bundestags und des Bundesrats möglich ist. In Art. 20 Abs. 2 Satz 1 GG heißt es dagegen: „Alle Staatsgewalt geht vom Volke aus" – nicht etwa nur vom volljährigen Volk! Dieser kurze Satz ist eine der wichtigsten Säulen unserer Demokratie. Das Volk übt seine Staatsgewalt durch die Wahl zum Deutschen Bundestag aus. So legt es Art. 20 Abs. 2 Satz 2 GG ausdrücklich fest. Durch ihr Wahlrecht nehmen die Bürgerinnen und Bürger unseres Landes Einfluss auf die Politik. Alle Staatsgewalt erhält ihre Legitimation direkt oder indirekt allein durch die Stimme der Wählerinnen und Wähler.

Kritiker wenden nun vor allem ein, das Wahlrecht setze eine gewisse Beurteilungs- und Verstandesreife des Wahlberechtigten voraus, die Kinder nicht haben. Stimmt diese Voraussetzung? Tatsächlich hängt die Wahlberechtigung konkret nicht von der Beurteilungsfähigkeit des Rechtsinhabers ab. […] Daher besteht kein Zweifel daran, dass auch Kinder von Geburt an ein Recht auf Würde (Art. 1 GG), ein Recht auf die freie Entfaltung ihrer Persönlichkeit (Artikel 2 GG), ein Recht auf Gleichbehandlung (Art. 3 GG) haben. Bereits Neugeborene können Eigentümer, Steuerzahler und Aktionäre sein. Die Rechtsfähigkeit eines Menschen beginnt nach § 1 BGB mit Vollendung seiner Geburt, die volle Geschäftsfähigkeit dagegen erst mit Volljährigkeit. Dort, wo dies nötig ist, nehmen die Eltern als Erziehungsberechtigte die Rechte ihrer noch nicht geschäftsfähigen Kinder wahr, im Interesse ihrer Kinder (§ 1627 BGB). An dieser Regelung nimmt niemand Anstoß. Unsere Rechtsordnung akzeptiert die Rechtsinhaberschaft bei Kindern ebenso wie deren noch nicht vorhandene Fähigkeit ihre Rechte selbst auszuüben. Hätten Kinder von Geburt an ein Wahlrecht, so gälte nichts anderes. Auch hier müssten die Eltern das Wahlrecht ihres Kindes treuhänderisch, d. h. nicht als ein eigenes, sondern als das Recht ihres Kindes und daher für das Kind wahrnehmen. Bei der Ausübung des Wahlrechts müssten sich die Eltern – wie bei allen anderen das Kind betreffenden Entscheidungen auch – allein am Wohle ihres Kindes orientieren. Für den Fall, dass die Eltern sich nicht einigen können, hält das Gesetz in § 1628 BGB eine Konfliktlösung bereit. Nach § 1628 können Eltern in Angelegenheiten, die die elterliche Sorge betreffen, bei Uneinigkeit das Familiengericht anrufen. Das Gericht überträgt dann am Wohle des Kindes orientiert die strittige Entscheidung auf einen Elternteil. Wer die gerichtliche Konfliktlösung nicht will, könnte die Kindesstimme zwischen den Eltern aufteilen (splitten), so dass jeder Elternteil über eine halbe Stimme des Kindes verfügen würde.

Kritiker wenden weiter ein, die Ausübung des Wahlrechts durch die Eltern verstoße gegen den Grundsatz der Höchstpersönlichkeit. Setzt das Wahlrecht Höchstpersönlichkeit voraus? Das wäre vorstellbar, setzte aber weiter voraus, dass jeder Wähler und jede Wählerin ausschließlich persönlich durch Versenken des selbst ausgefüllten Wahlzettels in der Wahlurne wählen dürfte und könnte. Eine so verstandene Höchstpersönlichkeit ist bereits nach derzeit geltendem Recht faktisch durchbrochen. Sowohl die Briefwahl als auch der Wahlhelfer stellen jedenfalls in ihrer praktischen Durchführung Ausnahmen vom Grundsatz der kontrollierten Höchstpersönlichkeit dar. Im Übrigen ist der Grundsatz der Höchstpersönlichkeit im Gegensatz zum Grundsatz der Allgemeinheit und der Gleichheit der Wahl nicht ausdrücklich in der Verfassung verankert. Selbst wenn man im Wege der wissenschaftlichen Auslegung oder Ableitung zu dem Ergebnis gelangt, dass der Grundsatz der Höchstpersönlichkeit sich aus den verfassungsrechtlich verankerten Grundsätzen der freien und geheimen Wahl (Art. 38 Abs. 1 GG) ergibt und somit ebenfalls Verfassungsrang genießt, so gibt diese Überlegung noch nichts her für die Verletzung des Grundsatzes der Allgemeinheit der Wahl, die in dem derzeitigen Ausschluss eines Fünftels unseres Volkes von der Wahl liegt. Wägt man zwischen den Verfassungsgrundsätzen allgemeine Wahl und höchstpersönliche Wahl ab, so gebührt m. E. dem Allgemeinheitsgrundsatz der Vorrang.

Damit steht dem Wahlrecht von Geburt an lediglich der geltende Art. 38 Abs. 2 GG entgegen, der das Wahlrecht an die Vollendung des achtzehnten Lebensjahres knüpft. In der Kommentierung zu Artikel 38 GG sucht man vergeblich nach einer stichhaltigen Begründung für die dort verankerte Altersgrenze. Im Ergebnis begnügt man sich mit dem wenig überzeugenden Hinweis, dass die Festlegung eines Wahlalters „historisch erhärtet" sei und dem „Gleichheitsgrundsatz" entspreche. Das Bundesverfassungsgericht hat dagegen entschieden, dass Einschränkungen des Grundsatzes der Allgemeinheit der Wahl nur möglich sind, sofern für sie ein „zwingender Grund" besteht. Der Ausschluss von rund 20% der deutschen Bevölkerung an der Legitimation der Staatsgewalt wird auch hier allein mit dem Hinweis begründet, die Erreichung eines Mindestalters sei von „jeher aus zwingenden Gründen" als eine Einschränkung des Allgemeinheitsgrundsatzes akzeptiert worden (BVerGE 36, 139, 141). Eine Begründung für diese Einschätzung fehlt. Einer Änderung von Art. 38 Abs. 2 GG steht daher aus verfassungsrechtlicher Sicht nichts im Wege.

*Lore Maria Peschel-Gutzeit (*1932), deutsche Juristin*

- *Bilden Sie Arbeitsgruppen und stellen Sie Pro-und-Contra-Argumente für ein Elternwahlrecht zusammen. Treffen Sie anschließend eine begründete Entscheidung für oder gegen dieses Wahlrecht und tragen Sie diese Entscheidung im Plenum vor.*
- *Welche Möglichkeiten sehen Sie, den Interessen und Bedürfnissen von Familien mehr politisches Gewicht zu verleihen? Erarbeiten Sie alternative Vorschläge.*

Ich habe schließlich eine eigene Familie

Brittas Mutter hat 40 Jahre lang ihre Familie versorgt und keinen Beruf ausgeübt. Nach dem Tod ihres Mannes erhält sie nur eine kleine Witwenrente, die zum Leben nicht ausreicht. Deshalb bittet sie ihre Tochter um finanzielle Unterstützung. Britta lehnt dies ab, da sie selbst eine Familie zu versorgen habe.

Bilden Sie Arbeitsgruppen und überlegen Sie, wie das Sozialamt Ihrer Meinung nach entscheiden müsste. Führen Sie anschließend eine Pro-und-Contra-Diskussion im Plenum. Vergleichen Sie Ihre Ergebnisse mit den entsprechenden Regelungen im Bundessozialhilfegesetz.

Rechte und Pflichten von Eltern und Kindern

Der Philosoph Immanuel Kant hat 1797 in seiner Schrift „Grundlegung zur Metaphysik der Sitten" das rechtliche Verhältnis von Eltern und Kindern neu bestimmt, das im 18. Jahrhundert lediglich als ein bloßes Sachenrecht galt, d.h. Kinder wurden den Gegenständen im Haushalt gleichgestellt.

Aus der Pflicht der Eltern ihre Kinder zu versorgen entspringt auch notwendig das Recht der Eltern zur Handhabung und Bildung des Kindes, solange es des eigenen Gebrauchs seiner Gliedmaßen, imgleichen des Verstandesgebrauchs noch nicht mächtig ist, außer der Ernährung und Pflege es zu erziehen, und sowohl pragmatisch, damit es künftig sich selbst erhalten und fortbringen könne, als auch moralisch, weil sonst die Schuld ihrer Verwahrlosung auf die Eltern fallen würde, es zu bilden; alles bis zur Zeit der Entlassung (emancipatio), da diese sowohl ihrem väterlichen Recht zu befehlen als auch allem Anspruch auf Kostenerstattung für ihre bisherige Verpflegung und Mühe entsagen, wofür und nach vollendeter Erziehung sie der Kinder ihre Verbindlichkeit (gegen die Eltern) nur als bloße Tugendpflicht, nämlich als Dankbarkeit in Anschlag bringen können.

Aus dieser Persönlichkeit der ersteren folgt nun auch, dass, da die Kinder nie als Eigentum der Eltern angesehen werden können, aber doch zum Mein und Dein derselben gehören (weil sie gleich den Sachen im Besitz der Eltern sind und aus jedes anderen Besitz selbst wider ihren Willen in diesen zurückgebracht werden können), das Recht der ersteren kein bloßes Sachenrecht, mithin nicht veräußerlich (ius personalissimum), aber auch nicht ein bloß persönliches, sondern ein auf dingliche Art persönliches Recht ist.

Hierbei fällt also in die Augen, dass der Titel eines auf dingliche Art persönlichen Rechts in der Rechtslehre noch über dem des Sachen- und persönlichen Rechts notwendig hinzukommen müsse, jene bisherige Einteilung also nicht vollständig gewesen ist, weil, wenn von dem Recht der Eltern an den Kindern als einem Stück ihres Hauses die Rede ist, jene sich nicht bloß auf die Pflicht der Kinder berufen dürfen zurückzukehren, wenn sie entlaufen sind, sondern sich ihrer als Sachen (verlaufener Haustiere) zu bemächtigen und sie einzufangen berechtigt sind.

Immanuel Kant (1724–1804), deutscher Philosoph

Welche Pflichten haben Kinder heute gegenüber ihren Eltern und wovon ist diese Verpflichtung abhängig? Die Juristen Beitzke und Lüderitz stellen dar, wie diese Frage im BGB geregelt wird.*

Mehr historische Reminiszenz[1] als eine aktuelle Rechtspflicht enthält § 1619 des BGB, der das zum Haushalt gehörende Kind den Eltern gegenüber zu Dienstleistungen im Hauswesen und Geschäft verpflichtet (§ 1619). Diese Pflicht folgt aus der familiären Lebensgemeinschaft.
Die Verpflichtung ist davon abhängig, dass das Kind dem elterlichen Hausstand angehört. Sie ist ein (nicht notwendig äquivalenter) Ausgleich für die Vorteile, die sich aus der Zugehörigkeit zum Hausstand ergeben. Für Letzteres reicht aus, dass das Kind seinen Lebensmittelpunkt noch im elterlichen Haushalt hat. Das minderjährige Kind ist schon aufgrund der häuslichen Erziehung, die es genießt, zu einer dem Alter entsprechenden Hilfe verpflichtet. Die Vorbereitung auf eine selbstständige oder partnerschaftliche Lebensführung erfordert es, dass Kinder (auch Söhne) praktische Fertigkeiten im Haushalt erlernen; auch dem Bücherwurm schadet Rasenmähen selten. § 1619 stellt insoweit klar, dass nicht nur Lerninteressen des Kindes, sondern auch Eigeninteressen der Eltern Art und Umfang der Mitarbeit bestimmen. Für das volljährige Kind ist dies evident[2]; es ist nur dann dienstpflichtig, wenn es Unterhalt genießt. Im Übrigen geht die Pflicht der Eltern, dem Kind eine seiner Individualität entsprechende Berufsausbildung zu gewähren (§ 1631 a), deren Hilfsansprüchen gegen das Kind vor. Die unterhaltsrechtlichen Vorschriften (§ 1610 mit § 1602) schließen nicht aus, dass auch das auszubildende Kind mit der Hilfe im elterlichen Haushalt oder Geschäft einen Beitrag zum eigenen Unterhalt erbringt.

1 Reminiszenz: Erinnerung
2 evident: einleuchtend, offenkundig

Günther Beitzke, Alexander Lüderitz, deutsche Juristen

Vergleichen Sie die Auffassung von Immanuel Kant mit den Bestimmungen des BGB.*

Auch Großeltern sollen Rechte haben

Die Bundesländer Sachsen-Anhalt und Hamburg haben 1999 eine Bundesratsinitiative gestartet. Sie fordern eine Ergänzung des 1998 beschlossenen Kindschaftsrechts, das die Gleichstellung von ehelichen und nichtehelichen Kindern sichert. Folgende Regelungen sollten darin neu aufgenommen werden:

- Die Unzulässigkeit von Körperstrafen in der Erziehung des Kindes. (Im Juni 2000 hat der Bundestag ein Gesetz verabschiedet, das Kindern eine gewaltfreie Erziehung in der Familie sichern soll.)
- Das Recht des Kindes, sich auch an Großeltern oder andere Personen zu wenden, die einen wichtigen Anteil an der Entwicklung des Kindes haben.
- Eine gesetzliche Mindestregelung des Verhältnisses eines Kindes zu seinen Stiefeltern.

Diskutieren Sie in Arbeitsgruppen über diese Vorschläge. Vergleichen Sie hierzu auch S. 66/67, 98/99.

Gleiche Chancen?

Beschreiben Sie, wie David Kyungu die Großfamilie in Tansania sieht.

Die rechtliche und soziale Stellung der Frauen in Tansania

Frauen und Männer sind in Tansania gesetzlich gleichgestellt. Sie haben z. B. das gleiche Recht Eigentum zu erwerben, eine Ausbildung zu erhalten und einen Beruf auszuüben. Auch in der Ehe gilt diese Gleichberechtigung, die jedoch durch das Gewohnheitsrecht eingeschränkt wird (vgl. S. 18). Das Gewohnheitsrecht wird von Männern definiert, die ökonomisch und sozial eine stärkere Position haben. Einschränkungen der Rechte der Frauen betreffen die Bereiche Heirat, Ehe und Eigentum (vgl. S. 114/115).

Die Ehe

Frauen werden in Tansania in der Ehe nicht als Partnerinnen angesehen, sondern sie sind dem Mann untergeordnet. Auf dem Land bezahlt dieser bei der Heirat einen Brautpreis an die Familie seiner zukünftigen Frau und kann daraus Besitz- und Verfügungsrechte ableiten. Er hat die Frau praktisch „gekauft". Bei dem Brautpreis handelt es sich um Kühe, Ziegen oder Geld. Die Höhe ist regional unterschiedlich und wird bestimmt durch das Ansehen der Familie und durch die „Qualität" der Frauen. So sind in der Kilimandscharo-Region kräftige Frauen sehr beliebt, da ihr Aussehen auf eine gute Arbeitskraft schließen lässt.

In der moslemischen Religion ergeben sich aus dem Koran Rechte und Pflichten für beide Geschlechter. Die Aufgabenverteilung orientiert sich an den islamischen Rollenerwartungen. Der Mann ist das Familienoberhaupt und der Versorger, während die Frau die traditionellen Aufgaben als Hausfrau und Mutter wahrnimmt.

Der Mann hat das Recht auf den Gehorsam seiner Ehefrau. Sie darf das Haus nicht verlassen, ohne ihren Mann vorher zu fragen, muss gehorsam und tugendhaft sein, außerhalb des Hauses einen Schleier tragen, das Haus hüten und die Familie versorgen. Frauen sind daher auf Sansibar kaum auf den Märkten zu finden. Die Männer vermarkten die Produkte und kaufen sie auch ein. Das Einkaufen kann aber auch von den Kindern oder alten Frauen übernommen werden.

Der Ehemann muss die Frau und seine Kinder mit Nahrung, Kleidung und einer Unterkunft versorgen, jedoch nur, wenn die Frau ihre Gehorsamspflicht nicht verletzt. Die Bestrafung bei Nichterfüllung der Pflichten ist für Frauen wesentlich strenger. Mir wurde erklärt, dass eine ungehorsame Frau erst verwarnt würde, dann würden die Eltern gebeten, ein Machtwort zu sprechen. Falls dieses auch nichts nütze, würde der Mann die Frau verstoßen (sich scheiden lassen). [...]

Frauen kümmern sich um die Versorgung der Familie, das Zuhause, die Kinder, verkaufen die Milch und pflanzen Mais. Ihr Arbeitsalltag besteht daraus Kühe zu melken, Wasser und Feuerholz zu holen, zu kochen, die Kinder zu versorgen und das Feld zu bestellen. Die von mir interviewten Frauen berichten: „Das Land und alles, was darauf wächst, gehört dem Mann. Nach der Ernte bringt die Frau den Mais auf Eseln nach Hause und lagert ihn ein. Der Mann passt auf den Mais auf. Wenn eine Frau Mais benötigt, muss sie vorher den Mann fragen, egal, ob sie ihn kochen will oder zur Mühle bringt. Der Mann bekommt zuerst sein Essen, dann die Kinder und zum Schluss die Frau. Die Männer bekommen Geld, wenn sie eine Kuh verkaufen, die Frauen verkaufen die Milch. Sie kaufen davon alles für den täglichen Bedarf, also Salz, Streichhölzer, Zucker, Essen, Öl und Kerosin."

nach Kerstin Lanje, deutsche Sozialökonomin

Wie beurteilen Sie die Rechte von Männern und Frauen in einer tansanischen Familie? Schreiben Sie in Analogie zu dem vorliegenden Text einen kurzen Essay über Rechte und Pflichten von Männern und Frauen in einer deutschen Familie. Vergleichen Sie anschließend Ihre Einschätzungen.

Rechte und Pflichten – zwei unversöhnliche Begriffe?

Robinson Crusoe ist der Held des Abenteuerromans „The life and strange adventures of Robinson Crusoe" (1719) von D. Defoe. Durch einen Schiffbruch wird er auf eine Insel an der Orinocomündung verschlagen und lebt dort ca. 28 Jahre. Er entwickelt sich vom Jäger zum Hirten, Ackerbauern und Handwerker und vermittelt schließlich dem von ihm „Freitag" genannten Gefährten geistige Bildung. Auch „Freitag" ist ein Schiffbrüchiger, der sich auf die Insel gerettet hat. Die Quelle für Defoes Roman war das Buch des Kapitäns W. Rogers „A cruising voyage round the world" (1712), das von dem schottischen Matrosen Alexander Selkirk berichtet, der 1704–1709 auf der menschenleeren „Robinsoninsel" lebte.

Moritz von Schwind, Robinson Crusoe, um 1821/22

- *Beschreiben Sie die Situation von Robinson Crusoe, die auf dem Bild dargestellt ist.*

Nachdem sich Robinson Crusoe auf die Insel gerettet hatte, baute er sofort eine Palisadenfestung.

Diese Einfriedung war so stark, dass sie weder Mensch noch Tier hätte durchbrechen oder übersteigen können. Als Eingang diente keine Tür, sondern eine kurze Leiter, mit der man über den Zaun hinwegsteigen musste. War ich drinnen, so zog ich die Leiter hinter mir hoch. Auf diese Weise glaubte ich mich vor aller Welt gesichert und schlief nachts völlig ruhig.

- *Defoe beschreibt in seinem Roman das Leben von Robinson Crusoe. Spielt das Recht in seinem Leben eine Rolle? Begründen Sie Ihre Meinung.*

Recht als soziales Ordnungssystem

Recht ist ein soziales Ordnungssystem, das sich von anderen Ordnungen des menschlichen Zusammenlebens dadurch unterscheidet, dass seine Einhaltung durch eine besondere Organisation überwacht wird. Es besteht aus Normen, also Anweisungen (Geboten und Verboten), die angeben, wie sich die Mitglieder einer konkreten, d.h. räumlich, zeitlich und persönlich abgrenzbaren Gruppe (Staat, Verband) verhalten sollen.
Auch die anderen sozialen Ordnungen wie Gewohnheit, Sitte und Brauchtum beeinflussen menschliches Verhalten. Im Unterschied zum Recht fehlt es aber bei diesen an der Erzwingbarkeit, d.h. an der Sicherung durch Gesetze. Es gibt keine Einrichtung, die uns z.B. zwingen kann eine Krawatte zu tragen oder Bekannte zu grüßen; man kann deswegen nicht vor Gericht gehen. Das ist nur möglich, wenn ein Verhalten die Rechtsordnung verletzt.

Recht – objektiv und subjektiv

Recht lässt sich in zwei große Bereiche unterteilen: Recht im *objektiven Sinne* umfasst die Gesamtheit der Normen, die in einem geografisch wie historisch bestimmten Raum die Regelung des sozialen Lebens bedingen. Das Recht im *subjektiven Sinne* beinhaltet die mit dieser Regelung gegebenen Befugnisse der Rechtsunterworfenen, also der Bürgerinnen und Bürger. Es enthält demzufolge die für jedes Mitglied der Gesellschaft ausdrücklich zuerkannten folgenden Berechtigungen:

1. etwas zu fordern
2. etwas zu tun
3. etwas zu besitzen
4. als etwas zu gelten.

Unterscheiden Sie Recht als soziales Ordnungssystem von anderen Ordnungen menschlichen Zusammenlebens.

Erläutern Sie anhand von Beispielen aus Ihrem Erfahrungsbereich, was „Recht im subjektiven Sinn" bedeutet.

Verpflichtungen und Pflichten

Verpflichtungen unterscheiden sich in mehreren Eigenschaften von anderen moralischen Geboten. Einmal entstehen sie durch freiwillige Akte; diese können ausdrückliche oder stillschweigende Versprechen oder Übereinkünfte sein, müssen es aber nicht, wie beispielsweise das Annehmen von Vorteilen. Des Weiteren ist der Inhalt von Verpflichtungen stets durch Institutionen oder Gebräuche festgelegt, deren Regeln angeben, was man zu tun hat. Und schließlich bestehen Verpflichtungen gewöhnlich gegenüber bestimmten Menschen, denen nämlich, die in dem betreffenden Rahmen zusammenarbeiten. Als Beispiel betrachten wir die politische Handlung des Kandidierens und (im Erfolgsfalle) Bekleidens eines öffentlichen Amtes in einem konstitutionellen Regierungssystem. Daraus entsteht die Verpflichtung, die Amtspflichten zu erfüllen, und diese bestimmen den Inhalt der Verpflichtung.
Unter Pflichten verstehe ich hier nicht moralische Pflichten, sondern Aufgaben und Verantwortlichkeiten, die zu institutionellen Positionen gehören. Trotzdem kann jemand moralische Gründe (abgeleitet aus einem moralischen Grundsatz) zur Erfüllung dieser Pflichten haben, etwa aufgrund des Fairness-Grundsatzes. Der Träger eines öffentlichen Amtes ist auch gegenüber seinen Mitbürgern verpflichtet, deren Vertrauen er gesucht hat, und mit denen zusammen er eine demokratische Gesellschaft in Gang hält. Verpflichtungen ergeben sich auch aus der Heirat, ebenso aus der Übernahme richterlicher, ausführender oder anderer Gewalt. Verpflichtungen ergeben sich aus Versprechen und aus stillschweigenden Übereinkünften, selbst aus dem bloßen Mitmachen bei einem Spiel, nämlich die Verpflichtung, die Regeln zu beachten und sich fair zu verhalten.
Während sich alle Verpflichtungen aus dem einen Grundsatz der Fairness ergeben, gibt es viele natürliche Pflichten, positive und negative. [...]
Beispiele für natürliche Pflichten sind: Die Pflicht, einem anderen zu helfen, wenn er in Not oder Gefahr ist, vorausgesetzt, es ist ohne ungebührliche eigene Gefährdung und Schädigung möglich; die Pflicht, einem anderen keinen Schaden und kein Unrecht anzutun; die Pflicht, kein unnötiges Leiden hervorzurufen. Die erste Pflicht, die Pflicht der gegenseitigen Hilfe, ist eine positive Pflicht, denn es ist ja eine Pflicht, jemand anderem etwas Gutes zu tun; demgegenüber sind die beiden letzteren Pflichten negative, da sie von uns fordern, etwas Schlechtes zu unterlassen. [...]
Von den Verpflichtungen unterscheiden sich nun die natürlichen Pflichten dadurch, dass sie unabhängig von irgendwelchen freiwilligen Akten gelten. Sie stehen auch in keinem notwendigen Zusammenhang mit Institutionen oder Gebräuchen; ihr Inhalt ist im Allgemeinen nicht durch die Regeln von solchen festgelegt. Wir haben etwa die natürliche Pflicht nicht grausam zu sein, ebenso die, anderen zu helfen, ob wir uns nun dazu verpflichtet haben oder nicht. Es hilft nichts, wenn jemand sagt, er habe nicht versprochen, nicht grausam oder rachsüchtig zu sein oder anderen zu helfen. Ein Versprechen, nicht zu töten, wäre ja gewöhnlich auch völlig überflüssig und abwegig, und der Gedanke, es würde eine moralische Verpflichtung schaffen, die es vorher nicht gab, ist falsch. Ein solches Versprechen ist, wenn überhaupt, nur dann am Platze, wenn jemand aus bestimmten Gründen das Recht hat zu töten, beispielsweise in einem gerechten Krieg. Die natürlichen Pflichten zeichnen sich weiter dadurch aus, dass sie zwischen Menschen unabhängig von ihren institutionellen Beziehungen gelten; sie gelten zwischen allen als gleiche moralische Subjekte. In diesem Sinne bestehen die natürlichen Pflichten nicht nur gegenüber bestimmten Menschen, etwa denen, die in einem bestimmten gesellschaftlichen Verhältnis zusammenarbeiten, sondern gegenüber Menschen überhaupt.
Gerade das lässt die Bezeichnung „natürlich" als besonders passend erscheinen. Ein Ziel des Völkerrechts ist die Einführung dieser Pflichten in das Verhalten der Staaten. Dies hat besondere Bedeutung für die Beschränkung der im Kriege verwendeten Mittel, wenn man annimmt, Verteidigungskriege seien jedenfalls unter gewissen Umständen gerechtfertigt.

John Rawls *(∗1921), amerikanischer Philosoph*

Wie unterscheidet John Rawls Verpflichtungen und Pflichten? Stimmen Sie ihm zu? Begründen Sie Ihre Meinung.

Nennen Sie weitere Beispiele für negative und positive Pflichten. Was würde passieren, wenn Menschen diese Pflichten nicht anerkennen würden? Vergleichen Sie hierzu auch „Die Allgemeine Erklärung der Menschenpflichten" auf S. 110.

Hat Robinson Crusoe auch Pflichten und Verpflichtungen? Warum? Warum nicht? Was würde Rawls dazu sagen?

Lesen Sie das Beispiel „Ich habe schließlich eine eigene Familie" auf S. 8. Hat Britta ihrer Mutter gegenüber natürliche Pflichten oder Verpflichtungen? Begründen Sie Ihre Meinung.

Rechtsgefühl und Rechtsbewusstsein als Quellen des Rechts

Jasmin Oldenburg, 19 Jahre. 46. Europäischer Wettbewerb 1999 zum Thema: Mensch sein heißt frei sein.

Interpretieren Sie den Titel des Bildes „Mensch sein heißt frei sein". Geben Sie dem Bild anschließend eine neue Überschrift, die auf das Thema der Doppelseite Bezug nimmt.

Bilden Sie zwei Gruppen.
1. Gruppe: Beschreiben Sie die Situation aus Ihrer Perspektive, d. h. aus der Perspektive der Außenstehenden.
2. Gruppe: Beschreiben Sie die Situation aus der Perspektive der abgebildeten Person.
Vergleichen Sie beide Perspektiven. Wo sehen Sie Unterschiede und Gemeinsamkeiten?

Dienstvergehen oder Zivilcourage?

Drei afrikanische Asylbewerber wurden zum Gewahrsam in die Polizeidirektion von Landau abgeschoben. Da keine anderen Räume vorhanden waren, sperrte man sie in spärlich eingerichtete Ausnüchterungszellen im Keller, die nur für stundenweise Belegung vorgesehen sind. In den Kammern stand eine Holzpritsche mit einer Decke. Es gab kein fließendes Wasser. Wenn die Inhaftierten auf die Toilette wollten, mussten sie nach einem Wachmann klingeln. Kein Hofgang im Freien.
Diese erniedrigende Behandlung konnte der Polizist Roland Schlosser nicht mit ansehen; die Verhafteten taten ihm Leid. Seine Kollegen und er bemühten sich vergeblich, die Abschiebehäftlinge anderswo unterzubringen. Kurz entschlossen quartierte deshalb Roland Schlosser einen der Inhaftierten bei einem befreundeten Lehrer ein … Die beiden anderen Afrikaner konnten in einer regulären Gefängniszelle auf ihre Abschiebung warten. Gegen den beim Lehrer in „lockerem Gewahrsam" untergebrachten Afrikaner wurde der Haftbefehl nach acht Tagen aufgehoben; er war unschuldig inhaftiert und konnte seine Unterkunft verlassen.
Roland Schlosser handelte human und aus Respekt vor dem Grundgesetz. Der mitfühlende Polizist, der sich als „Freund und Helfer" der Bürger erwies, wurde jedoch für seine gute Tat nicht belobigt. Dienstbehörde und Staatsanwaltschaft sahen in seinem spontanen Verhalten ein Dienstvergehen. Der Polizeihauptkommissar wurde in der Beurteilungsliste einen Punkt herabgestuft; zudem bekam er einen Prozess wegen Gefangenenbefreiung. Er verteidigte sich damit, dass ihm daran liege, das Grundgesetz zu erfüllen, das die Würde des Menschen über alles stelle. Die Richterin befand jedoch, der Polizeibeamte habe „keine Berechtigung gehabt", „aus eigener Machtvollkommenheit heraus zu handeln"; sie verurteilte ihn zu 2000 Mark Geldstrafe.

Kurt Singer (∗1929), deutscher Psychologe

Bilden Sie Arbeitsgruppen und überlegen Sie, wie Sie als Richterin bzw. als Richter diesen Fall entschieden hätten. Begründen Sie Ihr Urteil und führen Sie anschließend ein Streitgespräch im Plenum.

Prüfen Sie die Argumentation des Polizisten Schlosser und suchen Sie weitere Gründe zur Rechtfertigung seines Handelns.

Eine Frau im Gerichtssaal sagte zu diesem Fall: „Der Mann hatte das richtige Rechtsgefühl, aber mit Gefühlen lässt sich eben kein Recht verwirklichen." Was ist damit gemeint!

Rechtsbewusstsein als Pflicht?

Die moralische Pflicht zum Rechtsgehorsam ist in ihrem Status nicht anders aufzufassen als etwa die moralische Pflicht nicht zu lügen. Auch hier sind ja Fälle denkbar, die zusätzlich noch unter ein anderes Prinzip (mit gegenteiliger Konsequenz) fallen und in denen dieses andere Prinzip vorgeht. Selbst wenn es sich als unmöglich erweisen sollte, für den Konfliktfall der Pflicht zum Rechtsgehorsam mit anderen Pflichten eine feste Rangordnung aufzustellen, so ist deshalb die Aufstellung des Prinzips einer Pflicht zum Rechtsgehorsam nicht etwa wertlos. Es besagt nämlich immerhin so viel:

Dass eine Handlung unter die Kategorie „Rechtsbruch" fällt, ist stets ein Gesichtspunkt, der bei der moralischen Beurteilung dieser Handlung (negativ) zu berücksichtigen ist. Anders ausgedrückt: Wenn die Handlung nicht auch noch unter ein anderes moralisches Prinzip subsumierbar[1] ist, dann ist sie, allein weil sie ein Rechtsbruch ist, damit ohne Weiteres falsch. Die Pflicht zum Rechtsgehorsam ist nach alledem wie die meisten, wenn nicht alle unserer moralischen Pflichten nicht eine unbedingt, unter allen Umständen, sondern eine lediglich grundsätzlich, prima facie[2] bestehende Pflicht. Das Maß der Verbindlichkeit, das die moralische Pflicht zum Rechtsgehorsam im Einzelfall hat, ist demnach eingeschränkt. Es hängt davon ab, welche anderen moralischen Pflichten oder Rechte jeweils im Spiel sind.

Die Möglichkeiten sind vielfältig; das Recht kann eine Handlung verbieten, die auch bereits gegen ein moralisches Verbot verstößt (z. B. Tötung, Vertragsbruch); dann weisen beide Pflichten in dieselbe Richtung. Das Recht kann eine Handlung verbieten, die moralisch gerade geboten ist (z. B. die Rettung eines unschuldig vom Staat Verfolgten); hier ist eine Abwägung beider Pflichten erforderlich. Das Recht kann eine Handlung verbieten, die als solche moralisch neutral ist, nach ihrem Verbot aber wegen der Folgen dieses Verbots auch von einem moralischen Verbot (und zwar nicht nur dem des Rechtsbruchs) erfasst wird (z. B. das Linksfahren auf der Straße: Es führt zur Lebensgefährdung). Das Recht kann schließlich eine Handlung verbieten, die moralisch neutral ist und es als solche auch nach dem Verbot bleibt (z. B. das Parken an einer Stelle, an der de facto[3] keinerlei Verkehrsbehinderung entsteht; oder die homosexuelle Betätigung Erwachsener); in diesen Fällen wird es darauf ankommen, inwieweit man dem Individuum geradezu ein moralisches Recht auf ungehinderte Vornahme der betreffenden Handlung zubilligen kann.

Und noch weitere Unterscheidungen sind von Wichtigkeit, nämlich: Wie sorgfältig hat sich das Individuum über die Richtigkeit und Anwendbarkeit dem Rechtsgehorsam entgegenstehender moralischer Prinzipien Gedanken gemacht? Steht das Individuum in einem Verhältnis zum Staat, das ihm eine besondere moralische Treuepflicht auferlegt? (Es ist beispielsweise denkbar, dass man in einem Fall, in dem man dem Bürger ein moralisches Recht zum Ungehorsam zubilligt, gleichzeitig dem Staatsdiener die moralische Pflicht auferlegt, eben diesen Ungehorsam zu verhindern bzw. zu ahnden.)

Auch wird man unterschiedliche Anforderungen aufstellen müssen, je nachdem, ob man dem Einzelnen eine moralische Pflicht oder bloß ein moralisches Recht, dem geltenden Recht zu trotzen, zusprechen möchte. Auch den primären Rechtsbruch und die Flucht vor den für diesen Rechtsbruch vom Staat verhängten Sanktionen wird man nicht ohne weiteres moralisch gleich beurteilen können. Nicht zuletzt ist natürlich, wie schon angedeutet, von Relevanz[4], inwieweit die betreffende Rechtsordnung in ihren Fundamenten moralischen Ansprüchen genügt, insbesondere inwieweit sie dem Einzelnen eine Chance gibt, für die Änderung solcher Gesetze, die er für falsch hält, politisch zu kämpfen.

1 subsumierbar: unterordnen, unter einem Thema zusammenfassen
2 prima facie: dem ersten Eindruck nach
3 de facto: tatsächlich
4 Relevanz: Wichtigkeit

Norbert Hoerster, deutscher Philosoph

- *Charakterisieren Sie anhand von Beispielen aus dem Text das Verhältnis zwischen Rechtsnormen und moralischen Prinzipien. Worin besteht das wesentliche Unterscheidungsmerkmal?*
- *Wie würde Norbert Hoerster den Fall des Polizisten Schlosser entscheiden?*
- *Hatte Schlosser ein Rechtsgefühl oder ein Rechtsbewusstsein? Begründen Sie Ihre Entscheidung.*

Recht

Recht ist als eine von Menschen gesetzte Ordnung in Sätzen zu denken, die schon darum weder absolut noch universal ist, während es in der Ethik um letzte und allgemeine Gültigkeit geht. Sowenig sich das Sittengesetz oder auch die bloß konventionelle Sitte gänzlich in Rechtssätze umgestalten lassen und lassen dürfen, wenn es nicht zur Gefahr der Tyrannis eines radikalisierten Gesetzes kommen soll, so wenig ist [das] gesetzte Recht von ethischen Prinzipien abhängig. Es gibt einen umfangreichen Bestand von rechtsverbindlichen Sätzen mit zugehörigen Sanktionen, die nur an der Natur der von ihnen zu ordnenden Sachen (z. B. Verkehrsregelung) orientiert sind und sein können. D. h. aber: Sittengesetz und Recht decken sich nicht hinsichtlich ihrer Bereiche; der Bereich des Rechts ist auch nicht demjenigen der Ethik eingeordnet; beide Bereiche überschneiden einander. Der Verzicht auf das subjektive Recht in bestimmtem Fall z. B. ist nur als ethische Entscheidung, nicht als Rechtspflicht denkbar, kann aber dann auch zur Pflicht werden (z. B. Verzicht auf subjektive Rechte des Gläubigers). Recht geht nur auf die äußere Handlung und deren Gesetzmäßigkeit. Es ist heteronom[1]. [...] Im Unterschied zur Radikalität der sittlichen Forderung sind die Forderungen des Rechts begrenzt und zeigen den Kompromisscharakter zwischen der Gerechtigkeit bzw. dem Rechtsideal einerseits, individueller und sozialer Lebenswirklichkeit andererseits.

1 heteronom: fremdgesetzlich, von Gesetzen abhängig, die von außen her bezogen werden

Mensch sein heißt frei sein

Christoph Brassat, 19 Jahre. 46. Europäischer Wettbewerb 1999 zum Thema: Mensch sein heißt frei sein

Welche Assoziationen verbinden Sie mit dieser Collage? Notieren Sie sich einige Stichworte und sprechen Sie anschließend im Kurs darüber.

Freiheit ist ein Schwebezustand.
Konfuzius *(551–479 v. Chr.), chinesischer Philosoph*

Interpretieren Sie das Zitat von Konfuzius im Zusammenhang mit dieser Collage.

Freiheit statt Zügellosigkeit

Um politische Gewalt richtig zu verstehen und sie von ihrem Ursprung abzuleiten, müssen wir erwägen, in welchem Zustand sich die Menschen von Natur aus befinden. Es ist ein Zustand vollkommener Freiheit, innerhalb der Grenzen des Gesetzes der Natur ihre Handlungen zu regeln und über ihren Besitz und ihre Persönlichkeit so zu verfügen, wie es ihnen am besten scheint, ohne dabei jemanden um Erlaubnis zu bitten oder vom Willen eines anderen abhängig zu sein.

Was ist der Zustand der Gleichheit?

Es ist darüber hinaus ein Zustand der Gleichheit, in dem alle Macht und Rechtsprechung wechselseitig sind, da niemand mehr besitzt als ein anderer: Nichts ist einleuchtender, als dass Geschöpfe von gleicher Gattung und von gleichem Rang, die ohne Unterschied zum Genuss derselben Vorteile der Natur und zum Gebrauch derselben Fähigkeiten geboren sind, ohne Unterordnung und Unterwerfung einander gleichgestellt leben sollen, es sei denn, ihr Herr und Meister würde durch eine deutliche Willensäußerung den einen über den anderen stellen und ihm durch eine überzeugende, klare Ernennung ein unzweifelhaftes Recht auf Herrschaft und Souveränität verleihen. […]

Freiheit und Vernunft

Aber obgleich dies ein Zustand der Freiheit ist, so ist es doch kein Zustand der Zügellosigkeit. Der Mensch hat in diesem Zustand eine unkontrollierbare Freiheit, über seine Person und seinen Besitz zu verfügen; er hat dagegen nicht die Freiheit, sich selbst oder irgendein in seinem Besitz befindliches Lebewesen zu vernichten, wenn es nicht ein edlerer Zweck als seine bloße Erhaltung erfordert. Im Naturzustand herrscht ein natürliches Gesetz, das jeden verpflichtet. Und die Vernunft, der dieses Gesetz entspricht, lehrt die Menschheit, wenn sie sie nur befragen will, dass niemand einem anderen, da alle gleich und unabhängig sind, an seinem Leben und Besitz, seiner Gesundheit und Freiheit Schaden zufügen soll. […] Wie ein jeder verpflichtet ist, sich selbst zu erhalten und seinen Platz nicht vorsätzlich zu verlassen, so sollte er aus dem gleichen Grunde, und wenn seine eigene Selbsterhaltung nicht dabei auf dem Spiel steht, nach Möglichkeit auch die übrige Menschheit erhalten. Er sollte nicht das Leben eines anderen oder, was zur Erhaltung des Lebens dient, Freiheit, Gesundheit, Glieder oder Güter wegnehmen oder verringern, es sei denn, dass an einem Verbrecher Gerechtigkeit geübt werden soll.

John Locke (1632–1704), englischer Philosoph

- *Informieren Sie sich über das Leben und die Schriften des englischen Philosophen John Locke.*
- *Charakterisieren Sie den Naturzustand. Formulieren Sie anschließend eine Definition, worin Ihrer Meinung nach das Wesen des Naturrechts besteht.*
- *Verbinden Sie die Aussage des Bildes von Christoph mit den Aussagen von John Locke.*

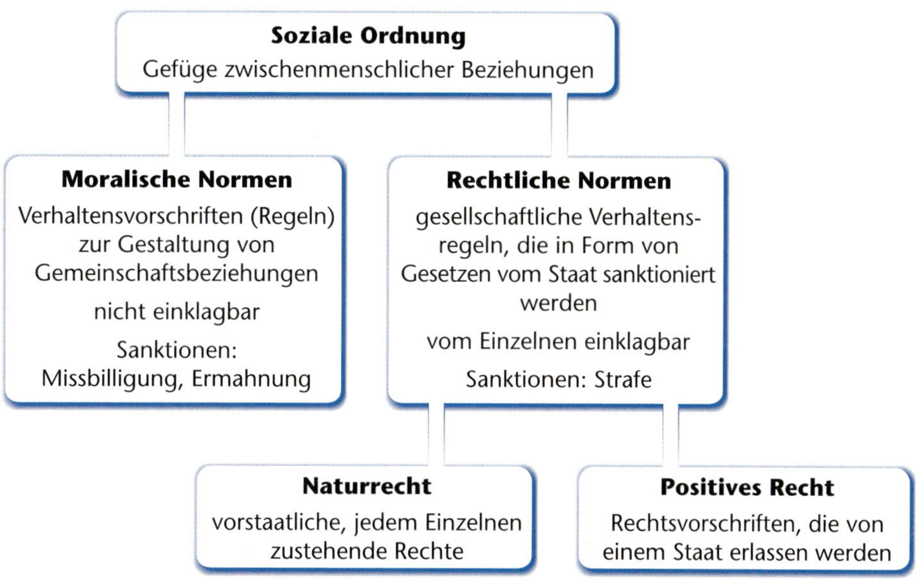

- *In der ethischen Theorie spielen auch Werte und Tugenden eine Rolle. Wie könnten sie in dieses Schema integriert werden? Ergänzen Sie die Skizze.*
- *Wo würden Sie die Zehn Gebote aus der Bibel, das Grundgesetz der Bundesrepublik Deutschland und die Allgemeine Erklärung der Menschenrechte von 1948 einordnen? Begründen Sie Ihre Entscheidung.*

Thesen gegen die Maßlosigkeit

These 1

Ohne Selbstbeschränkung und Selbstdisziplin kann kein Gemeinwesen leben. Jede Gemeinschaft braucht Spielregeln, braucht Normen, nach denen der Einzelne sich richten kann, auch bestimmte Bindungen und Traditionen sind unentbehrlich.

Unlimitierte Liberalisierung, Freiheit ohne Selbstbeschränkung, führt ins Chaos und schließlich zu ihrer Antithese: dem autoritären Zwang. Jede Gesellschaft braucht einen ethischen Minimalkonsens, ohne ihn zerbröselt sie. Ralf Dahrendorf, der Liberale, warnt vor dem Schreckgespenst, dass „Freiheit zu jenem existenzialistischen Albtraum wird, in dem alles geht und es auf nichts mehr ankommt".

These 2

Das ungebremste Streben nach immer neuem Fortschritt, nach immer mehr Freiheit, nach Befriedigung ständig steigender Erwartungen zerstört jede Gemeinschaft und führt schließlich zu anarchischen Zuständen. Harmonie und Stabilität kann es unter solchen Umständen nicht mehr geben.

These 3

Die wichtigste Forderung an den Einzelnen und an die Gesellschaft heißt Maßhalten, heute aber lautet die Losung: Maximierung – alles muss immer größer werden, es muss immer mehr Freiheit, Wachstum, Profit geben.

Marion Gräfin Dönhoff (∗1909), deutsche Journalistin und Herausgeberin der ZEIT

- *Stimmen Sie Gräfin Dönhoff zu? Warum bzw. warum nicht? Begründen Sie Ihre Auffassung.*
- *Bilden Sie Arbeitsgruppen und ergänzen Sie die Thesen.*

Die Entwicklung des positiven Rechts

Es gab bereits sehr früh in der Rechtsgeschichte Rechtsvorschriften, die von Herrschern erlassen wurden. Zu den ältesten Dokumenten zählt die Gesetzestafel des Königs Hammurabi. Die heute im Louvre aufbewahrte Stele enthält das gesamte Gesetzeswerk des babylonischen Königs.

Hammurabi nimmt vom Sonnengott die Gesetze entgegen. Dieser gilt als Gott der Weisheit und für die Sumerer als Richter in der Totenwelt. Um 1700 v. Chr.

Die Vernunft für den Weisen,
das Gesetz für den Unweisen.
Sprichwort aus Babylonien

- *Interpretieren Sie dieses Sprichwort im Zusammenhang mit den Gesetzestafeln des Hammurabi.*

- *Fächerübergreifende Zusammenarbeit mit Geschichte: Stellen Sie Gesetzessammlungen zusammen, die das Entstehen des positiven Rechts in Europa belegen, und vergleichen Sie diese mit dem Kodex des Hammurabi.*

§

Kodex Hammurabi

§ 1 Gesetzt, ein Mann hat einen anderen bezichtigt und ihm Mordtat vorgeworfen, hat ihn aber nicht überführt, so wird derjenige, der ihn bezichtigt hat, getötet.

§ 3 Gesetzt, ein Mann ist bei einem Prozesse zu falschem Zeugnis aufgetreten, hat aber die Aussage, die er getan hat, nicht bewiesen, gesetzt, selbiger Prozess war ein Prozess ums Leben, so wird selbiger Mann getötet.

§ 14 Gesetzt, ein Mann hat einen minderjährigen Freigeborenen gestohlen, so wird er getötet.

§ 22 Gesetzt, ein Mann hat geraubt und ist dabei gefasst worden, so wird selbiger Mann getötet.

§ 53 Gesetzt, ein Mann hat es vernachlässigt, den Deich seines Feldes zu befestigen, und hat seinen Deich nicht befestigt, und an seinem Deich ist eine Öffnung entstanden, und er hat verursacht, dass das Wasser die Flur wegriss, so wird der Mann, an dessen Deich eine Öffnung entstanden ist, das Getreide, das er vernichtet hat, ersetzen.

§ 54 Gesetzt, er kann das Getreide nicht ersetzen, so wird man ihn und seine Habe für Geld verkaufen, und die Bewohner der Flur, deren Getreide das Wasser weggerissen hat, werden teilen.

§ 127 Gesetzt, ein Mann hat wider eine Priesterin oder die Gattin eines anderen den Finger ausgestreckt [...], so wird man selbigen Mann vor die Richter treiben und sein Vorderhaupthaar scheren.

§ 195 Gesetzt, ein Kind hat seinen Vater geschlagen, so wird man ihm die Hände abschneiden.

§ 196 Gesetzt, ein Mann hat das Auge eines Freigelassenen zerstört, so wird man sein Auge zerstören.

§ 197 Gesetzt, er hat einem anderen einen Knochen gebrochen, so wird man seinen Knochen zerbrechen.

§ 200 Gesetzt, ein Mann hat einem anderen ihm gleichstehenden Mann einen Zahn ausgeschlagen, so wird man ihm einen Zahn ausschlagen.

§ 221 Gesetzt, ein Arzt hat einen zerbrochenen Knochen eines Mannes geheilt oder eine kranke Sehne gesund gemacht, so wird der Patient dem Arzt fünf Schekel Silber geben. [1 Schekel: ca. 9 g]

§ 233 Gesetzt, ein Baumeister hat für einen Mann ein Haus gebaut, sein Werk aber nicht haltbar gemacht und eine Wand ist eingefallen, so wird selbiger Baumeister von seinem Gelde selbige Wand befestigen.

- *Wie beurteilen Sie die Rechtsvorschriften von Hammurabi? Welchen Paragraphen würden Sie auch heute noch zustimmen und welche würden Sie verwerfen? Begründen Sie Ihre Auffassung.*

Kann es einen Staat ohne Gesetze geben? Was könnte die Menschen dazu veranlasst haben, sich freiwillig Gesetze zu schaffen? Führen Sie eine Pro-und-Contra-Diskussion und begründen Sie Ihre Meinung.

Fächerübergreifende Zusammenarbeit mit Geschichte und Latein: Halten Sie ein Referat über die Entwicklung und die Bedeutung des römischen Rechts. Sie können z. B. nachlesen in: Heinrich Krefeld, Res Romanae, Cornelsen, Berlin 1999, S. 46–54.

Warum funktioniert der Naturzustand nicht?

Eine jede Vereinigung kann nur auf der Norm gegründet werden, dass die Vereinigung sich das sonst jedem zustehende Recht aneignet allein Vergeltung zu üben und über Gut und Böse sein Urteil zu fällen. Sie muss daher die Macht haben über die Lebensweise allgemeine Vorschriften zu erlassen, Gesetze zu geben und ihre Befolgung zu erzwingen, und zwar nicht im Vertrauen auf die Vernunft, welche die menschlichen Triebkräfte doch nicht zügeln kann, sondern durch die Aufstellung von Strafdrohungen. Eine solche Vereinigung, die sich auf Gesetze und die Macht sich zu erhalten, gründet, nennt man Staat; diejenigen, die durch sein Recht geschützt werden, heißen Bürger.

Hieraus ist leicht zu ersehen, dass es im Naturzustand nichts gibt, was nach Übereinstimmung aller gut und schlecht wäre, da ja im Naturzustand jeder nur für seinen Nutzen sorgt und nach seinem Sinn und nur, indem er auf seinen Nutzen Bedacht nimmt, entscheidet, was gut und was schlecht ist, und durch kein Gesetz gebunden ist, irgendjemand zu gehorchen als nur sich selbst. Im Naturzustand kann es daher nicht den Begriff des Verbrechens geben, wohl aber im staatlichen Leben, wo durch allgemeine Übereinstimmung entschieden wird, was gut und was schlecht sein soll, und jeder verpflichtet ist, dem Staate zu gehorchen.

Verbrechen ist somit nichts anderes als Ungehorsam, welcher nur nach dem staatlichen Gesetze strafbar ist, während der Gehorsam der Bürger als Verdienst angerechnet und der gehorsame Bürger für würdig erachtet wird sich der Vorteile des Staates zu erfreuen.

Ferner ist im Naturzustand niemand nach gemeinschaftlicher Übereinkunft Herr irgendeines Dinges, und es gibt in der Natur nichts, was als Eigentum dieses oder jenes Menschen bezeichnet werden könnte, sondern alles gehört allen. Daher kann auch im Naturzustand der Wille, jemand das Seinige zu geben oder zu nehmen, begrifflich nicht erfasst werden, d. h. im Naturzustand geschieht nichts, was gerecht oder ungerecht heißen könnte, wohl aber im staatlichen Leben, wo nach gemeinschaftlicher Übereinkunft festgestellt wird, was diesem und was jenem gehören soll.

Baruch Spinoza (1632–1677), niederländischer Philosoph

Fassen Sie die Kritikpunkte Spinozas am Naturzustand in Stichworten zusammen.

Entwerfen Sie ein Flugblatt, mit dem Sie Menschen überzeugen wollen, den Naturzustand aufzugeben und positive Rechtsvorschriften zu erlassen.

Von der Gewohnheit zum gesetzlichen Rahmen

Was ist Gewohnheitsrecht? Nennen Sie Beispiele aus der heutigen Zeit.

Die Bezeichnung „traditionales Recht" weist darauf hin, dass der Geltungsgrund des Rechts in der Tradition lag. Rechtliche Regeln machten das verbindlich, was schon immer gegolten hatte und auch in Zukunft weiter gelten sollte. Recht wurde nicht geschaffen, es ergab sich aus den sozialen Normen, die schon bisher gegolten und sich bewährt hatten. Recht war Gewohnheitsrecht.

Die schriftliche Fixierung des Rechts bestand über lange Zeiträume hinweg darin, diejenigen Regeln zu sammeln und aufzuzeichnen, die schon früher gegolten hatten oder von denen man dies zumindest glaubte. Der Geltungsgrund des Rechts lag darin, dass es alt war. So schrieb beispielsweise der Verfasser des berühmten Sachsenspiegels, einer mittelalterlichen Rechtssammlung aus dem 13. Jahrhundert: „Dieses Recht habe ich nicht selbst erdacht; unsere guten Vorfahren haben es aus älterer Zeit an uns überliefert."

Das moderne Recht unterscheidet sich grundlegend von dieser älteren Rechtsauffassung. Es ist nicht mehr Gewohnheitsrecht, sondern „positives Recht". Das Wort positiv[1] bedeutet hierbei, dass es sich um Recht handelt, das durch eine Entscheidung des Inhabers der politischen Herrschaftsgewalt „gesetzt" wurde.

Wir dürfen uns allerdings den Übergang vom traditionalen zum modernen Recht nicht als einen plötzlichen Einschnitt in der Rechtsgeschichte vorstellen. Über längere Zeiträume hinweg galten gewohnheitsrechtliche Regeln neben dem neuen staatlich gesetzten Recht fort. Entscheidend wichtig war aber, dass sich mit dem Übergang zum positiven Recht der Geltungsgrund des Rechts veränderte:

„Galt es vordem, weil es zum göttlichen Weltplan gehörte oder sich mit diesem zumindest in Übereinstimmung befand oder weil es aus andauernder Übung in der Bevölkerung stammte, so verlagerte sich der Geltungsgrund des Rechts nunmehr in den Willen des Herrschers." (Dieter Grimm)

In unserer gegenwärtigen Rechtsordnung spielt das Gewohnheitsrecht so gut wie keine Rolle mehr; es ist seit langem vom positiven Recht abgelöst worden.

1 positiv: abgeleitet vom Partizip Perfekt (positum) des lateinischen Verbs ponere: setzen, stellen, legen

Wolfgang Horn, deutscher Jurist

Formulieren Sie anhand von Beispielen, worin sich Gewohnheiten, Naturrecht und positives Recht voneinander unterscheiden.

Schauen Sie sich noch einmal die Rechtsvorschriften des Königs Hammurabi an. Finden Sie dort auch naturrrechtliche Elemente?

Gründe für die Entstehung des positiven Rechts

Ein Vertrag als Garantie der Freiheit?

Sicherlich haben Sie schon einmal erlebt, dass jemand an Ihrer Haustür geklingelt hat und Ihnen etwas verkaufen wollte. Wenn Sie Interesse an seinem Angebot haben, dann sitzen Sie vielleicht einige Minuten später mit ihm zusammen, und er unterbreitet Ihnen einen Kaufvertrag. Ihr Taschengeld ist knapp bemessen und im Hinterkopf haben Sie den Spruch: Achte auf das Kleingedruckte. Ist das „Kleingedruckte" in einem Vertrag wichtig? Begründen Sie Ihre Meinung.

Warum schließen Menschen überhaupt Verträge, ginge es nicht auch ohne?

In manchen Gegenden in Deutschland werden auch heute noch mündliche Verträge per Handschlag statt mit einer Unterschrift besiegelt. Würden Sie sich darauf einlassen?

Stellen Sie sich vor, jemand klingelt an Ihrer Tür und möchte Ihnen einen Vertrag anbieten, der Ihnen Ihre Freiheit garantiert. Was würden Sie ihm antworten?

Krieg aller gegen alle?

Der englische Philosoph Thomas Hobbes schrieb 1651 die philosophische Abhandlung „Leviathan" (Der sterbliche Gott) über das Verhältnis zwischen Moral, Recht und Staat. Darin ging er davon aus, dass die Menschen von Natur aus gleiche körperliche und geistige Fähigkeiten haben.

Die Natur hat die Menschen hinsichtlich ihrer körperlichen und geistigen Fähigkeiten so gleich geschaffen, dass trotz der Tatsache, dass bisweilen der eine einen offensichtlich stärkeren Körper oder gewandteren Geist als der andere besitzt, der Unterschied zwischen den Menschen alles in allem doch nicht so beachtlich ist, als dass der eine aufgrund dessen einen Vorteil beanspruchen könnte, den ein anderer nicht ebenso gut für sich verlangen dürfte.
Aus dieser Gleichheit der Fähigkeiten entsteht eine Gleichheit der Hoffnung unsere Absichten erreichen zu können. Und wenn daher zwei Menschen nach demselben Gegenstand streben, den sie jedoch nicht zusammen genießen können, so werden sie Feinde und sind in Verfolgung ihrer Absicht, die grundsätzlich Selbsterhaltung und bisweilen nur Genuss ist, bestrebt sich gegenseitig zu vernichten oder zu unterwerfen. [...]
Und wegen dieses gegenseitigen Misstrauens gibt es für niemand einen anderen Weg sich selbst zu sichern, der so vernünftig wäre wie Vorbeugung, das heißt, mit Gewalt oder List nach Kräften jedermann zu unterwerfen, und zwar so lange, bis er keine andere Macht mehr sieht, die groß genug wäre ihn zu gefährden. Und dies ist nicht mehr, als seine Selbsterhaltung erfordert und ist allgemein erlaubt. Auch weil es einige gibt, denen es Vergnügen bereitet sich an ihrer Macht zu weiden, indem sie auf Eroberungen ausgehen, die sie über das zu ihrer Sicherheit erforderliche Maß hinaustreiben, könnten andere, die an sich gern innerhalb bescheidener Grenzen ein behagliches Leben führen würden, sich durch bloße Verteidigung unmöglich lange halten, wenn sie nicht durch Angriff ihre Macht vermehrten. Und da folglich eine solche Vermehrung der Herrschaft über Menschen zur Selbsterhaltung eines Menschen notwendig ist, muss sie ihm erlaubt werden. [...]
So liegen also in der menschlichen Natur drei hauptsächliche Konfliktursachen: erstens Konkurrenz, zweitens Misstrauen, drittens Ruhmsucht.
Die erste führt zu Übergriffen der Menschen des Gewinns, die zweite der Sicherheit und die dritte des Ansehens wegen. Die ersten wenden Gewalt an, um sich zum Herrn über andere Männer und deren Frauen, Kinder und Vieh zu machen, die zweiten, um dies zu verteidigen, und die dritten wegen Kleinigkeiten wie ein Wort, ein Lächeln, eine unterschiedliche Meinung oder jedes andere Zeichen von Geringschätzung, das entweder direkt gegen sie selbst gerichtet ist oder in einem Tadel ihrer Verwandtschaft, ihrer Freunde, ihres Volkes, ihres Berufs oder ihres Namens besteht.
Daraus ergibt sich klar, dass die Menschen während der Zeit, in der sie ohne eine allgemeine, sie alle im Zaum haltende Macht leben, sich in einem Zustand befinden, der Krieg genannt wird, und zwar in einem Krieg eines jeden gegen jeden. Denn Krieg besteht nicht nur in Schlachten oder Kampfhandlungen, sondern in einem Zeitraum, in dem der Wille zum Kampf genügend bekannt ist. [...]
Eine weitere Folge dieses Krieges eines jeden gegen jeden ist, dass nichts ungerecht sein kann. Die Begriffe von Recht und Unrecht, Gerechtigkeit und Ungerechtigkeit haben hier keinen Platz. Wo keine allgemeine Gewalt ist, ist kein Gesetz, und wo kein Gesetz, keine Ungerechtigkeit.
Gewalt und Betrug sind im Krieg die beiden Kardinaltugenden. [...] so viel über den elenden Zustand, in dem der Mensch durch die reine Natur tatsächlich versetzt wird, wenn auch mit einer Möglichkeit, herauszukommen, die teils in den Leidenschaften, teils in seiner Vernunft liegt.
Die Leidenschaften, die die Menschen friedfertig machen, sind Todesfurcht, das Verlangen nach Dingen, die zu einem angenehmen Leben notwendig sind, und die Hoffnung, sie durch Fleiß erlangen zu können. Und die Vernunft legt die geeigneten Grundsätze des Friedens nahe, aufgrund derer die Menschen zur Übereinstimmung gebracht werden können. Diese Gebote sind das, was sonst auch Gesetze der Natur genannt wird.

Thomas Hobbes *(1588–1679), englischer Philosoph*

Wie begründet Thomas Hobbes seine Auffassung, dass die Menschen im Naturzustand einen Krieg aller gegen alle führen? Welche Argumente würden Sie dagegen setzen?

Zur Überwindung des natürlichen Kriegszustands schlägt Hobbes vor, dass die Menschen mit einem Herrscher einen Vertrag schließen, der ihnen Freiheit und Sicherheit garantiert. Wie müsste dieser Vertrag aussehen? Notieren Sie einige Stichworte. Diskutieren Sie im Plenum darüber und lesen Sie anschließend zum Vergleich mit Ihren eigenen Ideen das Kapitel 17 in folgendem Buch: Thomas Hobbes, Leviathan, Suhrkamp, Frankfurt/M. 1991.

Informieren Sie sich in einem Lexikon oder in einer Biografie über das Leben und die wichtigsten Schriften von Thomas Hobbes.

Gliederung des positiven Rechts

- **Öffentliches Recht**
  Rechtsvorschriften zur Regelung der Beziehungen im Gemeinwesen
  - **Strafrecht**
    Schutz wichtiger Rechtsgüter: z. B. Eigentum
  - **Verfassungs- und Staatsrecht**
    Rechtsvorschriften für die Regierung, das Parlament und die Gerichtsbarkeit
  - **Verwaltungsrecht**
    Rechtsvorschriften für die Behörden
  - **Sozialrecht**
    Rechtsvorschriften für die soziale Sicherung: z. B. Rentenversicherung oder Sozialhilfe
- **Privatrecht**
  Rechtsvorschriften zur Regelung des Verhältnisses zwischen dem Einzelnen und den gesellschaftlichen Gruppen
  - **Bürgerliches Recht (BGB)**
    Rechtsvorschriften zur Gestaltung des Alltagslebens des Einzelnen: z. B. Kaufverträge
  - **Arbeitsrecht**
    Rechtsvorschriften zur Gestaltung des Verhältnisses zwischen Arbeitnehmern und Arbeitgebern

Der Grundsatz des positiven Rechtssystems

Der Grundsatz des positiven Rechtssystems ist es, dass es kein Vergehen ohne einschlägiges Gesetz gibt (nullum crimen sine lege) […]. Dieser Grundsatz fordert, dass Gesetze bekannt und ausdrücklich bekannt gemacht sein müssen, dass ihre Bedeutung klar bestimmt sein muss, dass Vorschriften dem Wortlaut wie dem Geist nach allgemein sein müssen und nicht zur Schädigung bestimmter, womöglich namentlich aufgeführter Menschen (Proskription) dienen dürfen, dass jedenfalls die schweren Vergehen genau beschrieben sein müssen, und dass Strafgesetze nicht rückwirkend gelten dürfen. Diese Forderungen liegen im Begriff der Steuerung des Verhaltens durch öffentliche Regeln. Denn sind beispielsweise die Gebote und Verbote nicht eindeutig, so weiß der Bürger nicht, wie er sich verhalten soll.

*John Rawls (*1921), amerikanischer Philosoph*

Bilden Sie Arbeitsgruppen und stellen Sie die wichtigsten Rechtsvorschriften des BGB zusammen. Suchen Sie weitere Beispiele für wesentliche Gebiete des öffentlichen Rechts.*

Im täglichen Leben begegnen Ihnen immer wieder Rechtsvorschriften. Ordnen Sie die folgenden Regelungen den verschiedenen Bereichen des positiven Rechts zu und ermitteln Sie aus Lexika oder dem Internet ihre wesentlichen Bestimmungen.

- *Verordnung für die Arbeitserlaubnis für nichtdeutsche Arbeitnehmer*
- *Asylverfahrensgesetz*
- *Bundesurlaubsgesetz*
- *Berufsbildungsgesetz*
- *Strafprozessordnung*
- *Mutterschutzgesetz*
- *Bundessozialhilfegesetz*
- *Opferentschädigungsgesetz*
- *Gleichstellungsgesetz*

Funktionen des Rechts

Wie wirksam sind Rechtssätze?

Welche Sätze sind Sätze des Rechts? Was unterscheidet den Rechtssatz von einem Satz der Umgangssprache, von einem Satz der Mathematik, vom Satz eines Theologen? § 249 Abs. 1 des deutschen Strafgesetzbuches* sagt: „Wer mit Gewalt gegen eine Person oder unter Anwendung von Drohungen mit gegenwärtiger Gefahr für Leib und Leben eine fremde bewegliche Sache einem andern in der Absicht wegnimmt, sich dieselbe rechtswidrig zuzueignen, wird wegen Raubes mit Freiheitsstrafe nicht unter einem Jahr bestraft." Es wird aber nicht jeder Räuber bestraft. Ins Gefängnis kommen nur die Räuber, die man erwischt. Daher ist der Satz, den § 249 StGB ausspricht, als Tatsachenbehauptung unrichtig und als Prognose ungenau. Er drückt nicht etwas aus, was geschieht, sondern etwas, was geschehen soll. Für den Rechtssatz ist es wesentlich, dass er ein Sollen ausdrückt. Weil die Rechtssätze Aussagen über ein Sollen sind, gehören sie zu den Normen.

Die Verbindung von Rechtssatz und Rechtsfolge
Die Eigenart der Sanktion eines Rechtssatzes besteht in der Ankündigung einer Rechtsfolge. Rechtsnormen entsprechen durchweg dem Schema: „Wenn A ist, soll B sein". Sie sind also keine reinen Sollenssätze (Du sollst nicht töten), sondern verknüpfen ein Sein mit einem Sollen (Wer tötet, ist als Mörder zu bestrafen). Das Sein, das die Voraussetzung für die Entstehung des Sollens bildet, nennt man Tatbestand, präziser noch Sachverhalt. Verwirklicht ein Geschehen oder ein Zustand in der Wirklichkeit einen von einer Rechtsordnung formulierten Tatbestand, so soll die vorgesehene Rechtsfolge eintreten.

Die Geltung des Rechts
Das Recht hat eine spezifische Seinsweise: die Geltung. Wenn wir von einem Baum sagen, dass er da ist, so heißt das, dass man ihn mit seinen Ästen und Blättern sehen kann. Wenn man von einer Norm und insbesondere von einer Rechtsnorm sagt, dass sie gilt, so bedeutet dies, dass sie in einer Gesellschaft da ist. Diese gesellschaftliche Existenz einer Norm, ihre Geltung, setzt zweierlei voraus: Normsetzung und Anerkennung der Norm. Das Stadium der Normsetzung kann zwar so weit zurückliegen, dass es historisch gar nicht mehr auffindbar ist. Doch auch die in einer Gesellschaft von jeher bestehende Überzeugung, ein Satz gelte als Norm, hat den Charakter einer Normsetzung. Dass neben der Normsetzung die Anerkennung einer Norm Voraussetzung ihrer Geltung sei, wird zwar von der Mehrheit der Rechtstheoretiker geleugnet. In der Tat spricht viel dafür, eine einmal erzeugte Norm auch dann als geltend zu betrachten, wenn sie von der Gesellschaft, in der sie beachtet werden soll, aus irgendwelchen Gründen abgelehnt wird.

Die Derogation[1]
Das Ende der Geltung eines Rechtssatzes kann nicht einfach durch Meinungswandel herbeigeführt werden. Es bedarf dazu eines besonderen Vorgangs, den man Derogation nennt. Einem Rechtssatz kann durch ausdrückliche Aufhebung (formelle Derogation), durch Schaffung ihm widersprechender Rechtssätze (materielle Derogation) und durch abweichendes Gewohnheitsrecht derogiert werden. Letzteres aber stellt sich unweigerlich ein, wenn Auffassungswandel zum Ende der Anerkennung einer Norm führt. Leugnet eine Rechtsquellenlehre die Möglichkeit von Gewohnheitsrecht, so endet sie in derartigen Fällen bei der Behauptung der Geltung von totem Recht. Die Fragwürdigkeit einer solchen Behauptung erweist den richtigen Kern der Anerkennungstheorien des Rechts, erweist aber auch die Verflechtung von Sein und Sollen.

Die Wirksamkeit eines Rechtssatzes
Von der Geltung eines Rechtssatzes ist seine Wirksamkeit zu unterscheiden. Sie bezeichnet die Beachtung eines Rechtssatzes im Rechtsleben, die Häufigkeit der Umsetzung des Sollens in ein Sein. Die Auskunft darüber, ob ein Rechtssatz gilt, kann nur „ja" oder „nein" lauten. Die Aussage über seine Wirksamkeit hat dagegen quantitativen Charakter. Die Effektivität des Rechts ist nahezu nie total. Um eine Rechtsordnung als geltende beschreiben zu können, genügt es, dass sie „im Großen und Ganzen" wirksam ist.

1 Derogation: Teilaufhebung, teilweise Außerkraftsetzung eines Gesetzes

Theo Mayer-Maly, österreichischer Jurist

- *Erläutern Sie anhand eines Beispiels den Geltungsbereich und die Wirksamkeit von Rechtssätzen.*
- *Eine Rechtsprechung gilt als effektiv, wenn sie im „Großen und Ganzen" wirksam ist. Kann dies überhaupt gelingen? Wo sehen Sie gegenwärtig Probleme der Effektivität unserer Rechtsprechung? Wo sollte es Veränderungen geben?*
- *Laden Sie eine Richterin oder einen Richter ein und diskutieren Sie mit ihr bzw. ihm über die Probleme. Sie können dies auch zum Anlass nehmen, um eine Gerichtsverhandlung zu besuchen.*

§ **Grundgesetz (1949)**

Art. 3
(1) Alle Menschen sind vor dem Gesetz gleich.
(2) Männer und Frauen sind gleichberechtigt. Der Staat fördert die tatsächliche Durchsetzung der Gleichberechtigung von Frauen und Männern und wirkt auf die Beseitigung bestehender Nachteile hin.

Nur für Umweltingenieure?

Silke ist Umweltingenieurin. Sie hat erfolgreich die Fachhochschule absolviert und bewirbt sich um ihre erste Stelle. Leider muss sie immer wieder feststellen, dass ihr Männer mit einem schlechteren Examensabschluss vorgezogen werden. Die meisten der angebotenen Stellen waren allerdings nur für Umweltingenieure ausgeschrieben.

- *Formulieren Sie einen Rechtssatz zur Lösung von Silkes Problem, der über den Art. 3 GG hinausgeht.*
- *Entwerfen Sie als Rechtsanwälte und Rechtsanwältinnen ein fiktives Schreiben an die Firmen, in dem Sie um Überprüfung der Einstellungspraxis bitten.*

Funktionen des Rechts

- **gewaltlose Konfliktlösung** durch das Gewaltmonopol des Staates, Rechtsordnung durch Gesetzgebung
- **Garantie persönlicher Freiheitsrechte:** z. B. Meinungsfreiheit oder Religionsfreiheit
- **Rechtssicherheit für den Einzelnen:** z. B. Schutz vor Übergriffen
- **Förderung des Gemeinwohls durch die Gestaltung eines sozialen Rahmens:** Arbeitsschutzgesetze, Gesetze zur Vermögensbildung
- **Steuerung gesamtgesellschaftlicher Lebenszusammenhänge:** rechtliche Regelungen zur Koordination von verschiedenen Bereichen wie Wirtschaft, Verkehr, Familie

Was würde passieren, wenn nicht der Staat das Gewaltmonopol der Gesetzgebung hätte, sondern einzelne Personen oder Gruppen?

Suchen Sie Beispiele aus dem Grundgesetz zu den verschiedenen Funktionen des Rechts.

Das Recht als Zwangsordnung

Als Zwangsordnung unterscheidet sich das Recht von anderen Gesellschaftsordnungen. Das Zwangsmoment, das ist der Umstand, dass der von der Ordnung als Folge eines für gesellschaftsschädlich angesehenen Sachverhalts statuierte Akt auch gegen den Willen des davon betroffenen Menschen und – im Falle des Widerstands – mit Anwendung physischer Gewalt zu vollstrecken ist, ist das entscheidende Kriterium.
Sofern der von der Rechtsordnung statuierte Zwangsakt als Reaktion auf ein von der Rechtsordnung bestimmtes Verhalten eines Menschen auftritt, hat dieser Zwangsakt den Charakter einer Sanktion, und das menschliche Verhalten, gegen das der Zwangsakt gerichtet ist, den Charakter eines verbotenen, rechtswidrigen Verhaltens, eines Unrechts oder Delikts; es ist das Gegenteil jenes Verhaltens, das als geboten oder rechtmäßig anzusehen ist, ein Verhalten, durch das die Anwendung der Sanktion vermieden wird. Dass das Recht eine Zwangsordnung ist, bedeutet nicht – wie dies mitunter behauptet wird –, dass es zum Wesen des Rechts gehört, das rechtmäßige, von der Rechtsordnung gebotene Verhalten zu „erzwingen". Dieses Verhalten wird nicht durch die Setzung des Zwangsakts erzwungen, denn der Zwangsakt ist gerade dann zu setzen, wenn nicht das gebotene, sondern das verbotene, das rechtswidrige Verhalten erfolgt. Gerade für diesen Fall ist ja der als Sanktion fungierende Zwangsakt statuiert. Meint man mit der fraglichen Behauptung, dass das Recht durch die Statuierung von Sanktionen die Menschen zu dem gebotenen Verhalten motiviert, indem der Wunsch, die Sanktion zu vermeiden, als Motiv dieses Verhaltens herbeiführt, so ist zu erwidern, dass diese Motivation nur eine mögliche, keine notwendige Funktion des Rechts ist, dass das rechtmäßige, das ist das gebotene, Verhalten auch durch andere Motive herbeigeführt werden kann und sehr häufig auch durch andere Motive, wie religiöse oder moralische Vorstellungen, herbeigeführt wird. Der Zwang, der in der Motivation liegt, ist psychischer Zwang; und dieser Zwang, den die Vorstellung des Rechts und besonders der von ihm statuierten Sanktionen auf die rechtsunterworfenen Subjekte ausübt, indem sie zum Motiv des gebotenen, rechtmäßigen Verhaltens wird, darf mit der Statuierung des Zwangsakts nicht verwechselt werden. Psychischen Zwang übt jede bis zu einem gewissen Grad wirksame Gesellschaftsordnung, und manche – wie etwa die religiöse – noch in einem höheren Maße aus als die Rechtsordnung. Dieser psychische Zwang ist kein das Recht von anderen Gesellschaftsordnungen unterscheidendes Merkmal. Das Recht ist eine Zwangsordnung nicht in dem Sinne, dass es – oder richtiger, dass seine Vorstellung – psychischen Zwang ausübt, sondern in dem Sinne, dass es Zwangsakte, nämlich die zwangsweise Entziehung von Leben, Freiheit, wirtschaftlichen und anderen Gütern, als Folgen der von ihm bestimmten Bedingungen statuiert.

Hans Kelsen (1881–1973), österreichisch-amerikanischer Jurist

Charakterisieren Sie anhand von Beispielen den Zusammenhang zwischen Recht und Zwang.

Durch welche anderen Motive (außer Zwang) könnte das durch eine Rechtsordnung gebotene Verhalten von Menschen herbeigeführt werden? Sammeln Sie Vorschläge an der Tafel und überlegen Sie, welche Voraussetzungen für die von Ihnen genannten Motive notwendig sind.

Drei Säulen des Rechtsstaats

Einmischung erwünscht

In einer Kleinstadt wurde ein 14-jähriger Junge wegen mehrfacher räuberischer Erpressung zu einer Jugendstrafe auf Bewährung verurteilt. Die Bürgerinnen und Bürger des Stadtteils, in dem er viele Menschen bedroht hatte, schrieben empört einen Brief an den Justizminister des betreffenden Bundeslandes. Sie forderten ihn auf mit der zuständigen Jugendrichterin ein Gespräch zu führen und sie zu veranlassen das Strafmaß zu ändern.

- *Wie beurteilen Sie die Forderung der Bürgerinnen und Bürger?*
- *Stellen Sie sich vor, Sie wären Justizministerin oder Justizminister. Bilden Sie Arbeitsgruppen und formulieren Sie ein Antwortschreiben.*

Rechtsstaat
basiert auf dem Prinzip der Gewaltenteilung

Legislative	**Exekutive**	**Judikative**
Parlament: gesetzgebende Instanz	**Regierung:** ausführende Instanz	**Gerichte: politisch** unabhängige Instanz

- *Prüfen Sie im Grundgesetz, wie die Gewaltenteilung in der Bundesrepublik Deutschland geregelt ist.*
- *Vorschlag für Referate: Vergleichen Sie die Gewaltenteilung in Deutschland mit der Aufteilung bzw. mit der Monopolisierung der Legislative, Exekutive und Judikative in einem Land Ihrer Wahl.*

- *Fächerübergreifende Zusammenarbeit mit Geschichte: Beschreiben Sie den Zusammenhang der dargestellten Szene auf dem Bild links mit der Entstehung des Rechtsstaats. Beziehen Sie dabei den Anspruch „Der Staat bin ich" mit ein, der Louis XIV. (1630–1715) zugeschrieben wird. Informieren Sie sich ggf. im Geschichtsbuch oder in einem Lexikon über die Französische Revolution.*

> Recht ist, was der Freiheit dient.
> *Thomas Dehler (1897–1967), deutscher Politiker*

- *Interpretieren Sie diesen Satz und diskutieren Sie darüber. Sind Sie derselben Meinung? Begründen Sie Ihre Auffassung.*

François Rude, La Marseillaise (Auszug der Freiwilligen von 1792), Hochrelief am Arc de Triomphe, Paris 1836

Honoré Daumier, Der gesetzgebende Bauch, 1834

Die satirische Darstellung der Regierungsbänke der Chambre des Députés zeigt alle bekannten Politiker der Zeit. Die Sitzbänke im Parlament hatten den Spitznamen „Bauch" (ventre). Was kritisiert Daumier mit seiner Darstellung?

Als dieses Bild 1834 in Frankreich erschien, löste es ein Gesetz gegen die Pressefreiheit aus. Informieren Sie sich im Geschichtsbuch über diese Zeit und erklären Sie die Gründe für dieses Gesetz.

Diskutieren Sie, ob die Pressefreiheit notwendigerweise zu einem Rechtsstaat dazugehört und begründen Sie Ihre Meinung.

Rechtsstaatlichkeit als oberstes Handlungsprinzip

Um der Gerechtigkeit zur Wirklichkeit zu verhelfen, erhält die öffentliche Rechtsmacht das Gewaltmonopol. Wer das Gewaltmonopol besitzt, hat aber nicht nur genug Macht die Gerechtigkeit durchzusetzen; er hat auch genug Macht sie zu verweigern. Um beim Bild der Iustitia zu bleiben: Das Schwert, das die Gerechtigkeit trägt, ist für sich genommen ein bloßes Schwert, also ein Instrument der Macht, das nicht von sich aus auf die Gerechtigkeit verpflichtet ist. Damit die verschiedenen Bindungen der Staatsmacht und deren Überprüfung funktionieren, müssen die öffentlichen Gewalten geteilt werden und vor allem die Gerichte unabhängig sein. Auch innerhalb der Einzelgewalten empfiehlt sich eine Kontrolle, wozu im Rahmen der Gesetzgebungs- und Regierungstätigkeit eine wirksame Opposition gehört. Der Begrenzung und Kontrolle der Macht dient schließlich jene „vertikale Gewaltenteilung", die sich in den Berufungsinstanzen des Gerichtswesens, in der föderalistischen Struktur eines Staatsverbandes und in wirtschaftlich-politisch starken Kommunen niederschlägt. Am Ende ist es erst das fein und dicht gesponnene Netz des demokratischen Verfassungsstaates, durch das die öffentliche Macht so weit wie möglich ihre Ambivalenz[1] verliert. An die Stelle der „politischen Grammatik" einer absolutistischen Gewalt, nach der derjenige, der genug Macht hat alle zu beschützen, auch genug Macht hat alle zu unterdrücken, tritt als neue Grammatik ein System von „checks and balances". Nur dort gelangen die Menschenrechte zur vollen Rechtswirklichkeit, wo zwar das Gewaltmonopol beim Gemeinwesen liegt, aber weder eine Person noch eine Instanz noch ein staatliches Organ die unbeschränkte Macht hat, die Staatsmacht vielmehr mehrfach gegliedert ist und sich zu einem Netz sich wechselseitig kontrollierender öffentlicher Gewalten zusammenschließt.

1 Ambivalenz: Doppelwertigkeit bestimmter Phänomene oder Begriffe

Otfried Höffe *(*1943), deutscher Philosoph*

Positives Recht als „gesetzliches Unrecht"

Wer verurteilt ist, muss auch die Kosten tragen

Todesurteil des Volksgerichtshofes

In der Strafsache gegen die Kranführersfrau <u>Emma Hölterhoff</u>, geb. Maass, aus Erkheim über Memmingen, geboren am 28. Mai 1904 in Homberg (Niederrhein), zur Zeit in dieser Sache in gerichtlicher Untersuchungshaft, wegen Wehrkraftzersetzung, hat der Volksgerichtshof, Bes. Senat, auf Grund der Hauptverhandlung vom 8. November 1944 (...) für Recht erkannt:

Frau Emma Hölterhoff sagte im vierten Kriegsjahr zu Soldaten, sie sollten an der Front das Gewehr wegschmeißen und sich tot stellen. Sie hat also unsere Wehrkraft zu zersetzen gewagt, ist damit für immer ehrlose Magd unserer Feinde geworden und wird dafür mit dem Tode bestraft.

<u>Gründe:</u>

Frau Emma Hölterhoff ist eine etwa 40-jährige Frau, Mutter von vier Kindern, die ihren Mann, wie sie sagt, auch schon seit vier Jahren draußen hat.

Bei einem Bombenangriff auf Homberg am Niederrhein, (...) musste sie in die Gegend von Memmingen evakuiert werden, (...) Im Januar des vierten Kriegsjahres saß sie in der Wohnküche der Familie Goll, bei der sie als Evakuierte wohnte, mit Frau Goll beim Mensch-ärgere-dich-nicht-Spiel.

Im Zimmer war der Sohn der Frau Goll (...) und außerdem außer zwei anderen jungen Burschen auch der Grenadier Vg. (Volksgenosse) Arnold Häring. Das Gespräch kam auf den Krieg, und Frau Emma Hölterhoff sagte nun, (...) dem Sinne nach: Ihr seid dumm; wenn ich hinauskäme, ich würde das Gewehr wegwerfen und mich totstellen. Beide Zeugen haben im Vorverfahren weiter bekundet, dass sie außerdem unseren Führer schwer beschimpfte und dass sie ihrer Aufforderung an die jungen Burschen, darunter den Soldaten, den Satz hinzugefügt habe:

„Wenn mein Mann hinauskommen würde, würde er es genau so machen." Diese Beschimpfung des Führers und diesen letzten Satz bestreitet Frau Hölterhoff.

Die Frau Verteidigerin legte Wert darauf, hervorzuheben, die Angeklagte sei doch primitiv. Die Frage, ob man so etwas tun darf, ist aber nicht eine Frage der Einfachheit oder Geschultheit des Wissens, sondern ist die Frage nach der Anständigkeit der Gesinnung und der Treue. Und die hat mit Wissen oder Primitivität nichts zu tun.

Wer so wie die Angeklagte redet, selbst wenn sie es nur ein einziges Mal getan haben sollte, der hat sich damit würdelos und für immer ehrlos zur Magd unserer Kriegsfeinde degradiert, die noch immer darauf hoffen, dass sich durch solche und ähnliche Reden eine Zersetzung von Front und Heimat bei uns vollziehen möge und wieder ein Jahr 1917, ein Jahr 1918 heraufführe!!!

Wer aber derart zersetzend Agent unserer Kriegsfeinde wird, den müssen wir aus unserer Mitte entfemen. Denn sein Verhalten ist eine ungeheure Gefahr für unser kämpfendes Volk und damit für unseren Sieg, also für unser Leben und unsere Freiheit. In solchem Falle gilt es, nachdem die Tat einwandfrei feststeht, bei der Bemessung der erforderlichen Strafe ganz auf das Schutzbedürfnis Deutschlands zu sehen. Und dieses fordert, um eine Entwicklung wie im Ersten Weltkrieg nicht wieder aufkommen zu lassen, die Todesstrafe.

Weil Frau Emma Hölterhoff verurteilt ist, muss sie auch die Kosten tragen.

Dr. Freisler Dr. Greulich

gez.: Dr. Freisler Dr. Greulich

- *Weshalb heißt es in der Begründung, Frau Hölterhoff sei ein „Agent der Kriegsfeinde" (Z. 32)?*
- *Der Volksgerichtshof behauptete, das Verhalten von Frau Hölterhoff sei „eine ungeheure Gefahr für unser kämpfendes Volk und damit für unseren Sieg, also für unser Leben und unsere Freiheit" (Z. 33/34) gewesen. Wie beurteilen Sie diese Aussage?*
- *„Wenn Frau Hölterhoff eine andere Verteidigerin gehabt hätte, wäre sie vielleicht mit dem Leben davongekommen." Wie beurteilen Sie diese Aussage? Begründen Sie Ihre Meinung.*
- *Fächerübergreifende Zusammenarbeit mit Geschichte: Halten Sie ein Referat über die nationalsozialistische Justiz.*

Rechtsstaat oder Unrechtsstaat?

Roland Freisler im Volksgerichtshof in Berlin. Eröffnungsverhandlung gegen die Widerstandskämpfer des 20. 7. 1944

- *Woran ist auf dem Bild erkennbar, dass es sich um einen staatlichen Akt handelt?*
- *Vertritt Freisler einen Rechtsstaat? Begründen Sie Ihre Meinung.*
- *Erläutern Sie anhand des Schicksals von Emma Hölterhoff, warum positives Recht zu Unrecht werden kann.*
- *Roland Freisler und andere Richter des nationalsozialistischen Volksgerichtshofes rechtfertigten die von ihnen verhängten Todesurteile mit dem Hinweis, sie hätten nach den geltenden Gesetzen gehandelt. Welche Argumente lassen sich dagegen anführen?*

Verantwortlich für das „Schicksal der deutschen Nation"

Jede Diktatur sucht den Schein der Legalität. Zwangsmaßnahmen zur Aufrechterhaltung der Macht werden deshalb auch von diktatorischen Regimen in Gesetzesform gekleidet. Auch die NS-Diktatur ging diesen Weg, wobei letztlich selbst der Führerbefehl mit der Legitimität eines Gesetzes verklärt wurde. Durch den Reichstagsbeschluss vom 26. April 1942 ließ Hitler sich zum obersten Gerichtsherrn ernennen. […] Bereits im März 1933 wurde das „Gesetz zur Abwehr heimtückischer Angriffe auf Staat und Partei und zum Schutz der Parteiuniform" (verschärft im Dezember 1934) erlassen, nach dem jeder, der „öffentlich gehässige, hetzerische oder von niedriger Gesinnung zeugende Äußerungen" über die NSDAP, den Staat oder Hitler machte, mit bis zu zwei Jahren Haft bestraft werden konnte. Das Gestapo-Gesetz vom 10. Februar 1936 beseitigte schließlich formal jede gerichtliche Kontrolle staatspolizeilicher Aktionen und stellte es der Gestapo frei, ihren Zuständigkeitsbereich selbst festzulegen.
Zum Beispiel konnten nun unliebsame Personen auch nach Entlassung aus der Justizhaft durch die Gestapo in ein KZ eingewiesen werden. Damit war der Rechtsschutz des Individuums aufgehoben.

Heribert Ostendorf *(*1945), deutscher Jurist*

- *Gustav Radbruch, deutscher Justizminister von 1921–1923, forderte 1923 ein „übergesetzliches Recht" gegen „gesetzliches Unrecht". Erklären Sie, was er damit meinte, und formulieren Sie in Zweiergruppen schriftlich einen Vorschlag für ein „übergesetzliches Recht".*

Kritik des positiven Rechts

Roland Topor, Rechtsstandpunkte, 1972

Beschreiben Sie dieses Bild. Wie interpretieren Sie diese Darstellung? Notieren Sie einige Stichpunkte dazu und führen Sie anschließend eine Diskussion im Kurs.

> Das Recht muss nie der Politik, wohl aber die Politik jederzeit dem Recht angepasst werden.
>
> **Immanuel Kant** *(1724–1084), deutscher Philosoph*

Positives Recht als zufälliges Heilmittel?

Was [...] die Gesetze veränderlich, unzuverlässig und inkonsequent macht, ist, dass sie fast alle auf vorübergehende Bedürfnisse abgestellt sind wie rein zufällig angewandte Heilmittel, die einen Kranken geheilt, aber einen anderen getötet haben. Was wahr und gut diesseits des Flusses ist, gilt als falsch jenseits. Man wechselt die Gesetze wie die Postpferde. Lebt man endlich unter einem erträglichen Gesetz, so kommt der Krieg, der alles durcheinander bringt und in den Abgrund stürzt, und man muss von vorn anfangen wie Ameisen, denen man ihren Haufen zerstört hat.

In der Abhandlung über die Sitten ist gesagt, dass es genau genommen überhaupt keine fundamentalen positiven Gesetze gibt, die Menschen können nur konventionelle Gesetze machen. Nur der Schöpfer der Natur hat ewige Naturgesetze schaffen können. Das einzige unabänderliche Grundgesetz bei den Menschen lautet: „Behandle die Menschen so, wie du von ihnen behandelt werden möchtest."

Dieses Gesetz stammt aus der Natur, es kann nicht aus den menschlichen Herzen herausgerissen werden. Es ist allerdings auch das Gesetz, das am schlechtesten befolgt wird, aber es erhebt sich stets gegen den, der es verletzt. Es scheint, dass Gott es den Menschen eingepflanzt hat als Gegengewicht gegen das Recht des Stärkeren und um das Menschengeschlecht zu verhindern sich durch Krieg, Schikanen und scholastische Theologie selbst auszurotten.

François Voltaire (1694–1778), französischer Philosoph

- *Was kritisiert Voltaire an der positiven Gesetzgebung? Stimmen Sie dem zu? Begründen Sie Ihre Entscheidung.*
- *Vergleichen Sie diese Aussage mit den „Goldenen Regeln der Menschlichkeit" auf S. 108. Sammeln Sie anschließend Beispiele aus dem Alltagsleben.*
- *Warum fällt es Menschen schwer, den Grundsatz „Behandle andere Menschen so, wie du von ihnen behandelt werden möchtest" einzuhalten?*

Ratschläge an den französischen Kronprinzen (1741)

Verfolgen Sie nie jemand wegen seiner religiösen Anschauungen; vor Gott und den Menschen ist dies verwerflich. Jesus Christus, weit davon entfernt, ein Unterdrücker zu sein, ist bedrückt worden.

Unterstützen Sie die Gerechtigkeit. Ohne sie ist alles Anarchie und Räuberei. Stellen Sie sich als Erster unter sie. Aber die Richter sollen nur Richter sein und keine Lehrer, sie sollen die ersten Sklaven des Gesetzes sein und keine Schiedsrichter. Dulden Sie niemals, dass man an einem Bürger die Todesstrafe vollzieht, ohne dass man Ihnen seinen Prozess unterbreitet hätte, den Sie durch Ihren Rat prüfen lassen werden. Dieser Unglückliche ist ein Mensch, und Sie werden sein Blut zu verantworten haben.

Ihre Gesetze müssen einfach, allgemein und für jedermann leicht verständlich sein. Was in einer Ihrer Städte wahr und recht ist, darf nicht in einer anderen falsch und unrecht sein; ein solcher anarchischer Widerspruch ist untragbar.

François Voltaire (1694–1778), französischer Philosoph

- *Warum sollen Richter keine Schiedsrichter sein?*
- *Warum sollen Gesetze einfach und für jedermann verständlich sein?*
- *Gelten die Aussagen Voltaires auch für die heutige Zeit? Begründen Sie Ihre Meinung.*
- *Halten Sie ein Referat über den Aufsatz von Immanuel Kant: Was ist Aufklärung? Vandenhoeck & Ruprecht, Göttingen 1994.*
- *Diskutieren Sie, inwiefern sich die Ideen der Aufklärung auf die gesellschaftliche und politische Entwicklung ausgewirkt haben. Beziehen Sie die Informationen und Aussagen von S. 22–25 in Ihre Diskussion mit ein.*

Wesentliche Ideen der Aufklärung

1. Der Mensch ist von Natur aus gut und nicht verdorben (böse).

2. Das Ziel des menschlichen Lebens ist das Leben selbst und nicht die Vorbereitung auf ein Leben nach dem Tod.

3. Die wesentliche Bedingung für ein gutes Leben auf Erden ist die Befreiung von Unwissenheit und Aberglauben und der Gebrauch der eigenen Vernunft.

4. Der Mensch ist fähig sich eine demokratische Staatsform zu geben, die ihn unabhängig von weltlichen und geistlichen Autoritäten macht.

5. Kinder und Jugendliche müssen durch Erziehung und Bildung zum Gebrauch der eigenen Vernunft angeleitet werden.

François Voltaire

Voltaire (1694–1778) war einer der wichtigsten Vertreter der französischen Aufklärungsphilosophie, in deren Mittelpunkt das Vertrauen auf die Vernunft des Menschen stand. Er schrieb Gedichte, Dramen, Romane, Übersetzungen und philosophische Abhandlungen. Sein wesentliches Verdienst besteht in der Kritik des Aberglaubens und der Forderung, Menschen so zu erziehen, dass sie durch den Gebrauch der eigenen Vernunft ein selbstständiges Leben führen können. Voltaire forderte als einer der ersten Aufklärer Ethikunterricht für Jugendliche einzuführen. Seine politische Kritik führte dazu, dass er 1717/18 eine elfmonatige Haft in der Bastille absitzen musste und später von 1726–1729 nach England ging. Dort verstärkten sich seine aufklärerischen Tendenzen: religiöse Toleranz, politischer und wirtschaftlicher Liberalismus sowie empiristisch-naturwissenschaftliches Denken.

Moral und Recht

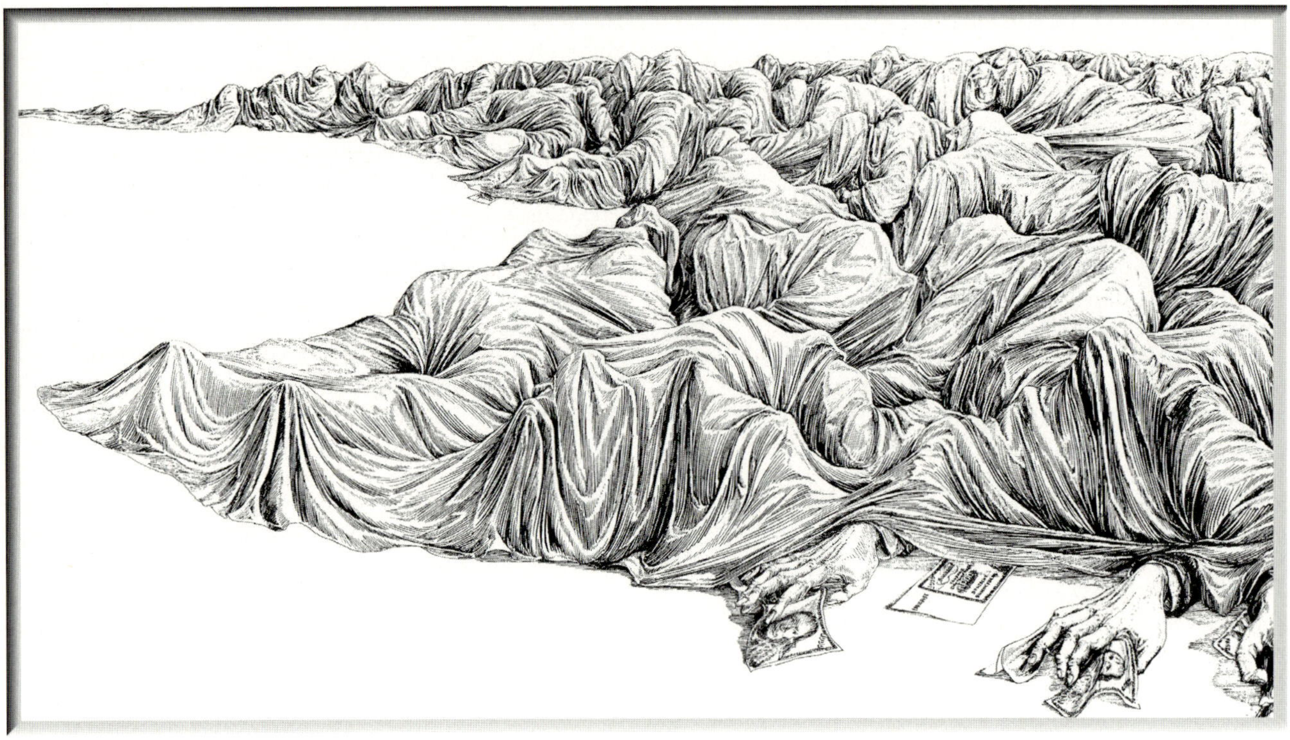

Hans Georg Rauch, 1983

Sammeln Sie die wesentlichen Elemente des Bildes an der Tafel. Würden Sie noch weitere Bildelemente hinzufügen? Fertigen Sie eine Skizze dazu an.

Formulieren Sie eine Überschrift für das Bild.

Stellen Sie fünf Fragen an das Bild und erklären Sie anschließend den Zusammenhang zwischen Moral und Recht.

Schreiben Sie einen kurzen Essay zu folgendem Gedankenexperiment: Das Tuch verschwindet plötzlich. Wie stellen Sie sich das Leben darunter vor?

Wie ethisch darf Recht sein?

Lesen Sie den Text von Immanuel Kant, unterstreichen Sie die wichtigsten Aussagen und fassen Sie dann jeden Absatz schriftlich mit eigenen Worten zusammen.

Eine jede Handlung ist recht, die oder nach deren Maxime[1] die Freiheit der Willkür eines jeden mit jedermanns Freiheit nach einem allgemeinen Gesetze zusammen bestehen kann.
Wenn also meine Handlung oder überhaupt mein Zustand mit der Freiheit von jedermann nach einem allgemeinen Gesetze zusammen bestehen kann, so tut der mir Unrecht, der mich daran hindert; denn dieses Hindernis (dieser Widerstand) kann mit der Freiheit nach allgemeinen Gesetzen nicht bestehen.
Es folgt hieraus auch: dass nicht verlangt werden kann, dass dieses Prinzip aller Maximen selbst wiederum meine Maxime sei, d. i. dass ich es mir zur Maxime meiner Handlung mache; denn ein jeder kann frei sein, obgleich seine Freiheit mir gänzlich indifferent[2] wäre, oder ich im Herzen derselben gerne Abbruch tun möchte, wenn ich nur durch meine äußere Handlung ihr nicht Eintrag tue. Das Rechthandeln mir zur Maxime zu machen ist eine Forderung, die die Ethik an mich tut.
Also ist das allgemeine Rechtsgesetz: Handle äußerlich so, dass der freie Gebrauch deiner Willkür mit der Freiheit von jedermann nach einem allgemeinen Gesetze zusammen bestehen könne, zwar ein Gesetz, welches mir eine Verbindlichkeit auferlegt, aber ganz und gar nicht erwartet, noch weniger fordert, dass ich ganz um dieser Verbindlichkeit willen meine Freiheit auf jene Bedingungen selbst einschränken solle; sondern die Vernunft sagt nur, dass sie in ihrer Idee darauf eingeschränkt sei und von anderen auch tätlich eingeschränkt werden dürfe; und dieses sagt sie als ein Postulat[3], welches gar keines Beweises weiter fähig ist.
Wenn die Absicht nicht ist, Tugend zu lehren, sondern nur, was Recht sei vorzutragen, so darf und soll man selbst nicht jenes Rechtsgesetz als Triebfeder der Handlung vorstellig machen.

1 Maxime: Hauptgrundsatz, Leitsatz, subjektiver Vorsatz für das eigene sittliche Handeln, Lebensregel
2 indifferent: unbestimmt, gleichgültig, teilnahmslos, unentschieden
3 Postulat: 1. unbedingte, sittliche Forderung 2. These, die unbeweisbar oder noch nicht bewiesen, aber glaubhaft und einsichtig ist.

Immanuel Kant (1724–1804), deutscher Philosoph

Formulieren Sie das allgemeine Gesetz, das Kant meint. Lesen Sie anschließend in einem Philosophiebuch zur „Philosophischen Ethik“ nach, wie Kant das Gesetz bestimmt hat, und vergleichen Sie Ihre Auffassung mit seiner.

Beschreiben Sie den Zusammenhang zwischen Kants Gedanken und dem Bild von Hans Georg Rauch.

Wenn Recht und Moral eine Einheit bilden

Der Islam geht von der Notwendigkeit einer Gemeinschaft der Moslems aus, die nach dem religiösen Gesetz des Koran gestaltet und geführt wird. Es handelt sich dabei um eine theokratische[1] Ordnung, die allerdings nicht, wie eine mögliche Deutung nahe legen könnte, als eine die demokratische Verfassungsform ausschließende despotische Ordnung interpretiert zu werden braucht. Denn an mehreren Stellen des Koran werden der Wert und die Notwendigkeit gegenseitiger Beratung hervorgehoben, auf die ein Rat der Gelehrten zur Regelung anstehender Fragen des gesellschaftlichen Lebens gegründet werden kann. So werden im Koran die Ansätze zu einer Basisdemokratie auf der Grundlage religiöser Gesetzgebung bereitgestellt. Die islamische Staatsform läßt sich somit als eine theokratische Ordnungsform begreifen, die jedoch die Möglichkeit einer demokratischen Verfassung auf der Basis der absoluten Souveränität und des Gesetzgebungsrechts Gottes nicht ausschließt.

Es sei hier angemerkt, dass dieses Demokratieverständnis sich trotz unübersehbarer Nähe zu dem Demokratiebegriff westlich-moderner Provenienz[2] nicht ganz mit diesem deckt. Denn der letzte Legitimationsgrund und der Maßstab demokratischer Entscheidungen bleibt im Islam, wie mehr oder minder in jeder Offenbarungsreligion, das religiöse Gesetz und das Gottesrecht.

Es handelt sich hierbei nicht um eine formal verstandene demokratische Ordnung, in der die Mehrheit der religiösen Wahrheit übergeordnet werden dürfte, sondern um eine aus den inhaltlich bestimmten Handlungsgeboten und -verboten hervorgehende Organisationsform, deren demokratische Qualität durch die im Koran formulierten Prinzipien etwa der Freiheit, Gerechtigkeit und Gleichheit aller vor dem Gesetz verbürgt werden kann.

Zu diesen im Koran formulierten, demokratisch anmutenden Werten und Prinzipien gehören unter anderem das Recht auf Bildung als die Voraussetzung kompetenter Entscheidung der Staatsbürger, das Prinzip der Brüderlichkeit und der gegenseitigen Solidarität sowie [der] Dialog mit Andersgläubigen und Glaubensfreiheit als Bedingung der Möglichkeit einer friedlichen Koexistenz der Menschen.

Diese Grundsätze bilden die Fundamente einer fast idealistisch bis utopisch anmutenden Staatsordnung, die es jedoch zu realisieren gilt, damit ein Volk aus euch werde, welches die beste Religion verehrt, welche nur das gebietet, was Recht, und verbietet, was Unrecht ist. Dieses Volk wird glücklich sein.

Es scheint an dieser Stelle angebracht zu sein, zu erwägen, auf welche Weise die Frage nach der Möglichkeit einer Säkularisierung und Laizisierung[3] im Islam angesichts dieses spezifischen Politikverständnisses angemessen zu denken wäre.

Aus dem Dargelegten scheint hervorzugehen, dass im Islam grundsätzlich eine explizite Möglichkeit der Sonderung des Politischen von dem Religiösen nicht gegeben ist. Da hier das Politische unmittelbar auf dem Religiösen beruht und damit intern verbunden ist, so dass von einer Autonomie des Politischen kaum kontextgetreu gesprochen werden kann, ist es auch problematisch, vorbehaltlos von einer Trennung von Geistlichem und Weltlichem, von Religiösem, Ethischem, Juristischem und Politischem zu sprechen.

1 Theokratie: Herrschaftsform, bei der die Staatsgewalt religiös legitimiert wird, aber im Gegensatz zur Hierokratie nicht von Geistlichen ausgeübt werden muss.
2 Provenienz: Herkunft, Ursprung
3 Laizismus: weltanschauliche Richtung, die die Trennung von Kirche und Staat fordert.

Morteza Ghasempour *(*1946), iranischer Philosoph*

Warum gibt es keine Autonomie des Rechts im Islam?

Beschreiben Sie den Zusammenhang bzw. die Trennung von Religion und Politik in Deutschland und Frankreich und vergleichen Sie diese beiden Modelle mit dem Islam.

Welches dieser drei Modelle finden Sie am besten? Begründen Sie Ihre Meinung.

Die gute Lüge

Einst, so habe ich gehört, sollte auf Befehl des Padeschah ein Gefangener getötet werden. Da begann dieser Verurteilte in seiner Verzweiflung den König zu lästern und zu beschimpfen – wie ja gesagt worden ist: Sein Innerstes verrät, wem der Tod vor Augen steht.

„Was redet er denn da?", verlangte der Schah zu wissen. Einer der Wazire, ein Mann, in dessen Herzen die Güte wohnte, erwiderte:

„Er sagt, o Majestät, dass Gott mit jenen ist, die ihren Zorn überwinden und den Menschen vergeben …"

Darauf erbarmte sich der Herrscher auch wirklich des Verurteilten und begnadigte ihn. Ein anderer Minister, der das gehört hatte und in allem das Gegenteil jenes ersten war, ergriff schnell Gelegenheit und Wort und erklärte:

„Es steht unseresgleichen nicht wohl an, in der Gegenwart von Majestäten etwas anderes zu äußern als nur die reine Wahrheit, und in Wahrheit hat dieser Kerl da die Majestät mit Schmähreden beleidigt!"

Was geschah hierauf? Änderte der Schah seine Meinung von neuem? Nun, er verzog wohl das Gesicht, doch galt sein Ärger nicht dem ersten, sondern dem zweiten Wazir, und er sprach: „In diesem Falle ist mir die Lüge lieber gewesen als die Wahrheit, denn diese wurzelt in Böswilligkeit, während jene Gutes stiften wollte. Und es sagten doch die Weisen: Besser ist die wohlgemeinte Lüge, als dass Wahrheit böse Wunden schlüge."

Saadi (1200–1292), iranischer Philosoph

Stimmen Sie der Auffassung des Padeschah zu? Begründen Sie Ihre Meinung.

Steht eine gute Lüge auch über dem Recht? Führen Sie ein Streitgespräch.

Vom Sinn und Zweck der Gerechtigkeit

Gerechtigkeit

Arten der Gerechtigkeit	**Beziehung zu anderen Tugenden**	**Bereiche**
allgemeine Gerechtigkeit ausgleichende Gerechtigkeit Tauschgerechtigkeit	Klugheit Tapferkeit Besonnenheit	Personen: Eltern, Lehrerinnen/Lehrer … Gesellschaft: Staat, Wirtschaft …

Ungerechtigkeit

Arten der Ungerechtigkeit	**Beziehung zu anderen gesellschaftlichen Verhaltensweisen**	**Bereiche**
....	....	....
....	....	....
....	....	....
....	....	....

- *Vervollständigen Sie die Begriffsskizzen zur Gerechtigkeit und Ungerechtigkeit und ergänzen Sie Ihre Aufzeichnungen in den in den nächsten Unterrichtsstunden.*
- *Diskutieren Sie anhand von Beispielen über Ihre bisherigen Erfahrungen mit Gerechtigkeit und Ungerechtigkeit.*

Ist Ungerechtigkeit nur ein Gefühl?

Was haben die folgenden Beispiele gemeinsam? Handelt es sich in allen drei Fällen um Probleme der Ungerechtigkeit? Begründen Sie Ihre Meinung.

Unglück oder Ungerechtigkeit?

Ein Erdbeben ist fraglos ein natürliches Ereignis, aber wenn ein großer Schaden entstanden ist und viele Menschen umgekommen sind, dann ist das nicht alles, was man darüber tatsächlich sagen kann oder will. Es wird auch als eine Ungerechtigkeit betrachtet, und zwar aufgrund ganz unterschiedlicher Gründe. Religiöse Menschen werden Gott beschuldigen. „Warum wir?", werden sie aufschreien. „Wir sind nicht gottloser als andere Städte, warum werden wir allein bestraft?" Oder noch spezifischer: „Warum mein Kind?" Von den weniger frommen Opfern mögen einige einfach sagen: „Die Natur ist grausam", aber es dürften nicht viele sein, denn eine Welt voller Zufall und Willkür ist schwer zu ertragen, und die Verzweifelten werden sich nach verantwortlichen menschlichen Urhebern umschauen. Sie zu entdecken wird ihnen nicht schwer fallen. Mit Sicherheit gibt es eine Reihe von Leuten, die zu der Katastrophe beitrugen und ihre Auswirkung verschlimmerten. Viele Gebäude stürzen zusammen, weil Unternehmer gegen die Sicherheitsnormen verstoßen [...]. Die Bevölkerung wird vor diesen Gefahren, die sich mittels technologisch hoch entwickelter Apparate voraussagen lassen, selten ausreichend gewarnt. Die öffentlich Verantwortlichen mögen darüber hinaus keine ernsthaften Vorbereitungen für das Eintreten eines derartigen Ereignisses getroffen haben. Unter Umständen gibt es keine effizient organisierten Hilfsmaßnahmen, keine ausreichende medizinische Hilfe und keine schnellen Transportmöglichkeiten für Verwundete. Viele, die man hätte retten können, werden sterben. Wohin sind ihre Steuern geflossen? In ein teureres Raumfahrtprogramm, das für sie keinerlei besonderen Nutzen hatte, können sie sagen.

Judith M. Shklar (1928–1992), lettisch-amerikanische Philosophin

Zweieinhalb Pfennig

Die Tasse Kaffee oder Tee an jedem Tag: ein Geschenk der Armen an die Reichen. Kaffee hat den bitteren Geschmack der Ausbeutung von Frauen in der Dritten Welt. Bei uns ist Tee nach Wasser das billigste Getränk: Von einer Mark, die in der Bundesrepublik für Tee ausgegeben wird, bleibt nur ein Sechstel für das Erzeugerland. Das bedeutet, dass die Pflückerin höchstens einen Anteil von zweieinhalb Pfennigen sieht. Dabei erfordert das Teepflücken eine große Geschicklichkeit. Geübte Pflückerinnen schaffen am Tag bis zu 25 Kilogramm Tee und kommen dabei auf einen Tageslohn von 1,60 DM. [...] Es ist ihr niedriger Tageslohn, der den Tee so billig macht. Uhren oder Fotoapparate kann sich heute fast jeder leisten. Über die Niedrigpreise für T-Shirts oder Jeans oder andere Kleidungsstücke freut sich die bundesdeutsche Verbraucherin: ein Geschenk der armen Frauen, die zu Niedriglöhnen in den Freien Produktionszonen von Singapur, Südkorea oder Sri Lanka für große Unternehmen ohne arbeits- und sozialrechtliche Absicherung schuften.

*Christa Randzio-Plath (*1941), Juristin und Politikerin*

Sind wir für Ungerechtigkeiten, die anderen Menschen passieren, mit verantwortlich? Führen Sie eine Pro- und Contra-Diskussion.

Aus Mitleid verjagt

Hypsipyle war einer griechischen Sage nach die Tochter des Dionysossohnes Thoas, des Königs von Lemnos. Aphrodite strafte die sie missachtenden Lemnierinnen mit üblem Geruch. Die Männer holten sich thrakische Frauen. Die Lemnierinnen beschlossen, diese und alle Männer der Insel umzubringen und einen reinen Frauenstaat unter der Herrschaft der Hypsipyle zu errichten.

Hypsipyle begab sich in Todesgefahr, um ihren Vater zu retten, der Thoas hieß und König über die Bewohner von Lemnos war. Da sein Land sich gegen ihn erhob und die Bewohner in großer Wut zum Palast rannten, um ihn zu töten, versteckte seine Tochter Hypsipyle ihn sofort in einer ihrer Truhen und lief dann nach draußen, um das Volk zur Vernunft zu bringen. Aber das nützte nichts; als man überall nach dem König suchte und ihn nicht finden konnte, richtete man die Schwerter auf Hypsipyle und drohte ihr mit dem Tode, falls sie nicht sagte, wo er sei. Gleichzeitig versprach man ihr, sie, für den Fall, dass sie es verriete, zur Königin zu krönen und ihr zu gehorchen. Die gute und warmherzige Tochter jedoch, der am Leben ihres Vaters mehr lag als daran, selbst Königin zu werden, beugte sich nicht aus Angst vor dem Tode, sondern erteilte die mutige Antwort, er sei sicher schon lange über alle Berge. Weil die Leute ihn nicht finden konnten und sie ihnen im Brustton der Überzeugung versicherte, er sei geflohen, glaubten sie ihr schließlich und krönten sie zur Königin. Sie regierte eine ganze Zeit lang in Frieden über ihr Volk. Da sie aber ihren Vater über einen geraumen Zeitraum hinweg verborgen gehalten hatte und befürchtete, er könne am Ende doch noch von irgendwelchen Neidern verraten werden, brachte sie ihn des Nachts ins Freie und schickte ihn, mit allem Notwendigen reichlich versehen, hinaus aufs Meer in Sicherheit. Jedoch erfuhren die aufrührerischen Bürger zu guter Letzt davon und verjagten ihre Königin Hypsipyle. Sie hätten sie sogar umgebracht, wenn nicht einige von ihnen Mitleid empfunden hätten, weil die Königin so gut gewesen war.

Christine de Pizan (1365–1430), italienisch-französische Philosophin

Judith M. Shklar

Die Philosophin und Politologin Judith M. Shklar (1928–1992) wurde im lettischen Riga geboren. Ihre Eltern waren deutschsprachige Juden. 1939 flüchtete die Familie vor den Russen nach Schweden und später vor den Deutschen über die Sowjetunion, Japan und die USA nach Kanada. Ihre Entscheidung für die politischen Wissenschaften ergab sich aus ihrer Angst vor der Macht des Staates. Sie veröffentlichte zahlreiche Schriften zur politischen Philosophie und zur Rechtstheorie sowie ideengeschichtliche Studien zu Hegel, Montesquieu und Rousseau. Judith N. Shklar lehrte als „John Cowls Professor of Government" für Rechtsphilosophie und politische Wissenschaft an der Eliteuniversität Harvard in Cambridge, Massachussets. Außerdem war sie Präsidentin der „American Political Science Association". In ihrer politischen Philosophie kritisierte sie das amerikanische Rechtssystem. Judith N. Shklar war verheiratet und Mutter von drei Kindern.

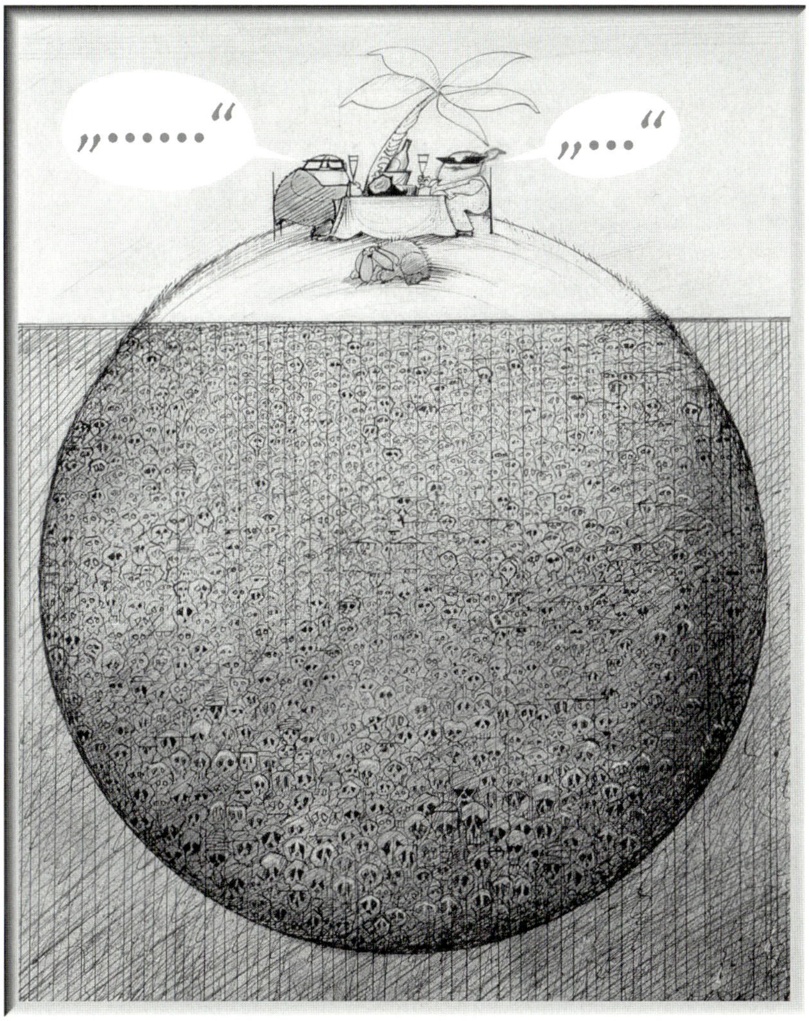

Walter Hanel, 1983

Geben Sie dem Bild eine Überschrift.

Was denken die Menschen im oberen Teil des Bildes? Überlegen Sie sich, was in den Sprechblasen stehen könnte. Vergleichen Sie Ihre Ergebnisse.

Beschreiben Sie den Zusammenhang dieses Bildes mit den Fallbeispielen.

Betrachten Sie noch einmal die Grafik der Gerechtigkeit auf der Auftaktseite. Welche Bildelemente müssten hinzukommen oder entfallen, damit aus der Gerechtigkeitsdarstellung ein Bild der Ungerechtigkeit wird? Fertigen Sie eine Skizze dazu an und vergleichen Sie Ihre Vorschläge im Kurs. Anschließend können Sie eine Wandzeitung zum Thema Gerechtigkeit/Ungerechtigkeit gestalten.

Ist es leichter über Ungerechtigkeit zu reden?

Es wird immer leichter sein, in den Leiden anderer Menschen eher ein Unglück als eine Ungerechtigkeit zu sehen. Nur die Opfer teilen gelegentlich nicht diese Neigung. Wenn wir uns jedoch vor Augen halten, dass wir alle Opfer sein können, dann sollten wir uns entschließen die Dinge nochmals zu betrachten und einen genaueren und fragenderen Blick auf die Ungerechtigkeit […] zu werfen.
Es gibt zahllose bildliche Darstellungen der Gerechtigkeit. Jedes moralphilosophische Buch enthält wenigstens ein Kapitel über Gerechtigkeit und viele Bücher widmen sich einzig und allein diesem Thema. Doch wo bleibt die Ungerechtigkeit? Gewiss, Predigten, Schauspiele und Romane handeln kaum von etwas anderem, bildende Kunst und Philosophie jedoch scheinen das Thema Ungerechtigkeit zu meiden. Sie halten es für selbstverständlich, dass Ungerechtigkeit nichts anderes als fehlende Gerechtigkeit ist. Wissen wir erst einmal, was gerecht ist, dann wissen wir alles, was wir wissen müssen. Gleichwohl könnte diese Überzeugung nicht wahr sein. Vieles entgeht einem, wenn man allein die Gerechtigkeit in den Blick nimmt. Der Sinn für Ungerechtigkeit, die Schwierigkeiten, die Opfer der Ungerechtigkeit zu identifizieren, und die vielen Weisen, in denen jeder lernt, mit den wechselseitigen Ungerechtigkeiten zu leben, werden ebenso leicht übergangen wie die Beziehung privater Ungerechtigkeit zur öffentlichen Ordnung.
Warum sollten wir nicht an jene Erfahrungen, die wir ungerecht nennen, als unabhängige, eigenständige Phänomene denken. Der gesunde Menschenverstand und die Geschichte erzählen uns ohne Zweifel, dass dies gewöhnliche Erfahrungen sind und dass sie unmittelbar unsere Aufmerksamkeit beanspruchen. Ja, aller Wahrscheinlichkeit nach haben die meisten von uns häufiger gesagt: „Dies ist unfair." oder „Dies ist ungerecht" als „Dies ist gerecht". Gibt es nicht viel mehr über den Sinn für Ungerechtigkeit zu sagen, den wir so deutlich erkennen, wenn wir ihn empfinden? Warum also weigern sich die meisten Philosophen, über Ungerechtigkeit ebenso tief und subtil wie über Gerechtigkeit nachzudenken?

Judith M. Shklar (1928–1992), lettisch-amerikanische Philosophin

Beschreiben Sie eigene Erfahrungen mit Ungerechtigkeit (vgl. Z. 26–35)

Beschreiben Sie die Schwierigkeiten, die bei der Auseinandersetzung mit Ungerechtigkeit auftreten.

Gerechtigkeit als Tugend

Mitmachen oder nicht?

Angenommen, Sie arbeiten in einer Bibliothek und sind für die Ausleihe von Büchern verantwortlich. Ein Freund bittet Sie, ihn ein schwer zugängliches Nachschlagewerk hinausschmuggeln zu lassen, das er gern besitzen würde. Sie könnten aus unterschiedlichen Gründen nicht zustimmen wollen. Sie könnten Angst davor haben, dass er geschnappt wird und Sie beide Ärger bekommen. Sie könnten wollen, dass das Buch in der Bibliothek verbleibt, da Sie es selbst [lesen wollen]. Sie könnten jedoch auch der Meinung sein, dass sein Anliegen *ungerecht* ist – dass er das nicht tun sollte und dass Sie ihm dabei nicht behilflich sein sollten …

*__Thomas Nagel__ (*1937), amerikanischer Philosoph*

- *Würden Sie Ihrem Freund helfen?*
- *Mit welchen Argumenten würden Sie Ihre Entscheidung begründen?*
- *Welche Handlungsweise ist für Sie ungerecht?*

Tugend

Der Begriff der Tugend wurde von Platon* in die Philosophie eingeführt und von Aristoteles später erweitert. Er besagt, dass sich die Menschen durch fortwährende Übung eine bestimmte Lebenshaltung zu eigen machen, die sie befähigt, das Gute zu tun.
Alle Kräfte müssen für dieses Ziel gebündelt werden. Allerdings kann niemand von außen zur Tugend gezwungen werden; er muss sich sozusagen aus eigenem Antrieb dazu entschließen, ein guter Mensch werden zu wollen. Deshalb sprach Immanuel Kant* auch von Tugend als der „moralischen Stärke" des Menschen.
Tugend umfasst nach der antiken Tradition drei Bestandteile: Wissen (jemand weiß, dass er das Gute tut), Können (jemand weiß, wie man das Gute tut) und Handeln (jemand tut das Gute in konkreten Handlungen).
Zu einer moralisch guten Lebenshaltung gehören nach Platon drei Grundtugenden, die er in seinem Buch „Der Staat" (griechisch: Politeía) charakterisiert: Klugheit, Tapferkeit und Besonnenheit.

- *Sind diese drei Tugenden wichtig für eine moralische Lebensführung? Begründen Sie Ihre Meinung.*

Ausgleich der Interessen

Zuerst und vor allem ist Gerechtigkeit eine Tugend. D. h.: eine Haltung von Menschen. Gerechtigkeit kann jedem jederzeit und gegenüber jedermann abverlangt werden; denn die Forderung der Gerechtigkeit verlangt nichts anderes als die Relativierung der eigenen Sympathien, Wünsche, Vorlieben und Interessen. Es ist kein hinreichender Rechtfertigungsgrund für mein Handeln, dass es meinen Interessen dient – wenn nämlich auch die Interessen anderer von ihm betroffen sind. Es mag sein, dass meine Interessen den Vorrang vor denen anderer haben; aber dann nicht, weil es meine sind, sondern weil es inhaltlich wichtigere sind. Das aber heißt: Wenn die eines anderen wichtiger wären, dann müssten diese den Vorrang haben. Gerecht nennen wir den, der bei Interessenkonflikten darauf sieht, um welche Interessen es sich handelt, und bereit ist davon abzusehen, wessen Interessen auf dem Spiel stehen. Und da wir immer versucht sind, uns in der Bewertung von Interessen etwas vorzumachen und uns selbst zu privilegieren, so gehört zur Gerechtigkeit die Bereitschaft, sich im Zweifelsfall einer unparteiischen Instanz zu unterwerfen. D. h. also z. B.: Zur Gerechtigkeit gehört die Bereitschaft, sich staatlichen Gesetzen und einer öffentlichen Gerichtsbarkeit zu unterwerfen.

*Robert Spaemann (*1925), deutscher Philosoph*

- *Warum ist Gerechtigkeit eine Tugend?*
- *Können Sie Überlegungen von Robert Spaemann zur Lösung des oben geschilderten Problems beitragen? Begründen Sie Ihre Meinung.*
- *Wäre die Sachlage eine andere, wenn der Freund verspräche das Buch zurückzubringen?*

Gibt es einen allgemeinen Maßstab für gerechtes Handeln?

Die Grundlage der Ethik ist die Überzeugung, dass Gut oder Böse bestimmten Menschen (oder Tieren) gegenüber nicht nur von ihrem Standpunkt aus gut oder schlecht sind, sondern aus einem allgemeineren Blickwinkel, den jede denkende Person verstehen kann. Dies bedeutet, dass jeder einen Grund hat, nicht nur seine eigenen Interessen, sondern auch die Interessen anderer in seine Entscheidungen einzubeziehen. Und es reicht nicht aus nur auf einige andere Leute Rücksicht zu nehmen – seine Familie, seine Freunde, Menschen, die ihm besonders nahe stehen. Natürlich wird er auf bestimmte Leute mehr Rücksicht nehmen, unter anderem auch auf sich selbst. Doch er hat Grund, die Auswirkungen seiner Handlungen auf das Wohl oder das Leid jedes anderen zu erwägen. Wenn er so ist wie die meisten von uns, so wird er eben dies von anderen in Bezug auf sich selbst erwarten, auch wenn es keine Freunde von ihm sind.

*__Thomas Nagel__ (*1937), amerikanischer Philosoph*

- *Beschäftigen Sie sich noch einmal mit dem Fall „Mitmachen oder nicht?" und erarbeiten Sie eine Lösung aus einer allgemeinen Perspektive.*
- *Haben sich Ihre Lösungsansätze durch das gemeinsame Nachdenken und die Vorschläge für gerechtes Handeln von Spaemann und Nagel verändert? Ziehen Sie ein Resümee.*

Anonymer deutscher Stecher,
Allgemeine Maskerade, Ende 17. Jahrhundert

Fastnacht wird hier zum Synonym für Falschheit, die das Leben nach Ansicht des moralisierenden Bildentwerfers beherrscht. Hinter den vielfältigen Masken der Wohlanständigkeit verbergen sich die Fratzen der Untugenden und Unsitte, Ehrgeiz, Neid, Betrug. Aber auf Dauer wirkt die Täuschung nicht, die Zeit bringt die Wahrheit an den Tag: Chronos reißt den beiden Gestalten die Maske vom Gesicht.

- *Erklären Sie den Titel des Bildes „Allgemeine Maskerade" und die Bildunterschrift „Die stete Fastnacht".*
- *Was will der Künstler mit diesem Bild sagen? Stellen Sie einen Zusammenhang zum Begriff der Tugend her.*

Formen der Gerechtigkeit

Geld umverteilen

Der russische Schriftsteller Fjodor Dostojewski schrieb 1866 den Roman „Schuld und Sühne". Die Hauptfigur ist der Student Rodion Raskolnikow, der von der Idee besessen ist den armen und verzweifelten Menschen in Petersburg zu helfen. Dabei ist ihm jedes Mittel recht, auch ein Verbrechen, um Geld an Arme zu verteilen. In einem Gasthaus trifft er zufällig einen Offizier, mit dem er das folgende Gespräch führt.*

Stellen Sie sich beim Lesen vor, Sie wären der Offizier. Was würden Sie dem Studenten Raskolnikow antworten?

Der Offizier lachte wieder laut auf; Raskolnikow aber fuhr zusammen …

„Erlaube mal, ich möchte dir eine ganz ernsthafte Frage vorlegen", fuhr er [Raskolnikow], hitzig werdend, fort. „Ich habe jetzt eben natürlich nur im Scherz gesprochen; aber überlege mal: Auf der einen Seite steht ein dummes, verdrehtes, wertloses, boshaftes, krankes, altes Weib, das niemandem nützt, sondern im Gegenteil allen Leuten nur schadet, das selbst nicht weiß, wozu es eigentlich lebt, und nächster Tage ganz von selbst sterben wird. Verstehst du wohl? Verstehst du?"

„Nun ja, das verstehe ich schon", erwiderte der Offizier und blickte seinen Bekannten, der sehr in Eifer geriet, unverwandt und aufmerksam an.

„Höre weiter! Auf der anderen Seite stehen junge, frische Kräfte, die, ohne der Welt nützen zu können, zugrunde gehen, weil sie keine Unterstützung finden, und zwar zu Tausenden, überall. Hundert, tausend gute Taten und Unternehmungen könnte man für das Geld der Alten, das sie einem Kloster zugedacht hat, ausführen oder fördern. Hunderte, vielleicht Tausende von Existenzen könnten in die richtige Bahn geleitet, Dutzende von Familien vor größter Armut, vor dem Verfall, vor dem gänzlichen Ruin, vor Unsittlichkeit und Geschlechtskrankheiten bewahrt werden – und alles das vermittels ihres Geldes. Wenn man sie ermordet und ihr Geld nimmt, um dann mit dessen Hilfe sich dem Dienst der ganzen Menschheit und der Sache der Allgemeinheit zu widmen – was meinst du, wird da nicht ein einziges kleines Verbrechen durch Tausende guter Taten aufgewogen? Für ein Leben Tausende von Leben, die vor Fäulnis und Ruin gerettet sind? Ein einziger Tod, und dafür hundert Leben – das ist doch ein einfaches Rechenexempel! Ja, und was bedeutet auf der großen Weltwaage das Leben dieses schwindsüchtigen, dummen, boshaften alten Weibes? Nicht mehr als das Leben einer Laus, einer Schabe, sogar noch weniger, weil die Alte geradezu schädlich ist. Sie verdirbt anderen das Leben; neulich hat sie ihre Schwester Lisaweta vor Wut in den Finger gebissen, so dass er beinahe amputiert werden musste."

„Gewiss, sie verdient nicht, dass sie lebt", entgegnete der Offizier. „Aber die Natur hat es nun doch einmal so eingerichtet."

Fjodor Dostojewski *(1821–1881), russischer Schriftsteller*

Falls Sie wissen wollen, ob Raskolnikow den Mord wirklich begeht und welche Folgen solch ein Handeln zu Beginn des 19. Jahrhunderts nach sich zieht, dann können Sie in dem Roman die Kapitel 5–7 lesen: Fjodor Dostojewski, Schuld und Sühne, dtv, München 1997.

Was ist ausgleichende und verteilende Gerechtigkeit?

Nehmen wir denn als Ausgangspunkt die verschiedenen Bedeutungen der Aussage, dass ein Mensch ungerecht sei. Als ungerecht gilt, (A) wer die Gesetze, (B) wer die gleichmäßige Verteilung der Güter, die bürgerliche Gleichheit, missachtet, und somit gilt offenbar als gerecht, (A) wer Gesetz und (B) wer bürgerliche Gleichheit achtet. Das Gerechte ist folglich die Achtung vor Gesetz und bürgerlicher Gleichheit, das Ungerechte die Missachtung von Gesetz und bürgerlicher Gleichheit.

Da der ungerechte Mensch die gleichmäßige Verteilung der Güter missachtet, so richtet sich sein Streben natürlich auf den Besitz von Gütern: er will nicht alle, sondern solche, um die es in Glück und Unglück geht: Güter, die an und für sich immer einen Wert darstellen, für den Einzelnen aber nicht unter allen Umständen. Die Menschen freilich beten um sie und jagen ihnen nach, obgleich es nicht richtig ist: dass die Güter von unbedingtem Wert auch wertvoll für sie sein mögen, das sollte Gegenstand ihres Betens sein, und dann sollten sie sich für das, was wirklich wertvoll für sie ist, entscheiden. Der ungerechte Mensch entscheidet sich aber nicht immer nur für das Mehr, sondern auch für das Weniger, nämlich bei den Dingen, die ein Übel-an-sich sind. Weil indes auch ein kleineres Übel in gewissem Sinn als ein Wert gilt und das Mehr-haben-wollen sich auf Werte richtet, deshalb gilt er als ein Mensch, „der mehr haben will". Und er missachtet die Gleichheit – denn dies ist der (beides) umfassende und (beidem) gemeinsame Ausdruck …

Die Gerechtigkeit als Teilerscheinung und das entsprechende Gerechte weist zwei Grundformen auf: Die eine (A) ist wirksam bei der Verteilung von öffentlichen Anerkennungen, von Geld und sonstigen Werten, die den Bürgern eines geordneten Gemeinwesens zustehen. Hier ist es nämlich möglich, dass der eine das Gleiche wie der andere oder nicht das Gleiche zugeteilt erhält. Eine zweite (B) Grundform ist diese, welche dafür sorgt, dass die vertraglichen Beziehungen von Mensch zu Mensch rechtens sind. Sie hat zwei Unterteile: Die vertraglichen Beziehungen von Mensch zu Mensch zerfallen nämlich in (1) freiwillige und (2) unfreiwillige. Freiwillige sind z. B. Verkauf und Kauf, Zinsdarlehen und Bürgschaft, Leihe, Hinterlegung und Miete. Hier spricht man von freiwillig, weil der Ursprung dieser wechselseitigen Beziehungen in unserer freien Entscheidung liegt. Die unfreiwilligen Beziehungen sind (a) teils heimlich, wie Diebstahl, Ehebruch, Giftmischerei, Kuppelei, Abspenstigmachen von Sklaven, Meuchelmord, falsches Zeugnis. Zu einem anderen Teil (b) sind sie gewaltsamer Art, z. B. Misshandlung, Freiheitsberaubung, Totschlag, schwerer Raub, Verstümmelung, üble Nachrede und entehrende Beschimpfung.

Aristoteles (384–322 v. Chr.), griechischer Philosoph

- *Charakterisieren Sie anhand von Beispielen die Einteilung der Gerechtigkeit durch Aristoteles und entwerfen Sie eine Strukturskizze zu den beiden Formen der Gerechtigkeit.*
- *Überlegen Sie, welche Form der Gerechtigkeit hinzukommen müsste, und ergänzen Sie Ihre Skizze (vgl. S. 30/31).*
- *Könnten Sie sich vorstellen, in einer Gesellschaft zu leben, in der das Prinzip der ausgleichenden Gerechtigkeit abgeschafft worden ist oder nicht funktioniert? Wäre eine solche Gesellschaft trotzdem eine gerechte Gesellschaft? Begründen Sie Ihre Auffassung.*
- *Tugendbildung findet nach Aristoteles immer durch die Orientierung an der Mitte zwischen zwei Extremen statt. Vervollständigen Sie das Schema unten und wenden Sie es auf die Handlungsweise Raskolnikows an.*
- *Erklären Sie den Unterschied zwischen Gerechtigkeit und Gleichheit.*
- *Stimmt die Aussage des folgenden Zitats? Begründen Sie Ihre Meinung.*

Aristoteles

Aristoteles (384–322 v. Chr.) trat mit 17 Jahren in Platons* Akademie ein und gehörte ihr über 18 Jahre lang an. Er wurde von einem früheren Schüler Platons, dem Herrscher Hermeias von Atarneus, aufgefordert, in Assos, nicht weit von der Stätte Trojas, eine platonische Schule zu eröffnen. Aristoteles folgte zusammen mit seinem späteren Gegner Xenokrates diesem Ruf. Zu dieser Zeit heiratete er Pythias, eine Nichte des Hermeias. Nach dessen Sturz (345 v. Chr.) begab er sich nach Mytilene. 343/42 v. Chr. berief König Philipp von Makedonien ihn dazu die Erziehung seines Sohnes Alexander (später Alexander der Große genannt) abzuschließen. Hierzu siedelte Aristoteles nach Pella über. Die Beziehung zwischen Lehrer und Schüler war jedoch weder sehr tief noch sehr nachhaltig. 335 v. Chr. eröffnete er seine eigene Schule, das Lykeion in Athen. Dies trug noch mehr als die Akademie Platons den Charakter einer Forschungsstätte.
Die Zeit ruhigen und intensiven Forschens endete mit dem Tode Alexanders (323 v. Chr.). Aristoteles, der als Anhänger der nun heftig verfolgten makedonischen Partei galt, wurde durch eine Anklage bedroht. Er wich dem Prozess aus und begab sich nach Chalkis auf Euboia, wo er im Jahr darauf mit 62 Jahren starb.

Die Mitte zwischen zwei Extremen

Einwände gegen das Prinzip der Mitte

Wir werden nicht aufgrund unserer Affekte oder Fähigkeiten als gut oder böse bezeichnet, gelobt oder getadelt. Vielmehr allein, was wir mit ihnen zu tun entscheiden, berechtigt uns dazu, tugendhaft oder lasterhaft genannt zu werden. Eine tugendhafte Entscheidung ist eine Entscheidung, die in Einklang steht mit einem Mittleren.
Dieser Begriff des Mittleren ist vielleicht der einzige besonders schwierige Begriff der Ethik. Am angemessensten lässt er sich durch ein Beispiel einführen. Die Tugend der Tapferkeit wird als Mittleres zwischen zwei Lastern bezeichnet – einem Laster des Übermaßes, nämlich Hitzköpfigkeit, und einem Laster des Mangels, nämlich Feigheit. Ein Mittleres ist folglich eine Regel oder ein Entscheidungsprinzip zwischen zwei Extremen. – Extreme von was? Von Affekten oder von Handlungen. Im Falle der Tapferkeit gebe ich, sofern ich ein Feigling bin, zu sehr den Impulsen nach, die die gefährliche Situation hervorruft – zu wenig achte ich dagegen auf diese Impulse, wenn ich tollkühn bin. Drei auf der Hand liegende Einwände ergeben sich sofort: Erstens gibt es viele Affekte und Handlungen, bei denen es weder ein „zu viel" noch ein „zu wenig" geben kann.

Alasdair MacIntyre *(*1929), englischer Philosoph*

- *Welche Handlungen und Affekte sind damit gemeint? Nennen Sie Beispiele.*
- *Formulieren Sie die beiden noch ausstehenden Einwände und vergleichen Sie diese mit dem Originaltext von MacIntyre. Sie können zu dieser Frage in folgendem Buch lesen: Alasdair MacIntyre, Geschichte der Ethik im Überblick, Beltz, Weinheim 1990, S. 66–74.*

Der gerechte Mensch

Der Streit zwischen Kopf und Leib

- *Lesen Sie den folgenden Text und überlegen Sie, wie der Streit entschieden werden könnte. Begründen Sie Ihre Entscheidung.*

In einem Märchen aus Ägypten wird der Streit zwischen Kopf und Leib beschrieben. Wer ist wichtiger?

Der Leib sprach:
„Er ist doch mein Bruder, also gleichgestellt, der Kopf."
Aber da schrie der Kopf mit seinem Mund laut auf:
„Ich, ich bin die eigentliche Stütze des ganzen Hauses (Körpers), der die anderen Stützen (Körperteile) leitet und anschirrt; jedes Glied, das auf mich baut, ist froh: Das Herz ist froh, das Herz ist klug, der Nacken sitzt fest unter dem Kopf, mein Auge schaut in die Ferne, die Nase atmet und zieht Luft ein, das Ohr ist offen und hört, der Mund ist sprechfähig und weiß zu antworten, seine (des Körpers) Arme sind geschickt und arbeiten.
Jetzt kommt da jemand (der Leib), der anmaßend ist – hochmütigen Herzens – der Vornehme als Geringe betrachtet."
„Aber ich bin vollkommen im Recht [...] Jedes Glied erfüllt seine Aufgaben. Ich bin deren Herr, ich bin der Kopf, den seine Geschwister ins Unrecht setzen wollen."
Das ist es, was der Kopf mit seinem Mund zu ihm sagte:
„Ist das nicht Unrecht? Man muss mich das Oberhaupt nennen, denn ich bin es doch, der [...] am Leben erhält."

Märchen aus Ägypten

- *Hat der Leib auch eine Verbindung zur Seele? Begründen Sie Ihre Meinung.*

- *Lesen Sie hierzu die zweite Meditation des französischen Philosophen René Descartes in dem folgenden Buch: René Descartes, Meditationen über die Erste Philosophie, Reclam, Stuttgart 1971, S. 77–87.*

Jeder Seelenteil muss seine Aufgabe erfüllen

- *Sicherlich kennen Sie auch Situationen, in denen Sie sich gefragt haben: Soll ich die Mutprobe bestehen und z. B. auf der S-Bahn surfen oder richte ich mich nach der Stimme der Vernunft, die mich auf die damit verbundenen lebensbedrohenden Gefahren hinweist?*

Platon* betrachtete diese Frage im Zusammenhang mit der Struktur der Seele. Er unterschied drei Seelenteile, die miteinander im Widerstreit stehen; das Muthafte, das Begehrende und das Vernünftige. Das Muthafte umfasst die edlen Affekte wie Mut, Zorn und Scham und ist im Herzen angesiedelt; die zügellosen Begierden agieren dagegen zwischen Zwerchfell und Nabel; die Vernunft sitzt im Kopf.
Während das Muthafte nach Auszeichnungen und Ehre verlangt, zielt das Begehrende auf die Befriedigung körperlicher Interessen und Begierden. Der einzig rationale Teil der Seele ist das logistikon – die Vernunft.
Zwischen Mut, Begierde und Vernunft tobt ein immer währender Kampf, der durch die Tugend der Gerechtigkeit gezügelt werden kann, indem jeder Seelenteil unter der Führung des logistikon seine ihm zugewiesenen Aufgaben erfüllt.
Diese Konkurrenz der seelischen Kräfte des Menschen ist nach Platon in der Grundstruktur bei allen Menschen gleich, wobei Charakterunterschiede durch die unterschiedliche Ausprägung der einzelnen Teile bedingt sind.

- *Wie beurteilen Sie Platons Auffassung von einem gerechten Menschen? Beziehen Sie in Ihre Diskussion auch das Bild „Bobalicon – Konflikte der Vernunft" mit ein.*

- *Würden Sie sagen, dass beim S-Bahn-Surfen die Vernunft außer Kraft gesetzt wird?*

Wie soll ein gerechter Richter sein?

Platon war acht Jahre lang ein Schüler des Sokrates und hat in seinen Schriften die Form des sokratischen Disputierens reproduziert. In fast allen Dialogen des Platon ist Sokrates die zentrale Figur, die mit einer anderen Person über eine philosophische Frage spricht. Im folgenden Dialog ist Sokrates' Gesprächspartner sein jüngerer Bruder Glaukon, der früh in die Politik einsteigen wollte, aber von Sokrates davon abgehalten wurde.*

Sokrates Der Richter hingegen, mein Freund, gebietet mit der Seele über die Seele; sie darf nun nicht von klein auf unter schlechten Seelen aufgewachsen sein und mit ihnen verkehrt haben noch selbst durch alle Verbrechen hindurchgegangen sein. Vielmehr muss sie in ihrer Jugend unberührt und rein bleiben von schlechten Sitten, wenn sie, selbst edel und schön, aus gesundem Empfinden das Gerechte beurteilen soll.
Glaukon Gerade so geht es ihnen!
Sokrates So darf daher ein guter Richter nicht jung, er muss alt sein, spät erst erfahren im Wesen des Unrechts, das er nicht in sich selbst als Eigenbesitz erleben, sondern an andern in langer Mühe in seinem Wesen als ein Übel erkannt haben muss, kraft seines Geistes, nicht der persönlichen Erfahrung.
Glaukon Ein solcher Richter ist sicher von trefflichster Art!
Sokrates Er ist aber auch ein guter Richter, wonach du ja fragtest. Denn wer eine gute Seele hat, ist auch gut. Der andre, der durchtrieben ist und voll Misstrauen, selbst viel auf dem Kerbholz hat und glaubt, verschlagen und klug zu sein, der zeigt sich, wenn er mit seinesgleichen verkehrt, gerieben und vorsichtig, weil er immer nach den Leitbildern in sich selbst schaut. Wenn er sich aber tüchtigen und schon älteren Männern nähert, dann zeigt er sich einfältig, misstrauisch zu unrechter Zeit und ohne Kenntnis eines gesunden Charakters, weil er kein Leitbild davon in sich trägt. Da er nun öfter mit schlechten als mit guten Leuten zusammentrifft, erscheint er sich und den andern eher klug als einfältig.
Glaukon Da hast du völlig Recht!

Platon *(428/27–349/48 v. Chr.), griechischer Philosoph*

- *Wie beurteilen Sie Platons Ansicht von einem guten Richter?*

- *Stellen Sie sich vor, Sie wären Glaukon. Schreiben Sie ausgehend von dem letzten Satz eine Gegenrede zu Sokrates.*

Konflikte der Vernunft

Francisco de Goya, Bobalicon, aus der Serie „Disparates" bzw. „Proverbios", 1810–1829

Goyas Bild thematisiert den Konflikt der menschlichen Vernunft, die der Brutalität, den sozialen Ungerechtigkeiten sowie den Ängsten vor nicht messbaren Gewalten ausgeliefert ist. Der riesenhafte, Kastagnetten schlagende Tölpel erschreckt mit seinem plötzlichen Auftauchen die Menschen. Das Bild wird zur Deutung der existenziellen Not in der Gesellschaft. Immer wieder gibt es Vorstellungen und Utopien von gerechteren Gesellschafts- und Staatsformen, in denen die existenzielle Not und die soziale Ungleichheit dadurch behoben werden soll, dass es keine Rangordnungen gibt.

- *Stellen Sie sich vor, Sie sind im Gespräch mit Francisco de Goya* und diskutieren darüber, welches Bildelement noch hinzugefügt werden könnte, um den Konflikt der Vernunft zu verdeutlichen. Entwerfen Sie an der Tafel mehrere Vorschläge.*

- *Was ist Ihre Meinung? Kann es eine Gesellschaft ohne Rangordnungen geben, die sich hauptsächlich auf die Vernunft beruft, um Gerechtigkeit herzustellen?*

- *Fächerübergreifende Zusammenarbeit mit Kunst: Sammeln Sie Werke der bildenden Kunst, auf denen das Thema „Vernunft" dargestellt wird, und vergleichen Sie diese mit dem Bild von de Goya*.*

- *Welche Vorstellung haben Sie von einer gerechten Gesellschafts- und Staatsform? Was kann die Vernunft in dem von Ihnen beschriebenen Gesellschafts- und Staatsmodell leisten, um Gerechtigkeit im Zusammenleben der Menschen herzustellen und zu gewährleisten? Und was kann die Vernunft nicht leisten, wo sind ihre Grenzen?*

Mein Traum wäre eine andere Gesellschaftsform im Sinne eines Sozialismus, wie er im Kibbuz praktiziert wird. Ich bezweifle, dass dies in einer großen Menschengruppe auch funktioniert. Es scheint in der Natur des Menschen zu liegen, dass einer immer stärker und reicher sein will als der andere. Der Mensch macht Rangordnungen leider immer nur an der Anhäufung von Gütern fest, Charaktereigenschaften sind sekundär.

Corinna, 24 Jahre

- *Welche Vorstellungen haben Sie von einem gerechten Menschen? Entwerfen Sie das Porträt eines gerechten Menschen und verwenden Sie dabei Begriffspaare wie Geist und Seele, Vernunft und Gefühl, arm und reich, materielle und immaterielle Güter usw.*

Olympe de Gouges: Frauenrechte

Olympe de Gouges hatte 1789 die „Déclaration des Droits de la Femme et de la Citoyenne" verfasst. 1791 wurde sie in geänderter Fassung als Gesetzentwurf vorgelegt, nachdem kurz zuvor, am 3. 9. 1791, die neue französische Verfassung verabschiedet worden war. Sie war nach den Grundsätzen der „Déclaration des Droits de l'Homme et du Citoyen" von 1789 ausgearbeitet worden. In der „Déclaration des Droits de la Femme et de la Citoyenne" modifizierte Olympe de Gouges die Menschenrechtserklärung im Sinne einer sozialen, politischen, zivil- und strafrechtlichen Gleichstellung der Frau. Dieser Gesetzentwurf bestand aus einer Präambel, 17 Artikeln sowie einer abschließenden Postambel. Im Folgenden finden Sie einen Auszug aus dieser Erklärung.

§ Déclaration des Droits de la Femme et de la Citoyenne (1791)

Aus der Präambel
Wir Mütter, wir Töchter, wir Schwestern, Repräsentantinnen der Nation, fordern, Bestandteil der Nationalversammlung zu werden. [...] Wir haben beschlossen, in einer feierlichen Erklärung die natürlichen, unveräußerlichen und heiligen Rechte der Frau festzulegen. [...]

Art. 1
Die Frau ist frei geboren und bleibt dem Manne gleich in allen Rechten. Die sozialen Unterschiede können nur im allgemeinen Nutzen begründet sein.

Art. 4
Freiheit und Gerechtigkeit bestehen darin, den anderen zurückzugeben, was ihnen gehört. So wird die Frau an der Ausübung ihrer natürlichen Rechte nur durch die fortdauernde Tyrannei, die der Mann ihr entgegensetzt, gehindert. Diese Schranken müssen durch Gesetze der Natur und Vernunft revidiert werden.

Art. 6
Recht und Gesetz sollten Ausdruck des Gemeinwillens sein. Alle Bürgerinnen und Bürger sollen persönlich oder durch ihre Vertreter an ihrer Gestaltung mitwirken. Es muss für alle das Gleiche sein. Alle Bürgerinnen und Bürger, die gleich sind vor den Augen des Gesetzes, müssen gleichermaßen nach ihren Fähigkeiten, ohne andere Unterschiede als die ihrer Tugenden und Talente, zu allen Würden, Ämtern und Stellungen im öffentlichen Leben zugelassen werden.

Art. 10
Wegen seiner Meinung, auch wenn sie grundsätzlicher Art ist, darf niemand verfolgt werden. Die Frau hat das Recht, das Schafott zu besteigen. Sie muss gleichermaßen das Recht haben die Tribüne[1] zu besteigen, vorausgesetzt, dass ihre Handlungen und Äußerungen die vom Gesetz gewahrte öffentliche Ordnung nicht stören.

Art. 13
Für den Unterhalt der Polizei (force publique) und für die Verwaltungskosten werden von der Frau wie vom Manne gleiche Beträge gefordert. Hat die Frau teil an allen Pflichten und Lasten, dann muss sie ebenso teilhaben an der Verteilung der Posten und Arbeiten, in niederen und hohen Ämtern und im Gewerbe.

Art. 15
Die weibliche Bevölkerung, die gleich der männlichen Beiträge leistet, hat das Recht, von jeder öffentlichen Instanz einen Rechenschaftsbericht zu verlangen.

Art. 17
Das Eigentum gehört beiden Geschlechtern vereint oder einzeln. Jede Person hat darauf ein unverletzliches und heiliges Anrecht. Niemandem darf es als eigentliches Erbteil vorenthalten werden, es sei denn, eine öffentliche Notwendigkeit, die rechtmäßig ausgewiesen wurde, mache es erforderlich, natürlich unter der Voraussetzung einer gerechten und vorher festgesetzten Entschädigung.

1 Tribüne: hier: Rednertribüne

- *Wie beurteilen Sie die von Olympe de Gouges aufgestellten Forderungen im Hinblick auf ihre aktuelle Bedeutung?*
- *Welche Vorstellung von Gerechtigkeit kommt in diesen Artikeln zum Ausdruck? Beziehen Sie auch die Überlegungen des Aristoteles (vgl. S. 36/37) in Ihre Diskussion mit ein.*
- *Fächerübergreifende Zusammenarbeit mit Geschichte: Informieren Sie sich über die rechtliche Situation der Frauen zum Zeitpunkt der Französischen Revolution in Frankreich und in Deutschland. Welche Rechte wurden nur den Männern zugestanden, nicht aber den Frauen?*
- *Den vollständigen Text der „Erklärung der Rechte der Frau und Bürgerin" können Sie in folgendem Buch nachlesen: Ruth Hagengruber (Hrsg.), Klassische philosophische Texte von Frauen, dtv, München 1998.*

§ Grundgesetz (1949)

Art. 3
(2) Männer und Frauen sind gleichberechtigt. Der Staat fördert die tatsächliche Durchsetzung der Gleichberechtigung von Frauen und Männern und wirkt auf die Beseitigung bestehender Nachteile hin.

- *Hat sich die Gleichberechtigung in Deutschland durchgesetzt, so dass dieser Artikel abgeschafft werden könnte? Begründen Sie Ihre Meinung.*

Frauen für die Revolution

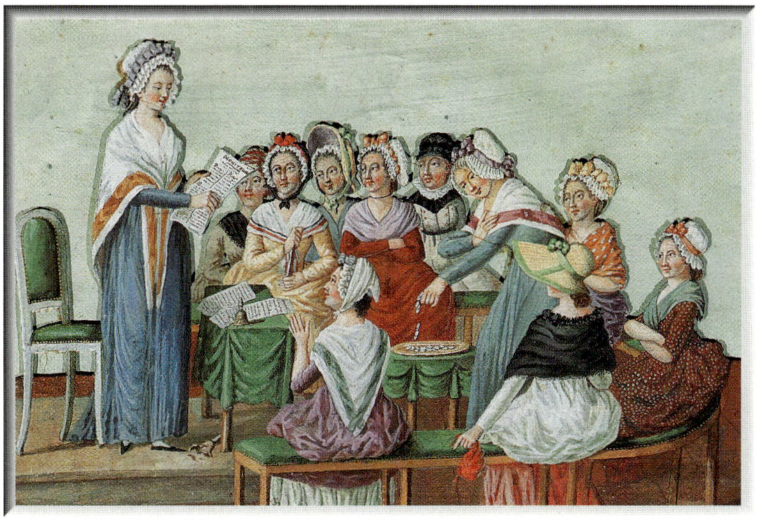

Pierre Etienne und Jacques Philippe Lesueur, Patriotischer Frauenklub, 1791

- *1789 entstanden in ganz Frankreich politische Klubs, in denen in der Regel nur Männer zugelassen wurden. Können Sie sich den Grund dafür erklären?*
- *1790 wurden, u. a. auf Initiative von Olympe de Gouges, Frauenklubs gegründet. Welche Funktionen dieser Frauenklubs werden auf dem Bild deutlich und welche Bedeutung könnten sie zusätzlich gehabt haben?*
- *In den 80-er Jahren entstanden auch in der Bundesrepublik zahlreiche Frauengruppen, in denen die Rechte von Frauen eine wichtige Rolle spielten. Sind solche Gruppen heute überflüssig? Begründen Sie Ihre Meinung.*

Wer war Olympe de Gouges?

Marie Gouze wurde am 7. 5. 1748 in Montauban in den Pyrenäen geboren. Ihre Bildung erhielt sie bei den Ursulinen der Stadt, die damit die Voraussetzung dafür schufen, dass sie später als Schriftstellerin tätig sein konnte.
Mit 16 Jahren wurde sie ungewollt mit Louis-Yves Aubry verlobt, den sie mit 17 Jahren heiraten musste. Ein Jahr später wurde sie mit 18 Jahren Mutter. Kurz darauf starb ihr Mann und Marie Gouze, verwitwete Aubry, nahm den Namen Olympe de Gouges an. Den Vornamen „Olympe" übernahm sie von ihrer Mutter, „Gouges" ist eine abgewandelte Form ihres Familiennamens.
Entgegen den damaligen Gepflogenheiten lehnte sie es nach dem Tod ihres Mannes ab eine neue Ehe einzugehen. Olympe de Gouges ging nach Paris und nahm am kulturellen und gesellschaftlichen Leben der Salons und Frauenklubs teil. Mit dreißig Jahren beschloss sie, Schriftstellerin zu werden, und nahm Kontakt zu Journalisten, Dramatikern und Philosophen auf. Ab Mitte der 80-er Jahre schrieb sie Theaterstücke, Romane und Dialoge mit gesellschaftspolitischen und sozialkritischen Inhalten. 1784 reichte sie eines ihrer ersten Theaterstücke bei der Comédie française ein, das 1789 unter dem Titel „L'Esclavage des Nègres" aufgeführt wurde. Mit diesem Drama plädierte Olympe de Gouges für die Abschaffung der Sklaverei. Kurz darauf wurde sie von französischen Kolonialherren beschuldigt, den Aufruhr unter den Sklaven zu schüren, woraufhin das Stück wieder abgesetzt wurde.
Nachdem 1788 eine Gesamtausgabe ihrer bisherigen Werke erschienen war, konzentrierte sie ihre Kräfte auf die Politik. Sie nahm Kontakt mit der revolutionären Bewegung auf und schrieb Artikel und Aufrufe, die sie als Broschüren veröffentlichte oder auf Plakaten in Paris anschlagen ließ. Im Mai 1789 zog sie nach Versailles und verfolgte die Tagespolitik aus unmittelbarer Nähe, schloss sich jedoch keiner Partei an. Schriftlich äußerte sie sich zu gesellschaftspolitischen Themen wie Patriotismus, Klerus, Zölibat, Sozialreform und Ehe.
Ihr wichtigstes Werk war die „Déclaration des Droits de la Femme et de la Citoyenne" von 1789. In der geänderten Version von 1791 zog sie – enttäuscht von der Revolution – folgende Bilanz, die sie an die Frauen der französischen Republik richtete: „All seine Kräfte aufbietend, vermochte der versklavte Mann nicht ohne deine Hilfe seine Ketten zu sprengen. Kaum in Freiheit, zeigt er sich ungerecht gegen seine Gefährtin. Oh, Frauen! Frauen, wann hört ihr auf blind zu sein?"
Nachdem Olympe de Gouges Flugblätter gegen die blutige Schreckensherrschaft des Revolutionärs Robespierre verteilt hatte, wurde sie am 20. 7. 1793 verhaftet. Da sie vor dem Revolutionstribunal nicht um Gnade bat und dessen Spott über ihre Frauenrechte mit scharfer Kritik entgegentrat, wurde sie hingerichtet. Olympe de Gouges starb am 2. 11. 1793 auf dem Platz der Revolution in Paris.

- *Was könnte Olympe de Gouges mit der Blindheit der Frauen (Z. 43) gemeint haben?*
- *Finden Sie, dass die Aktionen der Olympe de Gouges sinnvoll waren? Finden Sie es gut, dass sie gegen die Sklaverei in den Kolonien und für die Rechte der Frauen eingetreten ist, oder hätte sie darauf verzichten sollen? Diskutieren Sie darüber und begründen Sie Ihre Meinung.*
- *Fächerübergreifende Zusammenarbeit mit Geschichte: Welche Auswirkungen hatte die Jakobiner-Diktatur auf den Ausgang der Französischen Revolution von 1789?*
- *Kennen Sie Biografien anderer Frauen, auch aus der heutigen Zeit, die sich für Gerechtigkeit eingesetzt haben? Sie können z. B. in den beiden folgenden Büchern lesen: Marit Rullmann, Philosophinnen von der Antike bis zur Aufklärung. Band I. Philosophinnen von der Romantik bis zur Moderne. Band II. Suhrkamp, Frankfurt/M. 1998. Halten Sie ein Referat darüber und vergleichen Sie die Biografie einer anderen Frau mit dem Leben von Olympe de Gouges.*
- *Im Internet finden Sie unter* ***http://www.stopczyk-philosophie.de*** *eine Ausstellung über Philosophinnen, die Sie mit Olympe de Gouges vergleichen können.*

Mary Wollstonecraft: Recht auf Vernunft

„Wie oft soll ich dir noch sagen:
Papier gehört nicht auf den Komposthaufen."

Ohne Titel, Loriot (Vico von Bülow), um 1960

„Wir Männer fordern, dass dem Manne das volle Glück der leiblichen Vaterschaft nicht länger vorenthalten wird, auch wenn der Säugling vorübergehend an Gewicht verlieren sollte."

Ohne Titel, Loriot (Vico von Bülow), um 1960

Was will Loriot mit diesen beiden Bildern sagen? Vergleichen Sie in diesem Zusammenhang das übliche Rollenverhalten und die Aufgabenverteilung in den Familien um 1960 und in der heutigen Zeit.

Was ist Vernunft? Schreiben Sie eine Definition und nennen Sie die Merkmale von Vernunft. Was kann Vernunft leisten und wo sind ihre Grenzen? Was ist das Gegenteil von Vernunft?

Herzensbildung oder Vernunft?

Loriot thematisiert mit seinen Bildern das Rollenverhalten von Mann und Frau, dass aus einem bestimmten Rollenklischee resultiert. Im 18. Jahrhundert befasste sich die englische Philosophin Mary Wollstonecraft mit diesem Thema und kritisierte besonders das Rollenklischee der Frau.

Als Grund und Entschuldigung für die Tyrannei der Männer über die Frauen wurden viele geistreiche Argumente angeführt, die alle beweisen sollen, dass die beiden Geschlechter in ihrem Streben nach Vollkommenheit einen ganz verschiedenen Charakter erwerben müssten. Mit anderen Worten: Die Frauen dürfen nicht so viel Geisteskraft erlangen, als zu wirklicher Vollkommenheit nötig ist. Da man ihnen aber erlaubt eine Seele zu haben, können sie doch nur den einen Weg gehen, auf dem die Vorsehung das ganze Menschengeschlecht zu Tugend und Glück führt.
Wenn die Frauen nicht nur Gegenstand flüchtiger Tändelei sind, warum sollen sie unter dem Vorwand der Unschuld in Unwissenheit bleiben? Mit Recht beklagen sich die Männer über die Torheiten und Launen unseres Geschlechts, wenn sie nicht unsern leidenschaftlichen Eigensinn und unsre kriecherischen Untugenden einer scharfen, spöttischen Kritik unterziehen. Man bedenke aber die natürliche Folge der Unwissenheit! Ein Geist, der nur mit Vorurteilen genährt ist, wird immer wankelmütig sein, und ein Strom, der nicht in Schranken gehalten ist, tobt in vernichtender Kraft. Von Kindheit auf werden die Frauen gelehrt, dass etwas Kenntnis menschlicher Schwäche, eine gewisse Schlauheit, Sanftheit des Gemüts, scheinbare Fügsamkeit, vorsichtig ängstliches Beobachten der äußeren Schicklichkeit ihnen den Schutz eines Mannes sichert. Wenn Frauen schön sind, dann ist wenigstens für zwanzig Jahre ihres Lebens alles andere überflüssig!
So beschreibt Milton unsre erste schwache Stammmutter. Wenn er sagt, das Weib sei nur für Sanftmut und Schönheit gebildet, kann ich nur denken, dass er [...] uns die Seele abspricht, um uns zu verstehen zu geben, unsere Bestimmung sei ausschließlich die, durch reizende Anmut und blinden Gehorsam den Sinnen des Mannes zu dienen, wenn sein Geist von Arbeit ermüdet ist. [...]
Jedes Zeitalter hat eine bestimmte Geistesströmung, die es mit großer Kraft durchflutet. Bei dem derzeitigen Zustande der Gesellschaft kann wohl von Erziehung wenig erwartet werden. Für meinen gegenwärtigen Zweck ist es aber genügend, dass trotz aller äußeren Umstände die Kräfte der Einzelnen sich durch den Gebrauch seiner Vernunft entwickeln können. Der Gedanke, dass nur ein Mensch mit lasterhaften Neigungen geboren sei, müsste uns schon zum Atheismus führen.
Die beste Erziehung wird also die sein, die Körper, Geist und Gemüt gleichmäßig stärkt und vervollkommnet. Mit andern Worten eine Erziehung, die die Kräfte des Individuums entwickelt und es zur Unabhängigkeit führt. Ein Geschöpf, das nicht durch Selbsterziehung zum rechten Gebrauch seiner Fähigkeiten und Kräfte kommt, kann nicht moralisch genannt werden. Das ist auch Rousseaus Ansicht von den Männern, ich aber dehne diesen Satz auch auf die Frauen aus. Die Frauen wurden bisher nur durch falsche Verfeinerung ihrer eigentlichen Sphäre entzogen und nicht dadurch, dass sie sich männliche Eigenschaften anmaßten. Die königliche Huldigung, die sie empfangen, ist aber so berauschend, dass es sehr schwer sein wird, die Frauen davon zu überzeugen, dass sie eine gesetzwidrige Macht ausüben. Erst wenn der Geist der Zeit sich geändert hat, wenn man im Allgemeinen zu vernünftigeren Anschauungen gekommen sein wird, werden auch die Frauen einsehen, dass sie sich erniedrigen. [...]

Bezüglich der Herzensbildung wird einhellig kein Unterschied des Geschlechts gemacht, in Bezug auf geistige Kraft weist man den Frauen immer eine niedere Rangstufe an. Dieser Irr-

tum entstand aus einer falschen Ansicht über Erziehung. Man sieht die Erziehung meist nur als eine Vorbereitung fürs Leben an, statt ein Geschöpf den Weg zur möglichsten Vollkommenheit und Veredlung zu führen. Auf diesem sinnlichen Irrtum (so muss ich ihn nennen) ist das falsche System weiblicher Art aufgebaut worden, das die Frau jeglicher Würde beraubt und sie zu Lilien auf dem Felde macht. Die Angst der Frauen, ihren spezifischen Charakter als Geschlecht, den die Männer stets poetisch verherrlichen, zu verlieren, ließ selbst Frauen höherer Begabung in den gleichen Ton mit einstimmen. Den Frauen wird eben einfach die Vernunft abgesprochen, und Instinkt und schlaues Anpassen für die Zwecke der Existenz sollen all ihre geistigen Fähigkeiten ausmachen.
Die Fähigkeit, Gedanken zu verallgemeinern und aus eigenen Beobachtungen vernünftige Schlüsse zu ziehen, verdient einzig Erkenntnis genannt zu werden. Diese Fähigkeit wird den Frauen einfach abgesprochen, und nach einigen Schriftstellern soll sie sogar mit ihrem Geschlechtscharakter unvereinbar sein. Wenn das bewiesen werden kann, dann freilich lebt die Frau nur für den Mann. Ich muss aber beiläufig bemerken, dass die Fähigkeit Gedanken zu generalisieren, sowohl bei Männern als auch bei Frauen eine sehr seltene ist, aber in der Übung dieser Art des Denkens liegt die wahre Veredlung des Geistes. Doch scheint sich alles dagegen verschworen zu haben, diese Veredlung des Geistes der Frau zu ermöglichen.

Mary Wollstonecraft (1759–1797), englische Philosophin

Mary Wollstonecraft

Mary Wollstonecraft (1759–1797) setzte sich mit ihren Schriften für eine Veränderung der gesellschaftlichen Situation der Frau ein. In ihrem ersten Buch „Thoughts on the Education of Daughters" kritisierte sie die schlechten Erwerbsmöglichkeiten für alleinstehende Frauen. In „Mary, a Fiction" verteidigt sie das Recht der Frau auf Selbstbestimmung bei der Heirat, da bei der Eheschließung auf Wunsch der Eltern die Frau als Besitz betrachtet werde.
In London wurde sie von Joseph Johnson mit Übersetzungsarbeiten und Rezensionen beauftragt. In seinem Haus lernte sie die Intellektuellen Londons kennen, die dem politischen Establishment kritisch gegenüberstanden. Mary Wollstonecraft war nicht die erste Frau, die sich ihren Lebensunterhalt durch schiftstellerische Tätigkeiten verdiente. Ungewöhnlich war jedoch, dass sie sich auf dem Gebiet der politischen und gesellschaftlichen Publizistik bewegte.
1790 veröffentlichte sie „A Vindication of the Rights of Men", in dem sie Rechtsgleichheit für Mann und Frau forderte. Ein Mann, der Frau und Kinder schlägt, sollte nicht mehr straffrei ausgehen. 1792 erschien ihre Schrift „A Vindication of the Rights of Woman". Erstmals stand hier die Erziehung als Motor für eine Gleichstellung der Geschlechter im Mittelpunkt philosophischer Reflexion. Mädchen und Jungen sollten gemeinsam lernen und sowohl Vernunft als auch moralische Gefühle entwickeln.
Mary Wollstonecraft heiratete 1797 William Godwin und starb noch im selben Jahr kurz nach der Geburt ihrer Tochter in London.

- *Wie können Frauen das Klischee, sie seien nicht vernünftig, nach Meinung von Mary Wollstonecraft bekämpfen?*

- *Gilt dieses Klischee auch heute noch? Mit welchen Argumenten würden Sie ihm entgegentreten?*

- *Vorschlag für ein Referat: Zeigen Sie am Beispiel von Hermine Heusler-Edenhuizen, wie sich Frauen noch im 20. Jahrhundert gegen die von Mary Wollstonecraft bekämpften Klischees durchgesetzt haben. Zur Vorbereitung auf das Referat können Sie in folgenden Büchern lesen: Hermine Heusler-Edenhuizen, Du musst es wagen! Lebenserinnerungen der ersten deutschen Frauenärztin, Rowohlt, Reinbek 2001. Hermine Heusler-Edenhuizen, Die erste deutsche Frauenärztin. Lebenserinnerungen: Im Kampf um den ärztlichen Beruf der Frau. Leske + Budrich, Opladen 1997.*

- *Vergleichen Sie die folgende Aussage von McNamara mit den Aussagen von Mary Wollstonecraft.*

> Wenn jedoch die Kraft, die die menschliche Aktivität bestimmt, nicht die Vernunft ist, bleibt der Mensch unter dem Niveau seiner eigenen Möglichkeiten.
> *Robert S. McNamara (*1916), amerikanischer Politiker*

Schlechte Argumente

Was das Argument angeht, die Frau sei dem Manne schon immer untertan gewesen, so fällt es auf den Mann selbst zurück. Stets haben Wenige die Vielen beherrscht, und Ungeheuer, die von menschlicher Größe kaum etwas wussten, konnten Tausende ihrer Mitgeschöpfe tyrannisieren. Warum haben mit überlegenen Gaben ausgestattete Männer solche Erniedrigung ertragen? Ist es denn etwa nicht allgemein bekannt, dass die Fähigkeiten und Tugenden der Könige, insgesamt gesehen, nicht an die Fähigkeiten und Tugenden heranreichen, die dieselbe Zahl willkürlich ausgesuchter gewöhnlicher Männer besitzen? Und wurden und werden sie nicht dennoch mit einem Maß an Ehrerbietigkeit behandelt, das die Vernunft beleidigt? Nicht nur in China hat man einen lebendigen Menschen zum Gott erhoben. Die Männer haben sich der überlegenen Macht unterworfen, um straflos die Freuden des Augenblicks genießen zu können – und nichts anderes haben die Frauen getan. […] [Es] lässt sich [aber] nicht beweisen, dass die Frau dem Mann notwendig unterlegen sein muss, weil sie stets unterjocht wurde.

- *Wie beurteilen Sie die Argumentation von Mary Wollstonecraft?*

- *Suchen Sie nach weiteren Argumenten für die Gleichstellung zwischen Mann und Frau.*

- *Vorschlag für ein Referat: Stellen Sie die wichtigsten Gedanken des „Plädoyers für die Rechte der Frau" dar. Sie können den Text nachlesen in: Mary Wollstonecraft, Ein Plädoyer für die Rechte der Frau, Verlag Böhlaus Nachfolger, Weimar 1999 (Kapitel 2 und 4).*

Der gerechte Staat

Diskutieren Sie: Wie stellen Sie sich einen „gerechten Staat" vor? Welches sind seine Kennzeichen? Überlegen Sie, ob ein „gerechter Staat" ethische Grundlagen braucht. Begründen Sie Ihre Meinung.

Ein Philosoph aus dem alten China: Wie der Herrscher, so das Volk

Der berühmte Philosoph Mong tse (372–289 v. Chr.), dessen Buch zu den klassischen Schriften zählt, kam einst an den Hof des Fürsten von Weh, um ihm seine Dienste anzubieten. Der Fürst sprach zu ihm: „Da Ihr tausend Meilen zurückgelegt habt, um in mein Land zu kommen, wollt Ihr zweifellos besonders eifrig für meinen Vorteil tätig sein."
Mong tse erwiderte: „Was sprecht Ihr von Vorteil? Hebung der bürgerlichen Moral, darauf kommt es an. Wenn der Fürst bei den Staatsgeschäften nur an seinen Vorteil denkt, dann arbeiten auch Minister, Beamte und jeder einzelne Bürger lediglich für ihren privaten Vorteil. Man kann ohne Übertreibung behaupten, ein solcher Staat ist in Auflösung. Sorgt dagegen der Fürst für Hebung der allgemeinen Moral, so wächst der Zusammenhalt in der Familie und damit von selbst auch die Opferbereitschaft für den Staat."

Erklären Sie, was in diesem Text mit der „Hebung der allgemeinen Moral" (Z. 13) gemeint ist.

Stimmen Sie dieser chinesischen Weisheit zu? Begründen Sie Ihre Meinung.

Wie lässt sich das Ziel erreichen, dass in einem gerechten Staat auf Vorteilsnahme verzichtet wird? Diskutieren Sie, ob das möglich ist bzw. inwieweit das möglich ist.

Platon und Aristoteles: Vom Wesen des Menschen zum Wesen des Staates

Platon* unterschied in der menschlichen Seele drei Teile: das Begehrende, das Muthafte und das Vernünftige (vgl. S. 38). Ausgehend von dieser Denkstruktur, gliedert er auch den gerechten Staat in drei Stände: in den Nährstand, den Wehrstand und den Lehrstand (die Philosophen). Jeder Stand soll eine spezifische Tugend erfüllen: Mäßigung, Tapferkeit und Weisheit. Die gerechte Staatsverfassung soll dafür sorgen, dass die politische Rangordnung zwischen den Ständen eingehalten wird, indem jeder Stand die ihm zugewiesene Aufgabe erfüllt: der Lehrstand herrscht, der Wehrstand unterstützt die Herrschenden und der Nährstand dient, d. h., er produziert die materiellen Güter.
Auch Aristoteles* schließt vom politischen und sozialen Wesen des Menschen auf den gerechten Staat. Ein Staat ist dann gerecht, wenn er das Glück seiner Mitglieder garantiert. Dabei werden drei Staatsformen unterschieden: die Demokratie, die Aristokratie und die Monarchie.

Stellen Sie in drei verschiedenen Skizzen diese Staatsformen dar und nennen Sie Beispiele dafür.

Vorschlag für ein Referat: Erarbeiten Sie die Charakteristik dieser drei Staatsformen bei Platon. Sie finden den Text im VIII. Buch der Politeia: Platon, Der Staat: Politeia, Reclam, Stuttgart 1991.

> Wo keine Gerechtigkeit ist, ist keine Freiheit, und wo keine Freiheit ist, ist keine Gerechtigkeit.
> *Johann G. Seume (1763–1810), deutscher Schriftsteller*

Thomas Hobbes: Einen Vertrag schließen

Die Menschen, die von Natur aus Freiheit und Herrschaft über andere lieben, führten die Selbstbeschränkung, unter der sie, wie wir wissen, in Staaten leben, letzlich allein mit dem Ziel und der Absicht ein, dadurch für ihre Selbsterhaltung zu sorgen und ein zufriedeneres Leben zu führen – d.h., dem elenden Kriegszustand zu entkommen, der […] aus den natürlichen Leidenschaften der Menschen notwendig folgt, dann nämlich, wenn es keine sichtbare Gewalt gibt, die sie im Zaume zu halten und durch Furcht vor Strafe an die Erfüllung ihrer Verträge und an die Beachtung der natürlichen Gesetze zu binden vermag. […]

Der alleinige Weg zur Errichtung einer solchen allgemeinen Gewalt, die in der Lage ist, die Menschen vor dem Angriff Fremder und vor gegenseitigen Übergriffen zu schützen und ihnen dadurch eine solche Sicherheit zu verschaffen, dass sie sich durch eigenen Fleiß und von den Früchten der Erde ernähren und zufrieden leben können, liegt in der Übertragung ihrer gesamten Macht und Stärke auf einen Menschen oder eine Versammlung von Menschen, die ihre Einzelwillen durch Stimmenmehrheit auf einen Willen reduzieren können. D.h. so viel wie einen Menschen oder eine Versammlung von Menschen bestimmen, die deren Person verkörpern sollen, und bedeutet, dass jedermann alles als Eigen anerkennt, was derjenige, der auf diese Weise seine Person verkörpert, in Dingen des allgemeinen Friedens und der allgemeinen Sicherheit tun oder veranlassen wird, und sich selbst als Autor alles dessen bekennt und dabei den eigenen Willen und das eigene Urteil seinem Willen und Urteil unterwirft. Dies ist mehr als Zustimmung oder Übereinstimmung: Es ist eine wirkliche Einheit aller in ein und derselben Person, die durch Vertrag eines jeden mit jedem zustande kam, als hätte jeder zu jedem gesagt: Ich autorisiere diesen Menschen oder diese Versammlung von Menschen und übertrage ihnen mein Recht, mich zu regieren, unter der Bedingung, dass du ihnen ebenso dein Recht überträgst und alle ihre Handlungen autorisierst. Ist dies geschehen, so nennt man diese zu einer Person vereinigte Menge Staat, auf Lateinisch civitas.

Thomas Hobbes *(1588–1679), englischer Philosoph*

Fassen Sie die Aussagen von Hobbes in mehreren Thesen schriftlich zusammen.

Wiederholen Sie die Definition des Naturzustands (vgl. S. 14/15).

Beschreiben Sie das Verhältnis zwischen dem Souverän und den Untertanen nach Hobbes. Wie begründet er dieses Verhältnis?

Handelt es sich bei dem Modell von Hobbes um einen gerechten Staat? Begründen Sie Ihre Meinung.

Nikita Murawjow: Willkür eines Einzelnen

Die Erfahrung aller Völker und aller Zeiten beweist, dass ein absolutistisches Regime für die Regierung wie für die Gesellschaft gleichermaßen verderblich ist; dass es weder den Regeln unseres heiligen Glaubens noch den Überlegungen des gesundes Menschenverstands entspricht. Keineswegs darf man zulassen, dass ein Regime auf der Willkür eines Einzelnen basiert, keineswegs kann man hinnehmen, dass sich alle Rechte auf der einen und alle Pflichten auf der anderen Seite befinden. Blinder Gehorsam beruht allein auf Angst; er ist weder eines vernünftigen Herrschers noch vernünftiger Untertanen würdig. Herrscher, die sich über das Gesetz gestellt haben, vergessen, dass sie nun außerhalb des Gesetzes, außerhalb der Menschheit stehen, dass es unmöglich ist sich auf die Gesetze zu berufen, wenn es andere Leute betrifft, die Gesetze aber zu leugnen, wenn es sie selbst betrifft. Entweder sind die Gesetze gerecht – warum wollen sie ihnen dann nicht gehorchen? Oder sie sind ungerecht – warum wollen sie diese Gesetze dann anderen aufzwingen?

Nikita Murawjow (1793–1843), russischer Philosoph und Revolutionär

Vergleichen Sie die beiden Denkmodelle von Hobbes und Murawjow. Beziehen Sie dabei die Begründungen der beiden Philosophen mit ein. Lesen Sie dazu auch die Ausführungen von Otfried Höffe auf S. 23.

Schreiben Sie ein Gespräch zwischen Hobbes und Murawjow, in dem jeder sein Staatsmodell verteidigt und das andere infrage stellt.

Nikita Murawjow

Nikita Murawjow (1793–1843) war ein russischer Philosoph und Revolutionär, der 1825 den Aufstand der Dekabristen (Dezemberputsch von Offizieren und Intellektuellen) gegen Zar Nikolaus I. mitorganisierte. Dieser Aufstand hatte das Ziel eine konstitutionelle Monarchie einzuführen. Murawjow wurde nach der Niederschlagung des Aufstands zu 25 Jahren Zwangsarbeit in Sibirien verurteilt. Er verfasste gemeinsam mit anderen Dekabristen den ersten Entwurf einer demokratischen russischen Verfassung. In den Artikeln 2 und 3 hieß es: „Die oberste Gewalt geht vom Volke aus; es allein hat das Recht, Grundgesetze zu erlassen. Die Staatsbürgerschaft ist ein Recht, das als Tätigkeit definiert wird, an der Regierung mitzuwirken: mittelbar, d. h. durch die Wahl von Beamten oder Wahlmännern; unmittelbar, d. h. durch die eigene Wählbarkeit in ein öffentliches Amt in der legislativen, exekutiven oder juristischen Gewalt."

Vorschlag für ein Referat: Lesen Sie diesen Entwurf einer russischen Verfassung. Überlegen Sie, ob er den Kriterien eines Rechtsstaates entspricht. Vgl. S. 22, Drei Säulen des Rechtsstaats. Sie finden den Text des Verfassungsentwurfs in folgendem Buch: Gerhard Dudek, Die Dekabristen. Dichtungen und Dokumente, Insel Verlag, Leipzig 1975, S. 212–218.

Was ist Freiheit? Ein fiktives Gespräch

A: Was ist Freiheit?
B: Ein Leben ohne Behinderung.
A: Woher stammt Freiheit?
B: Alles Gute kommt von Gott. Als er den Menschen nach seinem Bilde schuf, [...] schenkte er dem Menschen die Freiheit.
A: Steht mir demnach frei alles zu tun?
B: Dir steht es frei alles zu tun, was keinem anderen schadet. Das ist dein Recht.
A: Und wenn mich jemand unterdrücken will?
B: Das würde eine dir angetane Gewalt sein, gegen die du dich rechtmäßig zur Wehr setzen kannst.
A: Demnach sollen alle Menschen frei sein?
B: Zweifellos.
A: Und sind alle Menschen frei?
B: Nein. Eine kleine Anzahl von Menschen hat eine weit größere versklavt.
A: Weshalb hat die kleine Zahl die größere versklavt?
B: Den einen kam die ungerechte Idee zu herrschen, den anderen die schlechte Idee, ihre natürlichen von Gott geschenkten Menschenrechte aufzugeben.
A: Muss man die Freiheit erlangen?
B: Unbedingt.
A: Auf welche Weise?

Nikita Murawjow (1793 –1843), russischer Philosoph und Revolutionär

Wie würden Sie diese Frage beantworten? Diskutieren Sie diese Frage in der Klasse, begründen Sie Ihre Meinung und schreiben Sie anschließend einen Essay darüber.

Gerechtigkeit

Gerechtigkeit ist eine persönliche Tugend. Ohne Menschen, die gerecht handeln wollen, ist Gerechtigkeit überhaupt nicht möglich. Aber Gerechtigkeit ist mehr als persönliche Rechtlichkeit, ist eine Norm, die in den zwischenmenschlichen Beziehungen und innerhalb der Gemeinschaftsformen objektiv gelten soll. [...] Im Wesen der Gerechtigkeit liegt es, dass ich als Mensch im Zusammenleben mit anderen Menschen nicht nur eine Pflicht zur Gerechtigkeit habe, sondern auch einen Anspruch auf Gerechtigkeit. [...] Gerechtigkeit bedeutet zunächst einmal Wahrung der Rechtsordnung und gewissenhafte, sorgfältige Anwendung derselben. Der gerechte Richter ist der nach dem (positiven) Recht urteilende Richter, während der, der willkürlich entscheidet, ein ungerechter Richter ist. Wo der Grundsatz der Unverbrüchlichkeit des Rechts gilt, spricht man von einer gerechten Staatsordnung. Solange man Gerechtigkeit so versteht, gibt es kaum Probleme. Aber gerechte Preise oder gerechte Löhne lassen sich kaum von der positiven Rechtsordnung her bestimmen. Darüber hinaus ist Gerechtigkeit eine Norm, an der sich auch die positive Rechtsordnung messen lassen muss.

*Franz Lau (*1907), deutscher Theologieprofessor*

Eine gerechte Gesellschaft

Stellen Sie sich vor, Sie wären Mitglied eines Hohen Rates, der alle Gesetze einer zukünftigen Gesellschaft beschließen soll. Die Ratsmitglieder müssen an alles denken, denn sobald sie sich geeinigt und die Gesetze unterschrieben haben, sterben sie. Sekunden später werden sie in der Gesellschaft wieder wach, deren Gesetze sie gemacht haben. Sie wissen jedoch nicht, welches ihre soziale Position sein wird. Eine solche Gesellschaft wäre eine gerechte Gesellschaft, denn jeder hätte die gleiche Ausgangsvoraussetzung.

nach ***John Rawls*** *(*1921), amerikanischer Philosoph*

Stimmen Sie zu, dass eine solche Gesellschaft eine gerechte Gesellschaft wäre? Begründen Sie Ihre Meinung.

Welche Position würden Sie für sich in Anspruch nehmen wollen? Spielen Sie verschiedene Möglichkeiten durch.

Welche philosophischen Prinzipien könnten die Voraussetzung für einen gerechten Staat und eine gerechte Gesellschaft sein? Der amerikanische Philosoph John Rawls hat zwei Grundprinzipien aufgestellt.

Zwei Prinzipien der Gerechtigkeit

1. Jeder an einer Institution Beteiligte oder von ihr Betroffene hat ein gleiches Recht auf die größtmögliche Freiheit, die mit der gleichen Freiheit für alle Übrigen vereinbar ist.

2. Ungleichheiten, durch die Struktur der Institutionen festgelegt oder gefördert, sind willkürlich, es sei denn, man kann vernünftigerweise erwarten, dass sie sich zu jedermanns Vorteil auswirken, und die Positionen und Ämter, mit denen diese Ungleichheiten verknüpft sind bzw. aus denen sie sich ergeben, stehen allen offen. Diese Prinzipien bestimmen die Verteilungsaspekte der Institutionen, indem sie die Zuweisung von Rechten und Pflichten in der gesamten Gesellschaftsstruktur regeln. Das geschieht zunächst im Wege der Annahme einer politischen Verfassung, der gemäß die Prinzipien dann auf die Gesetzgebung anzuwenden sind. Es ist die richtige Entscheidung für die Grundstruktur der Gesellschaft, für ihr grundlegendes System von Rechten und Pflichten, von der die Verteilungsgerechtigkeit abhängt.

Die beiden Gerechtigkeitsprinzipien gelten in erster Linie für diese Grundstruktur, d. h. für die wichtigsten Institutionen des Gesellschaftssystems und ihr Zusammenspiel. Zu dieser Grundstruktur gehören die politische Verfassung sowie die hauptsächlichen wirtschaftlichen und gesellschaftlichen Institutionen, die zusammen die Freiheiten und Rechte einer Person definieren sowie ihre Aussichten im Hinblick auf soziale Position und Lebensqualität berühren. Die intuitive Vorstellung ist hier die, dass diejenigen, die in verschiedenen sozialen Positionen oder in verschiedenen sozialen Klassen in das Gesellschaftssystem hineingeboren werden, unterschiedliche Lebensaussichten haben, die zum Teil durch das System politischer Freiheiten und persönlicher Rechte sowie durch die wirtschaftlichen und gesellschaftlichen Chancen bestimmt werden, die man diesen Positionen zugänglich macht. Auf diese Weise begünstigt die Grundstruktur der Gesellschaft bestimmte Menschen gegenüber anderen; hier liegen die grundlegenden Ungleichheiten, welche die gesamten Lebensaussichten der Bürger berühren. Es sind solche Ungleichheiten – Ungleichheiten, die sich vermutlich in keiner Gesellschaft vermeiden lassen –, auf die die beiden Gerechtigkeitsprinzipien vor allem anwendbar sind.
Das zweite Prinzip besagt nun, dass eine Ungleichheit nur dann zugelassen wird, wenn Grund zu der Annahme besteht, dass sich die Institution, die mit ihr behaftet ist oder sie gestattet, zum Vorteil jeder daran beteiligten Person auswirkt. Im Falle der Grundstruktur bedeutet dies, dass alle Ungleichheiten, die die Lebensaussichten berühren, also etwa die Einkommens- und Eigentumsungleichheiten, die zwischen den sozialen Klassen bestehen, zu jedermanns Vorteil sein müssen. […]

Wir interpretieren das zweite Prinzip nun so, dass diese Unterschiede genau dann gerecht sind, wenn die höheren Erwartungen der Bevorteilten, in ihrer Funktion im Rahmen des gesamten Gesellschaftssystems, die Erwartungen der am schlechtesten Gestellten verbessern. Die Grundstruktur ist danach durchgehend gerecht, wenn die Vorteile der Glücklicheren die Lebensqualität der am wenigsten Glücklichen steigern, d. h. wenn eine Minderung dieser Vorteile die am wenigsten Glücklichen noch schlechter stellen würde, als sie ohnehin schon stehen. Mit anderen Worten: Die Grundstruktur ist ganz und gar gerecht, wenn die Aussichten der am wenigsten Glücklichen so gut wie möglich sind.

Bei der Interpretation des zweiten Prinzips (oder vielmehr seines ersten Teils, den wir aus offenkundigen Gründen als „Differenzprinzip" bezeichnen können) nehmen wir an, dass das erste Prinzip gleiche Grundfreiheiten für alle fordert und dass das politische System, das sich ergibt, sofern möglich eine Form der konstitutionellen Demokratie ist. Es muss Freiheit der Person geben, politische Gleichheit sowie Gewissens- und Gedankenfreiheit: Alle Bürger sind gleichgestellt und besitzen denselben Status. Es herrscht Chancengleichheit und ein fairer Wettbewerb um die vorhandenen Stellen auf der Basis einer vernünftigen Qualifikation. Die Unterschiede nun, die vor diesem Hintergrund gerechtfertigt werden müssen, sind die verschiedenen wirtschaftlichen und sozialen Ungleichheiten in der Grundstruktur, die im Rahmen einer solchen Gesellschaft ganz unweigerlich entstehen. Es handelt sich hierbei um die Ungleichheiten in der Einkommens- und Vermögensverteilung und um das unterschiedliche Maß an gesellschaftlichem Prestige und Status, das mit den verschiedenen Positionen und Klassen verbunden ist. Das Differenzprinzip besagt, diese Ungleichheiten seien genau dann gerecht, wenn sie Teil eines umfassenderen Systems sind, in dem sie sich zum Vorteil des am wenigsten glücklichen Repräsentanten auswirken. Die gerechten, durch die Grundstruktur festgelegten Verteilungen sind dann diejenigen, die sich aus diesem eingeschränkten Maximierungsprinzip ergeben.

John Rawls *(*1921), amerikanischer Philosoph*

Beschreiben Sie anhand von Beispielen Rawls' Gerechtigkeitsprinzipien und vergleichen Sie diese mit den Formen der Gerechtigkeit bei Aristoteles (vgl. S. 36/37). Welche Unterschiede und Gemeinsamkeiten stellen Sie fest?

Fotos und Montage: Sim Gil, HSC; Styling: P. C. Kisur, Zille Homma Hamid, 22:2:2722

- *Beschreiben Sie und interpretieren Sie dieses Bild.*
- *Geben Sie dem Bild eine Überschrift.*
- *Schreiben Sie eine Sciencefiction-Erzählung und entwerfen Sie die Vision einer gerechten Gesellschaft für das 21. Jahrhundert. Beziehen Sie dabei sowohl dieses Bild als auch die Ideen von Aristoteles und Rawls mit ein.*

Gerechtigkeit zwischen Ost und West?

Borislav Sajtinac, … und zugenäht, 1990

Der Künstler nennt dieses Bild „… und zugenäht". Was will er damit sagen?

Diese Zeichnung entstand zur deutschen Wiedervereinigung. Schreiben Sie einen kurzen Essay mit einer Interpretation des Bildes und verbinden Sie die Aussage mit dem Text von Heiner Hastedt.

Eine Ellenbogengesellschaft?

Unsere Gesellschaft ändert sich zwar immer, aber nur ganz langsam. Sie geht momentan immer mehr in dieses Geldverdienen hinein. Da werden Maschinen gebaut, die drei Arbeiter ersetzen und den Arbeitgeber nicht so viel kosten. An seiner Stelle würde ich das vielleicht auch so machen, aber andererseits werden dann irgendwann nur noch die Maschinen die Welt regieren. Da ist nur noch das Geld gefragt, nicht mehr die Leute.

Florian, 16 Jahre, aus den neuen Bundesländern

Es ist eine sehr wettbewerbsorientierte Gesellschaft hier, die die Arbeit als Maximum der Leistung ansieht. Die Leistung der Gesellschaft wird an Arbeit festgemacht, nicht an sozialer Leistung. Wenn man der Nachbarin den Mülleimer runterträgt, kostet das vielleicht eine halbe Stunde, weil man sich noch mit ihr unterhalten musste, aber sie fühlt sich gut. Das wird nicht berechnet, weil man hat eine halbe Stunde verschwendet, weil man nicht zur Arbeit gehen konnte. Die Gesellschaft wirkt kühl und lässt wenig Spielraum für soziale Kontakte.

Stefan, 24 Jahre, aus den alten Bundesländern

Wir sind eine Ellenbogengesellschaft: Jeder versucht sich durchzuboxen. Was mich besonders anstinkt, ist, dass man immer zeigen muss, was man alles kann. Dass nur noch Leistung zählt und nicht mehr menschliche Werte. Da zählt nicht mehr, wie man mit seinen Kollegen auskommt, sondern nur, was geleistet wurde. Diejenigen, die diese Leistung nicht mehr bringen, werden fallen gelassen und rausgeschmissen.

Claudia, 17 Jahre, aus den neuen Bundesländern

Die Gesellschaft, in der ich lebe, ist ziemlich egoistisch und erfolgsorientiert. Wer keinen Erfolg hat, zählt nicht viel, um den kümmert sich keiner.

Martina, 18 Jahre, aus den alten Bundesländern

Leben wir in einer Ellenbogengesellschaft? Nehmen Sie Stellung zu den Äußerungen der Jugendlichen und formulieren Sie ein eigenes Gesellschaftsbild in Form eines kurzen Statements.

Wir wollten Gerechtigkeit und bekamen den Rechtsstaat

Heiner Hastedt, Professor für politische Philosophie in Rostock, stellt dar, welche Gerechtigkeitsprobleme er in Deutschland nach der Wende sieht.

In Ostdeutschland stellen sich heute u. a. zwei Gerechtigkeitsfragen:
1. Gerechtigkeit im Hinblick auf die Schaffung gleicher Lebensverhältnisse zwischen Ost- und Westdeutschland.
2. Gerechtigkeit im Hinblick auf den Umgang mit der DDR-Vergangenheit.

Um diese beiden Fragen klären zu können, ist ein Hinweis auf die vergangene DDR-Realität vorzuschalten: In der Kategorisierung der zwei Gerechtigkeitsprinzipien von John Rawls [...] war die DDR ein Staat, der sich in grundsätzlicher Weise nicht an dem zum Teil als „bürgerlich" diffamierten ersten Gerechtigkeitsprinzip orientierte. Es gab keine Sicherheit vor willkürlicher Verhaftung, die Staatssicherheit konnte jeden aushorchen und auf viele Arten unter Druck setzen, die Ausreise war nicht freigestellt, Meinungs- und Pressefreiheit waren nicht gewährleistet usw. Demgegenüber versuchte die DDR, sich an einem sozialen und ökonomischen Gleichheitsprinzip zu orientieren, das noch über das stark egalitäre zweite Gerechtigkeitsprinzip bei Rawls hinausging. Auch wenn es in dieser Hinsicht (wie vermutlich in jeder real existierenden Gesellschaft) Vollzugsdefizite gab und zum Teil auch Heuchelei und Funktionärsprivilegien zu verzeichnen waren, prägte tatsächlich die soziale und ökonomische Gleichheitsorientierung den Alltag der DDR. Nur schloss diese Gleichheit keine Gleichheit der Freiheit aller ein. Im Sinne von Rawls, der in seinem Konzept individualistisch bei der Freiheit ansetzt und erst sekundär auf Gleichheit achtet, war deshalb die DDR eine ungerechte Gesellschaft.
Was wir seit 1990 erleben, ist der Transformationsprozess einer Gesellschaft, die ihre normativen Orientierungsprinzipien austauscht. Neben der Zunahme an Freiheit lässt sich ebenfalls eine starke Zunahme von Ungleichheit feststellen. Bei den Personen, die aus ihrer heutigen Sicht in der DDR ökonomisch und sozial einen Mindeststandard garantiert bekamen, wird die neue Freiheit vor allem als Verlust von Sicherheit empfunden. Alle hier geschilderten Gerechtigkeitsprinzipien sind überfordert bei der Frage, wann ein gesellschaftlicher Transformationsprozess als gerecht zu gelten hat. Es ist lediglich möglich, das Ziel, das am Ende des Transformationsprozesses stehen soll, als gerecht oder ungerecht zu qualifizieren.
Im Hinblick auf das soziale und ökonomische Gefälle zwischen West- und Ostdeutschland bzw. zwischen den einzelnen Einwohnern ist an das zweite Gerechtigkeitsprinzip von Rawls zu erinnern: Danach sind Ungleichheiten nur dann gerechtfertigt, wenn sie den Schlechtestgestellten zugute kommen. Dieses Gerechtigkeitsprinzip ist heute schlicht und einfach nicht erfüllt. In vielen Gegenden der ehemaligen DDR ist mehr als die Hälfte der erwachsenen Bevölkerung arbeitslos; Alkoholismus und Perspektivlosigkeit sind weit verbreitet. Das Prinzip von Rawls wird zwar in der Anwendung nicht so zu verstehen sein, dass es jeder einzelnen Person besser gehen muss, gemeint ist vielmehr die Gruppe der Schlechtestgestellten. Hier kann an die ungelernten Arbeiter oder Rentner gedacht werden. Der Transformationsprozess kann dann als in gerechter Weise abgeschlossen gelten, wenn das Wohlergehen dieser Gruppe von den Ungleichheiten der Gesellschaft im Vergleich zu ihrer Lebensform in der DDR profitiert. Gleichzeitig wird jedoch ein Punkt deutlich, der von Rawls [...] nicht genug gewürdigt wird. Das Ende der DDR als Gesellschaft war auch ein Ende der so genannten Nischengesellschaft, in der zahlreiche Gemeinschaften fernab des öffentlichen Lebens ihr Leben selbstständig und zum Teil in erstaunlicher Freundschaftlichkeit zu gestalten versuchten. Wenn jetzt stärkere Ungleichheiten zum Ende dieser Nischen führen, wird dies von den einzelnen Leuten auch dann als Verlust erlebt werden, wenn sie ökonomisch und sozial gar nicht so schlecht oder sogar deutlich besser als früher dastehen. Das Heimatgefühl der egalitären Gemeinschaft lässt sich durch keine noch so gerechte Gesellschaft ersetzen. Insofern wird nach dem Ende der DDR tatsächlich der zum Individualismus befähigte Charakter begünstigt – eine Begünstigung, die durch keine Gerechtigkeitsorientierung aufzuhalten ist. Deshalb bleibt an dieser Stelle eine Grenze für jede Gerechtigkeitstheorie, ohne dass diese Grenze zu einer Abkehr von der liberalen und universalistischen Theorie der Gerechtigkeit führen sollte.
Noch schwieriger wird die Urteilsfindung bei der Frage des gerechten Umgangs mit der DDR-Vergangenheit. Von der Bürgerrechtlerin Bärbel Bohley stammt der resignierte Satz: „Wir wollten Gerechtigkeit und bekamen den Rechtsstaat". Allgemein steht hinter dieser Bemerkung natürlich ein Missverständnis, insofern der Rechtsstaat mit seinen Verfahrensprinzipien ja gerade selbst auf Gerechtigkeit zielt. Gleichzeitig kommt ein Unbehagen zur Geltung, dass die Verfahrensprinzipien gerade von der Gerechtigkeit wegführen könnten. Dieses Unbehagen entsteht wohl zum Teil dadurch, dass Gerechtigkeit in ihrem individuellen, sozialen und metaphysischen Sinn gleichzeitig bei der Frage der Gerechtigkeit im Hinblick auf die Vergangenheit angesprochen wird. Diese Gleichzeitigkeit verdichtet sich in dem Gefühl der Unmöglichkeit eines Erlangens von Gerechtigkeit.
Der Rechtsstaat ist von vornherein begrenzt auf die Orientierung an sozialer Gerechtigkeit. Die Ungerechtigkeiten der Vergangenheit sind heute Schicksal und könnten nur von einer metaphysischen Instanz bewältigt werden, die der neuzeitliche Staat gerade aus der Gestaltung des Rechtsstaates ausschließt. Weil das Ende der DDR ein faktisches Austauschen der geltenden sozialen Gerechtigkeitsstandards bedeutet, ist ein entscheidender Bezugspunkt des individuellen Verhaltens verloren gegangen. Zwar wird man darauf beharren müssen (gerade bei Verletzungen der Menschenrechte im Sinne von Rawls' erstem Prinzip), dass vor und nach der Wende in der DDR 1989 die gleichen Dinge als gerecht oder ungerecht zu gelten haben. Gleichwohl bleibt dieses Beharren in vielen Fällen inhaltsleer. Eine Gesellschaft setzt sich zusammen aus der Vielzahl alltäglicher Handlungen, deren Ausrichtung auf gerecht und ungerecht sich durch das Ende der DDR natürlich grundsätzlich geändert hat.

Heiner Hastedt *(∗1959), deutscher Professor für Philosophie*

Wie beurteilen Sie die Einschätzung der Gerechtigkeitssituation in den neuen Bundesländern? Ist es Ihrer Meinung nach überhaupt möglich, Rawls' Prinzipien der Gerechtigkeit auf die Situation in den neuen Bundesländern zu übertragen? Begründen Sie Ihre Meinung.

Soziale Gerechtigkeit

§ Europäische Sozialcharta (1961)

Art. 1
Um die wirksame Ausübung des Rechts auf Arbeit zu gewährleisten, verpflichten sich die Vertragsparteien,
1. zwecks Verwirklichung der Vollbeschäftigung die Erreichung und Aufrechterhaltung eines möglichst hohen und stabilen Beschäftigungsstands zu einer ihrer wichtigsten Zielsetzungen und Aufgaben zu machen;
2. das Recht des Arbeitnehmers wirksam zu schützen, seinen Lebensunterhalt durch eine frei übernommene Tätigkeit zu verdienen.

Stellen Sie sich vor, Sie wären der Mann mit der Aktentasche. Was würden Sie den beiden anderen Personen antworten? Entwerfen Sie den Text für eine Sprechblase, in der steht, was dieser Mann sagen könnte.

Die Frage nach Gerechtigkeit stellt sich in allen Kulturen und politischen Systemen. Nachdem die Karikatur die aktuelle Situation der Bundesrepublik Deutschland widerspiegelt, finden Sie im Folgenden ein Beispiel von den Inuit in Kanada.

Gibt es eine Lösung?

Stellen Sie sich eine Situation bei den Inuit vor. Zwei Großfamilien haben Zugang zu einem ertragreichen Fischweiher. Gegen Ende der Fangsaison sind die Lebensmittel sehr knapp geworden, und jede der beiden Familien überlegt nun, ob es sinnvoll wäre, mit einem großen Fischzug Vorräte zu bilden. Entscheidet sich eine Familie dafür, so könnte dies der Fischweiher noch gut verkraften. Decken sich jedoch beide Familien mit Fisch ein, wird der Weiher überfischt und kann in der nächsten Saison keinen Ertrag mehr abwerfen.

Erarbeiten Sie in kleinen Gruppen verschiedene Lösungsvarianten. Wählen sie am Schluss die gerechteste Lösung aus. Nach welchem Prinzip sollten die Familien handeln? Berücksichtigen Sie auch die Überlegungen von John Rawls.*

Der Jurist Günter Ellscheid setzt sich mit dem Zusammenhang von freier Marktwirtschaft und Gerechtigkeit auseinander.

Gerechtigkeitsdefizite in der freien Marktwirtschaft?

Verteilungsgerecht könnte die von den beiden Prinzipien beherrschte Eigentumsmarktgesellschaft nur per Zufall oder infolge einer quasi natürlichen Gesetzmäßigkeit sein: Etwa wenn der freie Markt ein selbst steuerndes System wäre, das nicht nur die relativ ergiebigsten Produktionsverhältnisse schüfe, sondern auch für alle, auch die am wenigsten Begünstigten, relativ zu anderen Wirtschaftssystemen gesehen die beste Versorgung mit Gütern und die human adäquatesten Arbeitsbedingungen erzeugte. Dies ergäbe von selbst eine Verteilungsgerechtigkeit im Sinne des zweiten Gerechtigkeitsgrundsatzes von John Rawls (Soziale und wirtschaftliche Ungleichheiten sind so zu gestalten, dass (a) vernünftigerweise zu erwarten ist, dass sie zu jedermanns Vorteil dienen ...).
Gegen diese liberalistische Utopie ist auf die Notwendigkeit von Sozialpolitik und Sozialrecht zu verweisen. Deren Entstehungsgeschichte ist zugleich eine Geschichte der Gerechtigkeitsdefizite von freien Märkten, insbesondere des freien Arbeitsmarktes.
Das ist nicht zufällig. Denn die dem freien Markt zugeordneten juristischen Formen von Vertrag und Eigentum haben keinen inhaltlichen Bezug zur Idee der Gerechtigkeit, nicht einmal zur Tauschgerechtigkeit, die darauf gerichtet ist, dass Leistung und Gegenleistung sich wertmäßig entsprechen oder zumindest nicht in einem großen Missverhältnis zueinander stehen. Die juristische Form des Vertrags als solche schützt nicht vor Ausbeutung – beispielsweise der Arbeitskraft. Ob nämlich ein auf Austausch von Gütern und Leistungen gerichteter Vertrag inhaltlich gerecht ist oder nicht, ist für sich betrachtet ohne Bedeutung für die Gültigkeit des Vertrags. Und bis zur Grenze der Störung oder Schädigung anderer kann der Sacheigentümer (z. B. der Eigentümer von Produktionsmitteln) mit seinem Eigentum tun, was er will, und das aus dem Eigentum fließende Direktionsrecht hinsichtlich der Benutzung der Sachen (z. B. von Produktionsmitteln) ausüben, wie er will, ohne dabei auf das Gemeinwohl verpflichtet zu sein. Eigentum und Vertrag als juristische Funktionen des freien Marktes sind, vom Standpunkt der Gerechtigkeit gesehen, Leerformen des Rechts.

Günter Ellscheid, deutscher Jurist

Worin besteht das Gerechtigkeitsdefizit der Eigentumsmarktgesellschaft? Lesen Sie hierzu auch S. 32/33 zum Thema „Ist Ungerechtigkeit nur ein Gefühl?".

Beschreiben Sie, wie eine vernünftige Sozialpolitik der Ungerechtigkeit gegensteuern könnte. Friedrich Schorlemmer ist evangelischer Pfarrer und war Bürgerrechtler in der ehemaligen DDR. Nach der Wende fragte er, wie die Ungerechtigkeit in einem demokratischen Staat bekämpft werden kann.

Solidarität als Voraussetzung für Gerechtigkeit?

Jede Gesellschaft muss ein vernünftiges Ausgleichsreglement zwischen Eigennutz und Gemeinnutz oder Gemeinsinn suchen. Gelingt ihr dies nicht, geht sie ökonomisch oder politisch oder in beiden Bereichen zugrunde. Der Versuch, die klassischen Glitzerbegriffe Der französischen Revolution – Freiheit, Gleichheit, Brüderlichkeit – gleichzeitig zu verwirklichen, ist zum Scheitern verurteilt und bleibt doch notwendig: als beständige Bemühung um ein Fließgleichgewicht der Menschlichkeit. Dabei gilt: je mehr Freiheit, desto weniger Gleichheit; je weniger Gleichheit, desto weniger Brüderlichkeit; je mehr Gleichheit, desto weniger Freiheit.

Brüderlichkeit, Geschwisterlichkeit, Solidarität, Mitmenschlichkeit – wie man es auch nennen mag – ist die eigentliche Voraussetzung für Freiheit mit Gleichheit. Aber Brüderlichkeit ist dem Revierkämpfer Mensch, der um das Besser- oder Überleben kämpft, nicht angeboren. Sie ist auch nicht von oben her zu verordnen, in einer Rechtsordnung zu fixieren oder als Kollektivgeist zu befehlen. Es mag höchstens denkbar sein, sie als moralisches Gesetz im Menschen zu verankern; genau dafür sind auch die klassischen Moralinstitutionen da gewesen. Wenn sie völlig fehlen, kommen wir zu einer kalten Durchsetzungsgesellschaft – in jüngerer Zeit ausgestattet mit sehr kultivierten Zynismen.

Die Brüderlichkeit ist die Atmosphäre, das Grundethos einer Gesellschaft, das gemeinsam geteilt werden muss, wenn es sie überhaupt geben soll. Gerechtigkeit wird zuallermeist und zuallererst von denen eingefordert, denen sie vorenthalten wurde. Die anderen sprechen kaum darüber. Sie haben es nicht mehr nötig. Wenn Gerechtigkeit nicht zu einer intellektuellen Annonce in den Feuilletons verkommen soll, so muss sie von denen erkämpft werden, denen sie vorenthalten wird. Kämpfen sie nicht dafür, werden sie kaum Anwälte finden, die dies an ihrer Statt tun.

Voraussetzung für diesen Kampf ist freilich, dass sich die Menschen zusammentun. Vereinzelung befestigt und befördert Ungerechtigkeit. Ich glaube, dass nach dem Zusammenschluss der Menschen in diesem Lande die sogleich folgende Vereinzelung auch dazu beigetragen hat, dass wir mit so viel Ungerechtigkeit zu kämpfen haben. Die Institutionen, in denen „die anderen" sich sammelten, funktionierten, aber unsere im Osten nicht. Auf die Gründe, die dies hatte, werde ich noch zurückkommen.

Wer nur über die Ungerechtigkeit, die er erleidet, jammert und nicht die demokratischen Institutionen nutzt, um Maßnahmen dagegen einzufordern, wird nichts bewirken. Damit es beim Kampf um Gerechtigkeit aber nicht zu einer bloßen Umkehrung der Ungerechtigkeit kommt, ist Recht nötig, ein Recht, das relativen Ausgleich schafft – nicht mehr und nicht weniger. Wer mehr will als die Gerechtigkeit, die eine soziale Rechtsordnung herstellen kann, kommt beinahe zwangsläufig zu einer Diktatur der „Gerechten". Und davor – das ist für mich keine Redewendung – bewahre uns Gott!

Gerechtigkeit ist also nur dann zu erreichen, wenn es Solidarität gibt – nicht nur immer mit sich selbst, sondern mit anderen, nicht nur bei akuter eigener Bedrohung, sondern auch vorausschauend und im Einsatz für andere. Was wir bei dem Kampf der letzten vier Jahre erlebt haben, ist das Prinzip „Teile und herrsche", weil Solidarität nicht eintrat zwischen den Menschen in Chemnitz und Rostock. Die Menschen in dieser Gesellschaft, der ehemaligen DDR, versuchten, in der neuen Gesellschaft mitzuhalten, indem sie sagten: „Jeder muss sehen, wo er bleibt." Es war also durchaus „jeder" gemeint, aber nur jeder für sich.

Friedrich Schorlemmer *(*1944), deutscher Theologe*

- *Beschreiben Sie mit eigenen Worten den Zusammenhang zwischen Solidarität und Gerechtigkeit.*
- *Wenden Sie das Prinzip der Solidarität auf das Problem in der Karikatur und den Fall des Fischfangs an: Kommen Sie zu neuen Ergebnissen? Überprüfen Sie Ihre bisherigen Varianten.*
- *Entwerfen Sie ein Begriffsnetz zum Problem der „sozialen Gerechtigkeit". Das Begriffsnetz kann ähnlich strukturiert sein wie das Beispiel auf der Auftaktseite, S. 30/31, inhaltlich sollte der Schwerpunkt hier jedoch auf der sozialen Komponente der Gerechtigkeit liegen.*

Die Schule der Zukunft?

31. 1. 2003 Kultusministerin Klausner-Zalp stellt die Schulgesetz-Novelle vor und betont, dass auch das Bundesland Niederelbland angesichts der Finanzlage keine Lehrkräfte mehr einstellen kann. Klausner-Zalp wörtlich:

„Aber dem Schuljahr 2003/04 werden daher frei werdende Stellen grundsätzlich nicht mehr durch das Land besetzt. Die Schulen schreiben nach eigenen Bedürfnissen die Stellen selbst aus, Bewerber werden als Angestellte der Schule eingestellt. Den Schulen entsteht dadurch ein erheblicher Finanzbedarf. Dieser soll in ethisch verantwortungsbewusster Weise gedeckt werden. Dazu ist nichts anderes erforderlich als Freiheit, die Freiheit nämlich, von seinem gesunden Menschenverstand uneingeschränkt öffentlichen Gebrauch zu machen! Ich will gern Anregungen geben: Es ist den Schulen freigestellt, von Eltern ein Schulgeld zu erheben, Gehälter variabel zu gestalten, Leistungszulagen zu zahlen, Aufgabenbereiche neu zu definieren. Außerdem müssen unsere Schulen eigenständig finanzielle Mittel erwirtschaften, z. B. durch den Verkauf von Produkten, von Dienstleistungen, Sponsoring, Werbeeinnahmen etc. Da gibt es viele Möglichkeiten! Allen am Schulleben Beteiligten wünsche ich erfolgreiche Gestaltungskreativität."

Auf Nachfrage ergänzte sie, Schulen seien dann selbstverständlich frei konkurrierend, d. h. Eltern können ihre Kinder anmelden, wo sie möchten. Die Ministerin betonte, dass sich hier eine großartige Chance für eine neue, attraktive und schlanke Schule mit moderner Pädagogik eröffne.

*Till Warmbold (*1950), deutscher Philosophielehrer*

- *Bilden Sie Arbeitsgruppen und entwickeln Sie Vorschläge für ein gerechtes Finanzierungsmodell einer Schule.*

Gibt es einen gerechten Krieg?

Nicht nur im Frieden wird die Frage nach Gerechtigkeit innerhalb eines Staates oder einer Staatengemeinschaft gestellt, sondern auch im Krieg.

Führen Sie eine Pro-und-Contra-Diskussion: Gibt es einen gerechten Krieg? Als Vorbereitung können Sie Zeitungsartikel über die Kriege der letzten Jahre sammeln (auch im Internet) und eine Wandzeitung gestalten. Einige Beispiele finden Sie auch auf dieser Doppelseite.

Abgestürzter Hubschrauber in Dagestan am 25. 9. 1999. Russische Soldaten versuchen das Feuer zu löschen, nachdem ein Militärhubschrauber mit Granaten, Patronen und anderer Munition abgeschossen wurde. Bei dem Unfall wurde niemand verletzt.

Operation Whirlwind

Russia yesterday extended Operation Whirlwind, its campaign to catch the bombers responsible for two deadly terrorist attacks in the capital, writes Marcus Warren in Moscow.

As the hunt for the terrorists spread across the nation, police claimed some progress. They identified the group behind the blasts[1], the lorry used to transport the explosives and arrested 27 suspects.

An anonymous caller also claimed responsibility for the explosions, which have killed 212 people in less than a week, on behalf of a previously unknown group, the Dagestan Liberation Army.

„Not a single bomb dropped by Russian pilots will remain unpunished," the caller told the Itar-Tass news agency in a reference to Moscow's operation to crush[2] an Islamic uprising[3] in Dagestan and hit guerrilla bases in neighbouring Chechnya.

1 blast: Explosion
2 to crush: unterdrücken
3 uprising: Aufstand

The Daily Telegraph, 16. 9. 1999

Auf der einen Seite standen islamische Terroristen im Kampf für die Unabhängigkeit Tschetscheniens, auf der anderen Seite russische Truppen, die für den Erhalt der territorialen Einheit der russischen Föderation Krieg führen. War das Ihrer Ansicht nach ein gerechter Krieg? Führen Sie ein Streitgespräch und begründen Sie Ihre Meinung.

Sie sind umzingelt

„Alle Ausfallstraßen rund um Grozny sind gesperrt. Sie haben verloren. Der Kommandant der russischen Streitkräfte gibt Ihnen eine letzte Chance. […] Bis zum 11. Dezember wird in Piervomaiskaja, einer Vorstadt Groznys, ein Korridor geöffnet sein. Diejenigen, welche Grozny rechtzeitig verlassen, haben freies Geleit. Jene, die bleiben, werden als Terroristen betrachtet und von Artillerie und Luftstreitkräften beschossen. Es wird keine Verhandlungen mehr geben, die Zeit ist abgelaufen." Dieses Ultimatum wurde von General Valeri Manilov, Mitglied des Generalstabs, als ein „Akt der Humanität gegenüber der Zivilbevölkerung" vorgestellt, ungeachtet dessen, dass es einen großen Teil der Bevölkerung gar nicht erreichen wird. Denn nach Aussagen einiger Zeugen, die die Stadt in den letzten Tagen verlassen haben, leben die Einwohner Groznys in unterirdischen Höhlen oder Kellerräumen. Es gibt nur wenige, die Strom haben und somit Radio oder Fernsehen empfangen können. Nach Ansicht Moskaus sind ca. 5000 tschetschenische Kämpfer in Grozny stationiert. Sowjetische Nachkriegsbauten und sensible Industrien wie Chemie- und Erdölwerke sowie ein dichtes Geflecht unterirdischer Gänge und Atomschutzbunker erschweren, in der Sprache der Militärs ausgedrückt, eine „Säuberung der Stadt". Dennoch wollen die russischen Truppen „die Banditen vernichten", erklärte der kommunistische Präsident der Duma, des russischen Parlaments. Dadurch solle ein Partisanenkrieg vermieden werden, wie ihn die tschetschenischen Kämpfer angekündigt haben.

Übersetzt aus: Le Monde, 8. 12. 1999

Der Philosoph André Glucksmann stellt die Frage, wie Gerechtigkeit definiert wird, wenn ein Krieg als gerecht bezeichnet wird.

Der Krieg richtet über den Krieg

Kriege können im positiven Sinne gut sein (jedes Lager führt sie unter diesem Gesichtspunkt); Kriege müssen im negativen Sinne gerecht sein (die Juristen sind in der Lage, eine Bewertung vorzunehmen). „Mit Recht" wird hier nur das Gerechte bezeichnet, und zwar mehr im verneinenden als bejahenden Sinne; so dass Recht ist, was nicht Unrecht ist.
Das Recht definiert Gerechtigkeit in einem negativen Sinne, es sagt nicht, was man tun müsste (die gute Tat), sondern kennzeichnet das, was man unterlassen sollte (die Missetat), es ist kein Verfolgungsrecht, sondern ein Fluchtrecht. Jedes Lager behauptet, für ein edles Ziel zu kämpfen, und da kein unbestrittener Schiedsrichter zu Gebote steht, muss das „Geschehen als Richter des Rechts im Kriege dienen". Der Krieg richtet über den Krieg. Bedeutet das eine Begünstigung des Rechts der besseren Bewaffnung, und dass unweigerlich Kraft vor Recht geht? Keineswegs.
Der Krieg richtet über den Krieg in seiner himmelschreienden und widerwärtigen Grausamkeit. Das Naturrecht der Klassiker ist insofern negativ, als es nicht ein zu verfolgendes Gutes im Auge behält, sondern ein zu begrenzendes Übel. Ein geringeres Übel, das mit einem Größeren verglichen wird, gilt als etwas Gutes.

*André Glucksmann (*1937), französischer Philosoph*

André Glucksmann

André Glucksmann wurde 1937 in Boulogne als Kind deutschstämmiger jüdischer Emigranten geboren. Er gehört zu den führenden französischen Philosophen und hat sich vor allem auf dem Gebiet der politischen Philosophie international einen Namen gemacht. Seine Forschungsschwerpunkte sind Nuklearstrategie, Menschenrechte und angewandte Ethik, z. B. Medizin-Ethik und Aids. Glucksmanns Buch „Das Gute und das Böse" (1999) befasst sich mit den deutsch-französischen Beziehungen nach der Wiedervereinigung. Darin analysiert er in einem fiktiven Briefwechsel zwischen deutschen und französischen Politikerinnen und Politikern die drei großen Kriege von 1871, 1914 und 1939. Er stellt die These auf, dass ein Dialog über die Ursachen der Kriege der erste Schritt zur Verhinderung weiterer Kriege ist.

- *Was ist Ihre Meinung zu Glucksmanns These über die Verhinderung weiterer Kriege?*
- *Was meint Glucksmann damit, dass Kriege im negativen Sinne gerecht sind (Z. 3/4)?*
- *Interpretieren Sie die Behauptung: „Der Krieg richtet über den Krieg" (Z. 13/14).*

Ein Minimum an Gewalt

Der „gerechte Krieg" will die Wiederherstellung des verletzten Friedens- bzw. Rechtszustands mit dem Ziel, „ein Maximum an Recht durch ein Minimum an Gewalt zu erreichen. Es geht hier [...] primär nicht um die Rechtfertigung von Kriegen, sondern um Zähmung der Gewalt."
Nach dieser im christlichen Abendland entwickelten Lehre (Augustinus, Thomas von Aquin, Martin Luther) ist ein Krieg unter folgenden Bedingungen gerechtfertigt, wenn er

1. von der staatlichen Gewalt (also nicht illegal) erklärt werde,
2. um einer gerechten Sache willen geführt werde (also nicht der Verteidigung eines bestehenden Unrechts diene),
3. gegen einen ungerechten Angriff gerichtet (also nicht präventiv) sei,
4. mit Mitteln geführt werde, die nicht selber Unrecht schüfen (z. B. Unschuldige in die Kampfhandlungen einbezögen), und die
5. eine gewisse Aussicht auf Erfolg hätten (also nicht sinnlos Menschen opferten).

Es müssen mithin die Kriegsmacht, das Kriegsziel, der Kriegsgrund, die Kriegsmittel und auch die kalkulierbaren Kriegsfolgen moralisch legitimiert sein.

Erika Schillings, deutsche Politikwissenschaftlerin

Der Krieg ist der Vater aller Dinge.
Heraklit (540–480 v. Chr.), griechischer Philosoph

- *Prüfen Sie die Kriterien für einen gerechten Krieg, und finden Sie ggf. Ergänzungen.*
- *Wenden Sie diese Kriterien auf das Kriegsbeispiel Russland und Tschetschenien an: Handelt es sich um einen gerechten Krieg? Begründen Sie Ihre Meinung.*
- *Lassen sich die oben angeführten Kriterien realisieren? Waren der Golfkrieg (1991) und der Nato-Einsatz im Kosovo (1999) Ihrer Ansicht nach gerechte Kriege? Lesen Sie hierzu auch den Beitrag von Jürgen Habermas „Dürfen wir Menschenrechte mit Gewalt erzwingen?" auf S. 105.*

Das große Karthago führte drei Kriege. Es war noch mächtig nach dem ersten, noch bewohnbar nach dem zweiten. Es war nicht mehr auffindbar nach dem dritten.
Bertolt Brecht (1898–1956), deutscher Schriftsteller

- *Heraklit wollte zum Ausdruck bringen, dass das menschliche Leben aus Gegensätzen und Widersprüchen entsteht. Könnte er damit aber auch gemeint haben, dass das Destruktive schlechthin als schöpferische Kraft im Zusammenleben der Menschen gilt? Könnten Sie sich vorstellen in einer Welt zu leben, in der es keine Kriege mehr gibt? Führen Sie eine Diskussion im Plenum und begründen Sie Ihre Meinung.*

Abschreckung als Weg zum Frieden?

Pablo Picasso, Krieg, 1952

- *Analysieren Sie das Bild unter folgenden Fragestellungen: Welche Elemente und Symbole sind dargestellt? Wofür stehen die Symbole? Was ist die Aussage des Bildes?*
- *Informieren Sie sich in einem Geschichtsbuch und in einem Lexikon über den Nato-Doppelbeschluss von 1983. Sie können auch ein Interview mit Lehrern, Lehrerinnen, Eltern u. a. führen.*
- *Ist die Abschreckung nach der Aufhebung des Ost-West-Konflikts überflüssig geworden? Führen Sie eine Diskussion im Plenum und begründen Sie Ihre Meinung.*
- *Lesen Sie die folgende Fabel und schreiben Sie nach der Lektüre des Textes von André Glucksmann eine Gegenfabel nach der gleichen Gliederung.*

Kriegsbereit

Abschrecken

„Rüste ab!" rief der Fuchs dem Wolf zu. „Sonst werde ich mir die Tollwut anschaffen."

„Warum die Tollwut? Daran wirst du verrecken!", erwiderte der Wolf.

„Aber du wirst mich fürchten!", meinte der Fuchs.

Nachrüsten

„Bin ich erst ohne Zähne, so hast du noch die deinen!", sagte der Wolf zum Fuchs.

„Dann schaffe ich mir die Tollwut an", entschied der Fuchs.

„So will ich mir die Tollwut auch anschaffen!", jaulte der Wolf.

Friedensvorschlag

Der Hase wagte den Vorschlag zur Güte und sagte zu Wolf und Fuchs: „Ihr könntet doch ohne die Tollwut mit euren Zähnen in Frieden leben. Ihr müsstet nur auf Lust am Fleisch verzichten."

Koexistenz

Da taten sich Wolf und Fuchs zusammen und jagten den Hasen.

Der folgende Textauszug stammt aus dem Buch „Philosophie der Abschreckung" von André Glucksmann. Er veröffentlichte dieses Buch 1983, als der Nato-Doppelbeschluss gefasst wurde. In West-Europa formierte sich daraufhin eine große Friedensbewegung.

Abschreckung als Verständigung?

Die Abschreckung ist doppelgesichtig. Reines, unkontrolliertes Spiel der Kräfte, Rüstungswettlauf in den Tod? Oder Reglementierung der Macht durch die Macht, bedrohter Friede in unmittelbarer Nachbarschaft zur „Neutralität, die dem Abgrund gleichkommt" (Mallarmé)? [...] Die Abschreckung ist die Verständigung derer, die sich nicht miteinander verständigen können. [...] Sie setzt eine Unrechtsvorstellung voraus, die bei jeder Form von Unrecht durchscheint. Die Gegner einigen sich, selbst wenn sie keine positiven Gemeinsamkeiten haben, „negativ" über die Existenz von Leiden, welche tiefer sind als die Freuden, von denen sie überdeckt werden, und infolgedessen über ein Rechtsprinzip, das durch Abschreckung vom (... „bösen") Handeln abhält, anstatt durch überzeugende Vorschriften zum (... „guten") Handeln zu ermutigen. Wenn man das Erlittene und das Begangene gegeneinander hält, stellt sich heraus, dass die guten Dinge individuell erlebt werden und die schlechten mittelbar sind, ihre Mitteilung begründet jegliche Kommunikation. Wenn die Abschreckung a priori[1] Bedingung dafür ist, dass die nicht Verständigungswilligen überhaupt miteinander umgehen, so ist die Sichtbarkeit des Bösen conditio sine qua non[2] eines abschreckenden Verhaltens. Denn wenn der Böse sich getarnt und ungreifbar fortbewegt, wird jegliches Recht unmöglich. [... Dieser Satz wird mit einer Fabel versinnbildlicht], der Fabel vom Ring des Gyges. Der Urahn des Krösus, der Hirte Gyges, ein armer Schlucker, entdeckte eines Tages einen Ring, der mit der Zauberkraft ausgestattet war, nach Belieben unsichtbar zu machen. Er drang in den Palast ein, verführte die Königin, tötete den König und raffte im Schutze der Dämmerung ein Vermögen an sich, dem sein Enkel später zur Sprichwörtlichkeit verhelfen sollte. Die offenkundige Moral dieser Geschichte: Unrecht Gut gedeiht allemal; man braucht dem Schlechten nur Straflosigkeit zuzusichern, schon wird es um uns und in uns unbesiegbar. Ironischerweise offenbart die unmoralische Moral, dass die Fabel die Fragestellung verlagert und nicht mehr danach fragt, ob das Gute oder das Böse gewinnt, sondern zu welcher für beide gültigen Bedingung das eine oder das andere obsiegt. [...] Gyges verkörpert nicht [...] die Vorzüge des Lasters, sondern die der Unsichtbarkeit. Mit welcher List, welchem Ersatz für den Ring, könnte man mit der Zauberkraft des Gyges konkurrieren? Indem man sich in Glaubwürdigkeit hüllt: „So muss auch der Ungerechte, weil er seine Taten verständig unternimmt, mit seinen Ungerechtigkeiten verborgen bleiben, wenn er uns recht tüchtig ungerecht sein soll: ... Denn die höchste Ungerechtigkeit ist, dass man gerecht scheine, ohne es zu sein." Der Unterschied zwischen Sein und Schein oder sichtbar und unsichtbar bedingt die Möglichkeit des Widerspruchs zwischen Recht und Unrecht. Anders ausgedrückt (und diese Lektion beherrscht die zehn Bücher von Platons Staat): Die Frage nach der Wahrheit kommt vor der Frage nach dem Guten. [...] Solange Wahrheit und Lüge sich vermischen, stellt sich die Frage nach der Moral schlechterdings nicht. Das Abenteuer des Gyges bestimmt die Aufgabe, die sich Sokrates stellt: Ein Gemeinwesen zu entwerfen, in dem die Tugend erkennbar ist. Von Platon bis Solschenizyn beherrscht dieses Konzept das ganze politische Denken des Abendlandes, sofern es sich um authentisches Denken handelt, und nicht um das Zerrbild eines Denkens in Gestalt eines selbstherrlichen politischen Weltbildes – das nach stalinscher Methode die Moral der Politik unterordnet – oder einer unseligen moralischen Sicht der Welt – die die Wirklichkeit der Konflikte ... auf die Unwirklichkeit der hehren Absichten einengt. [...] Man meint, es sei das A und O der Abschreckung, eine Aggression durch eine Strafe, eine Drohung durch eine Gegendrohung, einen Erstschlag durch einen Vergeltungsschlag aufzuwiegen. Mitnichten! Bevor sie dieses Gleichgewicht des Schreckens herstellt, muss die Abschreckung sichtbar machen, was sie auszugleichen vorgibt. Kein Übergriff erscheint als solcher, solange es keine deutlich sichtbaren Grenzen auf beiden Seiten gibt. Die abschreckenden Demarkationslinien grenzen die Lager voneinander ab, trennen aber auch die Lager vom Abgrund. Jede versuchte Grenzverletzung setzt nicht nur voraus, dass die Grenzen überhaupt existieren, sondern legt einen neuen Verlauf nahe, der sowohl die Lager als auch den angrenzenden Abgrund neu absteckt. Die Abschreckung ist der Modus vivendi[3], innerhalb dessen die einen den anderen als Fremde oder Rivalen erscheinen, die ihr jeweiliges Außenbild zum Mittel machen sichtbar zu werden. [...] Was bezwecken die Atomraketen? Den Krieg durch den Krieg und seine gegenwärtige Härte durch seine mögliche Zukunftslosigkeit zu beherrschen. Sie entlarven Macht und schränken sie durch die Umstände ihrer Sichtbarkeit ein. Es gibt zwei Arten einen Konflikt in den Griff zu bekommen: Erstens von außen her durch eine Autorität, die ihre Überlegenheit durch Waffengewalt oder durch die Unbesiegbarkeit ihrer Gedanken dokumentiert; zweitens von innen her, wenn die Beteiligten imstande sind, sich gegenseitig die Hände zu binden und ihre jeweiligen Vorhaben in Schach zu halten. Die Wunderlösungen, die die Anwärter auf die Herrschaft über Körper und Seelen propagieren, ergeben sich aus der erstgenannten Methode. Waffenstillstandsabkommen und Frieden durch Abschreckung entspringen der zweiten. Die Raketen entlarven die Macht, die sie als potenziell begrenzbar – weil berechenbar – hinstellen. Der Ring des Gyges ist die einzige totale Waffe, da die zivilisierten Völker sich nicht gegen eine Gefahr verwahren können, die sie nicht kennen, noch einem Feind wehren können, der sich nicht zu erkennen gibt.

1 a priori: 1. von der Erfahrung oder Wahrnehmung unabhängig, aus der Vernunft durch logisches Schließen gewonnen (Erkenntnistheorie), 2. grundsätzlich, von vornherein

2 conditio sine qua non: notwendige Bedingung, ohne die etwas anderes nicht eintreten kann, unerlässliche Voraussetzung

3 Modus vivendi: Form eines erträglichen Zusammenlebens zweier oder mehrerer Parteien ohne Rechtsgrundlage oder völlige Übereinstimmung

*André Glucksmann (*1937), französischer Philosoph*

Charakterisieren Sie das Mittel der Abschreckung. Ist es Ihrer Meinung nach geeignet Kriege zu vermeiden und Frieden herzustellen? Begründen Sie Ihre Meinung.

Wir haben nur die Wahl, im nächsten Krieg als Mitschuldige oder als Unschuldige umzukommen. Wem da die Wahl schwer fällt, der mag seine dumme Hoffnung auf Atomwaffen bauen.
*Martin Walser (*1927), deutscher Schriftsteller*

Ist Frieden möglich?

Max Beckmann, Die Nacht, 1918/19

Max Beckmann malte dieses Bild nach seiner Rückkehr aus dem Ersten Weltkrieg. Beschreiben Sie die wichtigsten Elemente des Bildes. Diskutieren Sie anhand des Bildes, ob Gewalt die notwendige Voraussetzung für einen Frieden sein kann.

Vervollständigen Sie das Begriffsschema und erläutern Sie anschließend die Beziehungen zwischen Krieg und Frieden.

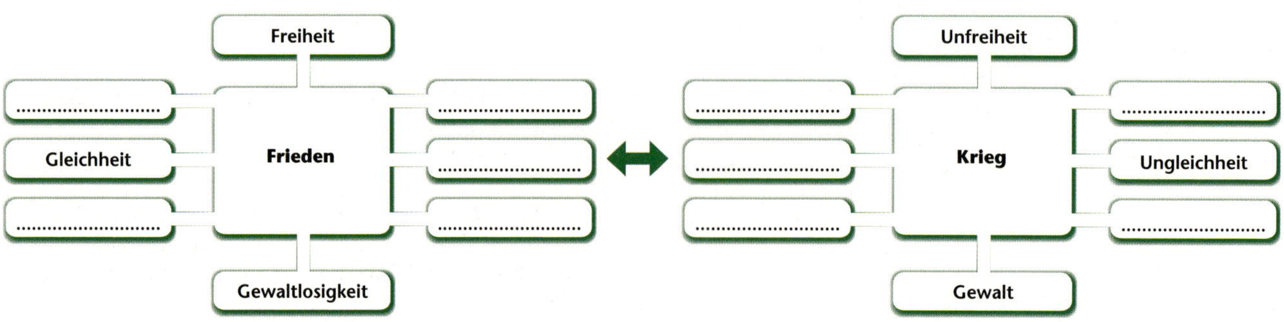

Immanuel Kant fragte 1795 in seiner Schrift „Zum ewigen Frieden", wie es erreicht werden könnte, dass keine Kriege mehr geführt werden. Er unterscheidet in diesem Zusammenhang zwischen Friedensvertrag und Friedensbund.*

- *Der folgende Text ist ein Originaltext von Kant aus dem 18. Jahrhundert. Er versucht, eine Antwort auf die Frage zu geben, wie Frieden zwischen den Staaten erhalten werden kann. Teilen Sie sich in Arbeitsgruppen und formulieren Sie mit Ihren eigenen Worten die Aussagen eines Absatzes. Stellen Sie dann die Aussagen im Plenum vor und fassen Sie diese in wenigen Thesen an der Tafel zusammen.*

Wie kann der „ewige Frieden" erreicht werden?

Da die Art, wie Staaten ihr Recht verfolgen, nie, wie bei einem äußern Gerichtshofe, der Prozess, sondern nur der Krieg sein kann, durch diesen aber und seinen günstigen Ausschlag, den Sieg, das Recht nicht entschieden wird, und durch den Friedensvertrag zwar wohl dem diesmaligen Kriege, aber nicht dem Kriegszustand (immer zu einem neuen Vorwand zu finden) ein Ende gemacht wird (den man auch nicht geradezu für ungerecht erklären kann, weil in diesem Zustande jeder in seiner eigenen Sache Richter ist), gleichwohl aber von Staaten, nach dem Völkerrecht, nicht eben das gelten kann, was von Menschen im gesetzlosen Zustande nach dem Naturrecht gilt, „aus diesem Zustande herausgehen zu sollen" (weil sie, als Staaten, innerlich schon eine rechtliche Verfassung haben und also dem Zwange anderer, sie nach ihren Rechtsbegriffen unter eine erweiterte gesetzliche Verfassung zu bringen, entwachsen sind), indessen dass doch die Vernunft vom Throne der höchsten moralisch gesetzgebenden Gewalt herab den Krieg als Rechtsgang schlechterdings verdammt, den Friedenszustand dagegen zur unmittelbaren Pflicht macht, welcher doch, ohne einen Vertrag der Völker unter sich, nicht gestiftet oder gesichert werden kann: – so muss es einen Bund von besonderer Art geben, den man den Friedensbund (foedus pacificum) nennen kann, der vom Friedensvertrag (pactum pacis) darin unterschieden sein würde, dass dieser bloß einen Krieg, jener aber alle Kriege auf immer zu endigen suchte.

Dieser Bund geht auf keinen Erwerb irgendeiner Macht des Staats, sondern lediglich auf Erhaltung und Sicherung der Freiheit eines Staats, für sich selbst und zugleich anderer verbündeten Staaten, ohne dass diese doch sich deshalb (wie Menschen im Naturzustand) öffentlichen Gesetzen und einem Zwange unter denselben unterwerfen dürfen. – Die Ausführbarkeit (objektive Realität) dieser Idee der Föderalität, die sich allmählich über alle Staaten erstrecken soll, und so zum ewigen Frieden hinführt, lässt sich darstellen. Denn wenn das Glück es so fügt, dass ein mächtiges und aufgeklärtes Volk sich zu einer Republik (die ihrer Natur nach zum ewigen Frieden geneigt sein muss) bilden kann, so gibt diese einen Mittelpunkt der föderativen Vereinigung für andere Staaten ab, um sich an sie anzuschließen, und so den Freiheitszustand der Staaten, gemäß der Idee des Völkerrechts, zu sichern und sich durch mehrere Verbindungen dieser Art nach und nach immer weiter auszubreiten.

***Immanuel Kant** (1724–1804), deutscher Philosoph*

- *Wodurch unterscheiden sich nach Kant Friedensbund und Friedensvertrag?*
- *Unter welchen Bedingungen kommen Staaten zum ewigen Frieden? Stimmen Sie Kant zu? Begründen Sie Ihre Meinung.*

Zuerst muss der Mensch sich ändern, dann wird sich auch die Welt ändern.

- *Diese These wird oft aufgestellt, wenn darüber nachgedacht wird, wie unsere Welt gerechter werden und wie Frieden erhalten werden kann. Was ist Ihre Meinung dazu? Führen Sie eine Diskussion im Plenum und begründen Sie Ihre Meinung. Beziehen Sie den Text von Kant und den folgenden Text über Möglichkeiten der Konfliktlösung in Ihre Diskussion mit ein.*

Intersubjektive Konflikte wahrnehmen und lösen

Wenn wir nach Wegen zum Frieden suchen, geht dies nicht ohne den Umweg über uns selbst, über die Wahrnehmung eigener Wirklichkeit und über den Versuch, die dunkle Seite zu integrieren – statt sie auf andere zu projizieren und sie in ihnen gewaltsam zu bekämpfen.
Wenn ich das Leben mit seinen Schönheiten und Chancen der Entwicklung liebe, dann will ich es auch morgen noch leben können, und folglich stelle ich mich seinen Problemen und Bedrohungen. Das Wegsehen hilft nicht, wenn die Gewalt in ihrer Zerstörungskraft gehemmt oder gar überwunden werden soll.
Die notwendige Auseinandersetzung mit Gewalt kann fruchtbar werden, wenn wir Vermeidungsstrategien erkennen und auflösen:

1. Wir nehmen die Gewalt um uns und auch in uns wahr.
2. Wir versuchen, die Ursachen und Wirkungen der Gewalt zu erkennen.
3. Wir entwickeln Fantasien und Strategien zum Lösen der Konflikte (auch der privaten) und reflektieren Gewaltanwendung) dabei.
4. Auf diesem Weg zum Frieden braucht vernünftiges Handeln auch affektive und emotionale Stützung, die den Menschen als Ganzes sieht und akzeptiert. Sich-angenommen-Fühlen führt immer wieder zu wahren Wundern positiver menschlicher Entwicklung!
5. Wir werden uns bewusst, dass die Grundvoraussetzung für das Überleben der Menschen der Friede ist.

Erika Schillings, deutsche Politikwissenschaftlerin

- *Sind diese Konfliktlösungsstrategien ein Weg zum Frieden? Können sie auch Menschen helfen, die sich bekämpfen? Begründen Sie Ihre Meinung.*
- *Lassen sich diese Kriterien auf Gemeinschaften und Völker übertragen? Welche Kriterien müssten sich ändern oder neu hinzukommen? Erarbeiten Sie Vorschläge in kleinen Gruppen.*

Kriminalität und Strafe

Sammeln Sie weitere Zeitungsberichte über Straftaten. Stellen Sie eine Typologie auf: leichte Vergehen, mittelschwere Vergehen, schwere Vergehen.

Musterprozess wegen Doping endet mit hoher Geldstrafe

VON MICHAEL MIELKE

Berlin – Das Berliner Landgericht hat den Sportmediziner Pansold im Doping-Prozess zu einer Geldstrafe von 14 400 Mark verurteilt. Damit ist der erste Prozess um Doping an DDR-Sportlern abgeschlossen. Weitere Prozesse werden im nächsten Jahr folgen.
Das Urteil ist das bisher höchste bei der Strafverfolgung des Do-
pi
ir

GEORGIA

Teenager to face trial as adult in school shootings

Conyers – A 15-year-old boy accused of shooting six classmates at his high school in May will be tried as adult, a judge has ruled.

„Sehr aufmerksam. Aber ich glaube, mit meinem jetzigen bleib ich beweglicher.“

die tageszeitung v. 04.11.1999

„Sprayen gegen Nazis“

„OZ“ steht wieder mal vor Gericht

Hamburgs stadtbekannter Graffiti-Sprayer „OZ“ muss sich seit gestern in einer Berufungsverhandlung vor dem Landgericht verantworten. Er soll an zahlreichen Stellen sein Zeichen „OZ“ auf Wände und Gegenstände gesprüht haben. Der 49-Jährige war bereits zweimal zu Haftstrafen von einem und zwei Jah-

Welt Kompakt

KREFELD

Lebenslänglich für brutalen Doppelmord

Um einen Seitensprung zu vertuschen, hat ein 23-jähriger Lehrling in Nordrhein-Westfalen einen Doppelmord begangen. Dafür hat ihn das Landgericht Krefeld am Donnerstag zu lebenslanger Haft verurteilt. Der junge Mann hatte gestanden, seine schwangere Ex-Geliebte und deren Mutter im April im niederrheinischen Brüggen erstochen zu haben. Die 29-Jährige hatte gedroht, der Verlobten des Lehrlings von dem Fehltritt zu erzählen. Daraufhin stach der 23-Jährige mit einem Küchenmesser wahllos auf die Frau ein. Als die Mutter ihrer Tochter zu Hilfe eilen wollte, tötete der Mann auch sie.

Kriminelle Vergehen wurden oft mit grausamen Strafen belegt. Welche Assoziationen haben Sie beim Betrachten dieser Bilder? Diskutieren Sie im Plenum darüber, ob diese Strafen sinnvoll sind.

Andy Warhol, 1967

Schuldig werden

Nur 14 Minuten

Ruth Ellis (geborene Neilson) war eines von fünf Kindern. Ihr Vater zog, als sie noch ein Kind war, nach London, um dort als Chauffeur zu arbeiten.

Nach einem ersten Kind von einem französisch-kanadischen Soldaten während des Kriegs arbeitete sie als Hostess in verschiedenen Clubs. [...] Schließlich heiratete sie den alkoholkranken Zahnarzt George Ellis. Ihre Beziehung war stürmisch. Ruth wurde von [...] Eifersucht getrieben, und trotz der Geburt einer Tochter reichte George Ellis die Scheidung ein.

Ruth, mittlerweile 27 Jahre alt, lernte den drei Jahre jüngeren David Blakely kennen, als sie ihre frühere Arbeit wieder aufnahm. Auch diese Beziehung war geprägt von Ruths eifersüchtigem Zorn. Und David war ebenfalls Alkoholiker und neigte zu Gewaltausbrüchen.

Ihre Beziehung bestand aus Anschuldigungen und tätlichen Angriffen. Blakely war den Belastungen körperlich und psychisch nicht mehr gewachsen. Als er die für beide Seiten fatale Beziehung beenden wollte, besorgte sie sich eine Waffe und erschoss ihn.

Es war kaltblütiger Mord, und die Geschworenen brauchten nur 14 Minuten, um zum Schuldspruch zu gelangen. Dennoch – der Mord geschah keine zwei Wochen nach einer Fehlgeburt, die durch einen Gewaltausbruch seitens Blakelys ausgelöst wurde. Später sah sie ihn mit einer anderen Frau flirten, was ihre Eifersucht nur noch mehr anstachelte und schließlich zu ihrer Gewalttat führte.

*Nach einem Bericht von Karen Farrington (*1946), englische Publizistin*

Ruth Ellis wurde am 13. Juli 1955 in Großbritannien als letzte Todeskandidatin hingerichtet.

Ruth Ellis wurde schuldig gesprochen. Diskutieren Sie, ob es auch entlastende Momente für ihr Handeln gab.

Drei Schuldkategorien

- **Rechtliche Schuld:** Jemand verstößt gegen geltende Gesetze (positives Recht) und wird von einem Gericht verurteilt.
- **Moralische Schuld:** Jemand handelt bewusst gegen sein Gewissen oder gegen geltende Normen einer bestimmten Gemeinschaft.
- **Religiöse Schuld:** Die Menschen sind durch die Ursünde von Adam und Eva mit Erbsünde belastet, die nur durch göttliche Gnade aufgehoben werden kann.

Wiederholen Sie, was Sie im Ethik- oder Philosophieunterricht der Sekundarstufe I über das Gewissen gelernt haben. Sie können zur Vertiefung in folgendem Buch lesen: Immanuel Kant, Metaphysik der Sitten, Reclam, Stuttgart 1990, S. 277–279. Sie können auch in einem Lexikon nachschlagen, z. B. in: Otfried Höffe (Hrsg.), Lexikon der Ethik, Verlag C. H. Beck, München 1992, S. 96–98.

Kann jemand moralisch, aber nicht rechtlich schuldig werden oder rechtlich und nicht moralisch schuldig sein? Nennen Sie Beispiele.

Wer trägt die moralische Schuld am Handeln von Ruth Ellis?

Grenzsituationen

Der Philosoph Karl Jaspers geht davon aus, dass die Struktur des menschlichen Daseins aus Situationen besteht, denen ein Mensch niemals entfliehen kann. Er schreibt: „Situation heißt eine nicht nur naturgesetzliche, vielmehr sinnbezogene Wirklichkeit, die weder psychisch noch physisch, sondern beides zugleich als die konkrete Wirklichkeit ist, die für mein Dasein Vorteil oder Schaden, Chance oder Schranke bedeutet."

Nach Jaspers sieht sich der Mensch in jedem Augenblick seines leiblichen und seelischen Daseins mit Ereignissen konfrontiert, die er sich nicht ausgesucht hat und die auf seine Wünsche und Bedürfnisse keine Rücksicht nehmen und ihn sogar als etwas Fremdes bzw. Feindliches bedrängen. Einige dieser Situationen können durch überlegtes Handeln gemeistert werden, andere jedoch sind unüberwindbare Schranken unseres Daseins, denen wir nicht entgehen können. Dazu gehören: Der Tod, die Schuld, die wir durch Handeln oder Nichthandeln unvermeidbar auf uns nehmen, der Zufall, dem wir ausgeliefert sind, wo immer wir uns auch bewegen sowie der Kampf und die „Unzuverlässigkeit des Weltseins", die sich beispielsweise in der unzureichenden Naturbeherrschung durch den Menschen bzw. in mangelnder Solidarität unter den Menschen äußert. Jaspers nennt solche Situationen „Grenzsituationen".

Beschreiben Sie mit eigenen Worten den Begriff der Grenzsituation.

Schuld als metaphysisches Problem

Es ist möglich, die Schuld als etwas Endliches, als etwas Vermeidbares anzusehen, es ist möglich, nur einzelne Verschuldungen, nicht die wesenhafte Schuld zu erfassen, dann steht der Mensch nicht in einer Grenzsituation, sondern gestaltet in einem ethischen Optimismus sein Leben, das er möglicherweise als frei von Schuld empfindet. [...]
Die ethische Bewertung der Schuld bezieht sich auf Taten und ihre Folgen: Die überall unvermeidlichen Folgen, die nach ethischer Beurteilung – wie sie inhaltlich auch gerichtet sei – nicht gewollt werden dürfen, machen das goethesche Wort wahr: Der Handelnde ist immer gewissenlos. Es ist der eigentliche Sinn der Verantwortung beim Handeln, dass der Mensch die Schuld auf sich zu nehmen gewillt ist. Denn die einzige Möglichkeit dieser Antinomie (unlösbarer Widerspruch) auszuweichen, das Nichthandeln, wird ethisch mit einem negativen Wertakzent versehen; in empirischer Durchführung muss das Nichthandeln als eine Verneinung des Willens zur Existenz zur schnellen Zerstörung des eigenen Daseins führen. [...]
So zwischen Handeln und Nichthandeln, und beim Handeln zwischen Gewolltem und unvermeidlich mit in Kauf zu Nehmendem hin und her geworfen, vermag der Mensch der Schuld in irgendeinem Sinne nicht zu entgehen.

***Karl Jaspers** (1883–1969), deutscher Philosoph*

- *Wie beurteilen Sie Jaspers Auffassung, dass der Mensch wesenhaft schuldig ist?*
- *Musste Ruth Ellis zwangsläufig schuldig werden? Wie würde Karl Jaspers diese Frage entscheiden?*

Der Mensch zwischen Gut und Böse

Die Verwirklichung der Rechtsordnung geschieht in einer wesentlich anderen Weise als die der physischen Ordnung. Diese letztere verwirklicht sich automatisch durch die Natur der Dinge selbst. Jene dagegen verwirklicht sich nur durch die persönliche Entscheidung des Menschen, wenn er eben sein Verhalten der Rechtsordnung anpasst. „Der Mensch entscheidet über jede seiner persönlichen Taten." Dieser Satz bezeichnet eine unausrottbare menschliche Überzeugung. Die Mehrzahl der Menschen wird niemals zugeben, dass das, was man Selbstbestimmung des Willens nennt, nur ein Gewebe von inneren und äußeren Kräften sei. [...]

Der Weg in die Schuld ist demnach Folgender: Der Geist des Menschen befindet sich in der folgenden Position: Er steht vor einem Tun oder Unterlassen als schlechthin verpflichtend, vor einem absoluten „du sollst", einer unbedingten, durch persönliche Entscheidung zu verwirklichenden Forderung. Dieser Forderung verweigert der Mensch den Gehorsam: Er verwirft das Gute und entscheidet sich für das Böse. Wenn der innere Entschluss sich nicht in sich selbst erschöpft, folgt ihm die äußere Handlung. So ist die schuldhafte Tat in ihren inneren und äußeren Wesenselementen konstituiert.
Was die subjektive Seite der Schuld-Tat angeht, so ist für ihre richtige Beurteilung nicht nur der äußere Tatbestand entscheidend, in Rechnung zu setzen sind auch die von innen und außen kommenden Einflüsse, die als angeborene oder erworbene Anlagen, als Motive oder Hemmnisse, als Erziehungsimprägnationen[1], als Umweltausstrahlungen, als Situationsfaktoren auf den Entschluss des Schuldigen eingewirkt haben. [...]
In ihrem Ergebnis betrachtet ist die Schuld-Tat ein anmaßendes Beiseiteschieben der Autorität, die gebietet, die Ordnung des Rechten und Guten einzuhalten, und die der Urheber, Wächter, Schützer und Rächer dieser Ordnung ist. Da aber jegliche menschliche Autorität letztlich nur aus Gott stammen kann, ist jede Schuld-Tat Frontstellung gegen Gott, sein höchstes Recht und seine höchste Majestät. Dieser religiöse Aspekt ist der Schuld-Tat immanent, wesensverknüpft.
Getroffen durch die Schuld-Tat wird auch die öffentlich-rechtliche Gemeinschaft, wenn und insoweit jene Tat eine Gefährdung oder Verletzung der durch die Gesetze fixierten öffentlichen Ordnung ist. Doch hat nicht jede echte Schuld-Tat, wie sie oben beschrieben ist, den Charakter einer Schuld-Tat öffentlichen Rechts. Die öffentliche Gewalt hat sich nur mit den Schuld-Taten zu befassen, die gegen das geordnete Zusammenleben nach der gesetzlich festgelegten Ordnung verstoßen. Daher die Regel bezüglich der rechtlichen Schuld: Keine Schuld ohne Strafgesetz. Wenn aber andererseits ein solcher Verstoß eine echte Schuldtat ist, ist er immer auch eine Verletzung der ethischen und religiösen Norm. Daraus folgt, dass menschliche Gesetze, die sich in Widerspruch befinden mit sicher feststehenden göttlichen Geboten, nicht die Unterlage bilden können für eine öffentliche echte Schuld-Tat.
Mit dem Begriff der Schuld-Tat ist jener andere verbunden, dass ihr Urheber strafwürdig wird. Das Strafproblem nimmt also im einzelnen Fall seinen Anfang im Augenblick, in dem der Mensch schuldig wird. Die Strafe ist die von Recht und Gerechtigkeit verlangte Reaktion auf die Schuld. Die beiden verhalten sich wie Stoß und Gegenstoß. Die durch die Schuld-Tat verletzte Ordnung verlangt Wiederherstellung und Wiederaufrichtung des gestörten Gleichgewichts. Es ist die wesentliche Aufgabe von Recht und Gerechtigkeit, die Übereinstimmung zwischen dem Sollen auf der einen und dem Recht auf der anderen Seite zu hüten und zu wahren oder, wenn sie verletzt worden ist, wiederherzustellen. Die Strafe geht an sich nicht auf die Schuld-Tat, sondern auf den Täter, auf dessen Person, dessen Ich, das in bewusster Selbstentscheidung die Schuld-Handlung vollzogen hat. In gleicher Weise geht die Bestrafung nicht aus von einer gleichsam abstrakten Rechtsordnung, sondern von der konkreten Person des Trägers der rechtmäßigen Autorität. Wie die Schuld-Handlung ist auch die Bestrafung Frontstellung von Person gegen Person.

1 Erziehungsimprägnationen: starke Einflüsse durch die Erziehung

Papst Pius XII. (1876–1958), vorher Eugenio Pacelli, Italiener, Papst von 1939–1958

- *Welche subjektiven Bedingungen für das Entstehen von Schuld sieht Papst Pius XII.? Übertragen Sie diese auf den Fall von Ruth Ellis.*
- *Erklären Sie, warum eine schuldhafte Tat nach Auffassung von Pius XII. immer auch gegen Gott gerichtet ist. Stimmen Sie Pius XII. zu? Begründen Sie Ihre Auffassung.*

Ursachen von Kriminalität: Sozialisation

Krieg der Kinder

Amerikanische Verhältnisse in Deutschland? Erst erschoss ein 16-Jähriger in Bad Reichenhall vier Menschen und brachte sich anschließend selbst um. In dieser Woche erstach in Meißen ein 15-Jähriger seine Lehrerin. Und in Bielefeld tötete ein junger Mann sieben Menschen. Es sind alles Einzelfälle; aber gibt es trotzdem etwas Verbindendes? DIE ZEIT sprach mit dem amerikanischen Soziologen Amitai Etzioni über die gesellschaftlichen Hintergründe von Jugendgewalt in Amerika und Deutschland.

DIE ZEIT Professor Etzioni, immer häufiger erschießen Amokläufer, die oft noch Jugendliche sind, wahllos Passanten. Haben Sie keine Angst, in eine solche Schießerei zu geraten?

Amitai Etzioni Nein. In Amerika sinkt die Zahl der Gewaltverbrechen. In Europa steigt sie.

DIE ZEIT Warum kommt es überhaupt zu diesen sinnlosen Morden?

Etzioni Die Vereinigten Staaten waren schon immer gewalttätiger als Europa. Aber bei jugendlichen Tätern kommt noch etwas dazu: Wir haben ein Elternproblem – immer häufiger arbeiten Vater und Mutter, und es fehlt an der Kinderbetreuung. Es ist also oft niemand da, der Jugendliche lehrt, ihre Impulse zu beherrschen. Hinzu kommt ein Nachahmeffekt: Ich bin sicher, dass wir in den kommenden Jahren viele Wiederholungen erleben werden.

DIE ZEIT Haben wir wirklich einen Niedergang der Familie?

Etzioni Viel zu viele Eltern lassen ihre Kinder zu oft allein – und ich rede nicht über die Armen, sondern beispielsweise über die Anwaltsehepaare, die 90 Stunden in der Woche arbeiten. Deren Kinder werden oft der Putzfrau überlassen oder in Horte gesteckt. Und es gibt viele Kinder, die von der Schule nach Hause kommen und dann allein mit dem Fernseher sind. Die meisten Verbrechen von Jugendlichen passieren zwischen drei und sechs Uhr nachmittags. Millionen unserer Kinder werden zu Hause nicht richtig erzogen. Und in den Schulen lernen sie auch keine Werte. [...]

DIE ZEIT Die beiden großen amerikanischen Magazine *Time* und *Newsweek* haben die Lage in den Familien kürzlich als „Krieg gegen die Kinder" beschrieben. Warum ist es so weit gekommen? Amerika zumindest geht es doch ökonomisch gut.

Etzioni In Wirklichkeit hat der wirtschaftliche Boom dazu geführt, dass wir persönlich in vielem zurückstecken müssen. Wir haben weniger freie Zeit und weniger freie Wochenenden. Der Druck auf die Arbeitnehmer ist viel größer als vor zehn Jahren und ihre wirtschaftliche Sicherheit geringer. Das erschwert natürlich die Situation der Eltern. Letztlich hängt alles mit den Folgen der Globalisierung zusammen. Bislang glauben wir doch: Entweder wir spielen den Konkurrenzkampf bis zum bitteren Ende mit, oder wir werden Teil der Dritten Welt. Als ob es keinen Mittelweg gäbe! Diesen Fragen muss sich im Übrigen auch Europa stellen.

DIE ZEIT, 11.11.99

Amitai Etzioni

Amitai Etzioni gehört zu den führenden amerikanischen Soziologen der Gegenwart. Er lehrt an der George Washington University in New York. Sein Buch „Die Verantwortungsgesellschaft", das 1997 auch in Deutschland erschien, hat heftige internationale Diskussionen ausgelöst. Darin erörtert Etzioni die Frage, ob eine stärkere Einbindung des Individuums in soziale Gemeinschaften wie die Familie oder politische Organisationen gesellschaftliche Negativentwicklungen wie Kriminalität, Isolation und Werteverlust entgegenwirken kann.
Nach seiner Auffassung führt die zunehmende Vereinzelung des Menschen in den westlichen Industriegesellschaften zu einem Verlust sozialer Kompetenz. Moralische Gefühle wie Sympathie oder Mitleid spielen nur eine geringe Rolle im Zusammenleben der Menschen.

Das Schicksal des Staates hängt vom Zustand der Familien ab.
Alexandre Vinet (1797–1847), französischer Theologe und Literaturhistoriker

- *Stellen Sie einen Zusammenhang her zwischen diesem Zitat und den Ansichten von Etzioni.*
- *Welche Ursachen benennt Amitai Etzioni für die steigende Kriminalität von Kindern und Jugendlichen? Stimmen Sie seiner Einschätzung zu? Begründen Sie Ihre Meinung.*
- *Welche anderen Ursachen für Kriminalität sehen Sie aufgrund Ihrer persönlichen Erfahrungen? Erarbeiten Sie in kleinen Gruppen einen Ursachenkatalog.*

Sozialisationstheoretische Erklärung

Die Familie ist entgegen konservativen Auffassungen keine Naturkategorie, sondern bis in ihre innerste Struktur hinein gesellschaftlich vermittelt. Die moderne Kleinfamilie ist ein Produkt der Industrialisierung, für deren Erfordernisse die Lebens- und Produktionseinheit des „Ganzen Hauses" untauglich war. Arbeitsstätte und Behausung traten auseinander; damit bildete sich erst jener Raum des Privaten, in dem die moderne Familie angesiedelt ist. Die Verhältnisse in der Sphäre des Erwerbs wurden sachlich, nüchtern, technisch, es wehte der kalte Wind der Konkurrenz.

Als Gegenstück zu der sich ausbreitenden Kälte draußen bildete sich der Bereich des Privaten, der ein Reich der Emotionalität, des Glücks, der Liebe und Geborgenheit sein sollte. Die Beziehung der Ehegatten gründete sich jetzt auf romantische Liebe, die einen gemeinsamen „Gegenstand" ersetzte. „Spontaneität, Überraschung, Sinnlichkeit, rückhaltlose Zuwendung treten an die Stelle davon, dass ein Acker den anderen heiratet", schreibt Alexander Kluge und fragt misstrauisch: „Wie soll eine Zärtlichkeit Segen bringen, wenn sie doch das Gegenbild einer recht brutalen Entfremdungsarbeit zu sein scheint?"

Die Familie wird zum Ort der Intimität, im Guten wie im Schlechten. Denn die Geschichte familiärer Intimität ist auch die des Unglücks von Frauen und Kindern, der Vernichtung ihres Lebensglücks unter der Vorherrschaft von Männern, die sich zu Hause schadlos halten für draußen erlittene Demütigungen, für die Folgen von Ausbeutung und Unterdrückung. Ihre teilweise gewaltsam durchgesetzte Forderung nach Gehorsam und Unterordnung erwies sich als glänzende Vorbereitung auf das Leben in der bürgerlichen Gesellschaft. Die patriarchalische Kleinfamilie lieferte ihr die autoritären Charaktere, die sie über weite Strecken ihrer Geschichte benötigte: fleißige, gehorsame Untertanen. Erziehung ging mit purer Härte gegen die Kinder vor, die nur überleben konnten, indem sie sich mit dem Aggressor identifizierten und die elterliche Strenge und Brutalität in sich hineinnahmen. Auf diese Weise entstand ein bösartiges, strenges Über-Ich, das zu paranoiden Projekten neigt: All das, was man bei sich selbst unter Schmerzen und Qualen niederzuhalten gelernt hat, setzt man aus sich heraus, um es nun an Minderheiten, Abweichlern, Fremden zu bekämpfen.

Die Familie barg im anderen, besseren Fall aber auch die Möglichkeit der Erfahrung von Glücksmomenten. Von Tausch- und Geldbeziehungen umlagert, orientierte sie sich in ihrem Binnenraum nach wie vor an einer anderen, gebrauchswertbezogenen Logik. Sie stellt damit inmitten einer durch Tausch und Zweckrationalität bestimmten Gesellschaft ein strukturfremdes Element dar, ein Relikt aus vorbürgerlichen Zeiten.

*Reimer Gronemeyer (*1939) und Götz Eisenberg (*1951), deutsche Soziologen*

- *Wiederholen Sie, was mit dem Begriff des „Über-Ichs" gemeint ist. (Vgl. Ethik 9/10, S. 41, oder schlagen Sie in einem Lexikon nach, z. B. in: Otfried Höffe [Hrsg.], Lexikon der Ethik, Verlag C. H. Beck, München 1992, S. 96–98.)*
- *Schützt die Familie vor Gewalt oder ist sie die Ursache von Gewalt? Diskutieren Sie, ob es Widersprüche in den Auffassungen von Etzioni und Gronemeyer/Eisenberg gibt.*

Karine Daisay, Le nouvel observateur, 1999

Der griechische Philosoph Platon forderte im V. Buch seines Hauptwerkes „Der Staat" die Auflösung der Familie. Die Kinder sollten allen Menschen gemeinsam gehören; dadurch würden Egoismus und Eifersucht aussterben.*

- *Wäre Platons Modell ein Ausweg, die patriarchalische Kleinfamilie zu überwinden? Begründen Sie Ihre Auffassung.*
- *Lesen Sie nach in: Platon, Der Staat, Reclam, Stuttgart 1976, V. Buch, bes. die Seiten 242–254.*
- *Beschreiben Sie die Personen, die Gegenstände und die Farben des Bildes.*
- *Welches Bild der Familie bringt die Künstlerin zum Ausdruck? Vergleichen Sie die Aussage des Bildes mit den Aussagen des oben abgedruckten Textes. Welche Gemeinsamkeiten und welche Gegensätze stellen Sie fest?*

Ursachen von Kriminalität: biologistisch, psychoanalytisch

1988 raubten Dieter Degowski und Hans-Jürgen Rösler in Gladbeck (NRW) eine Bank aus und nahmen zwei Frauen als Geiseln, von denen sie später eine erschossen. Das Fernsehen berichtete damals live von der Geiselnahme. Wie beurteilen Sie diese Art von Reality-TV?

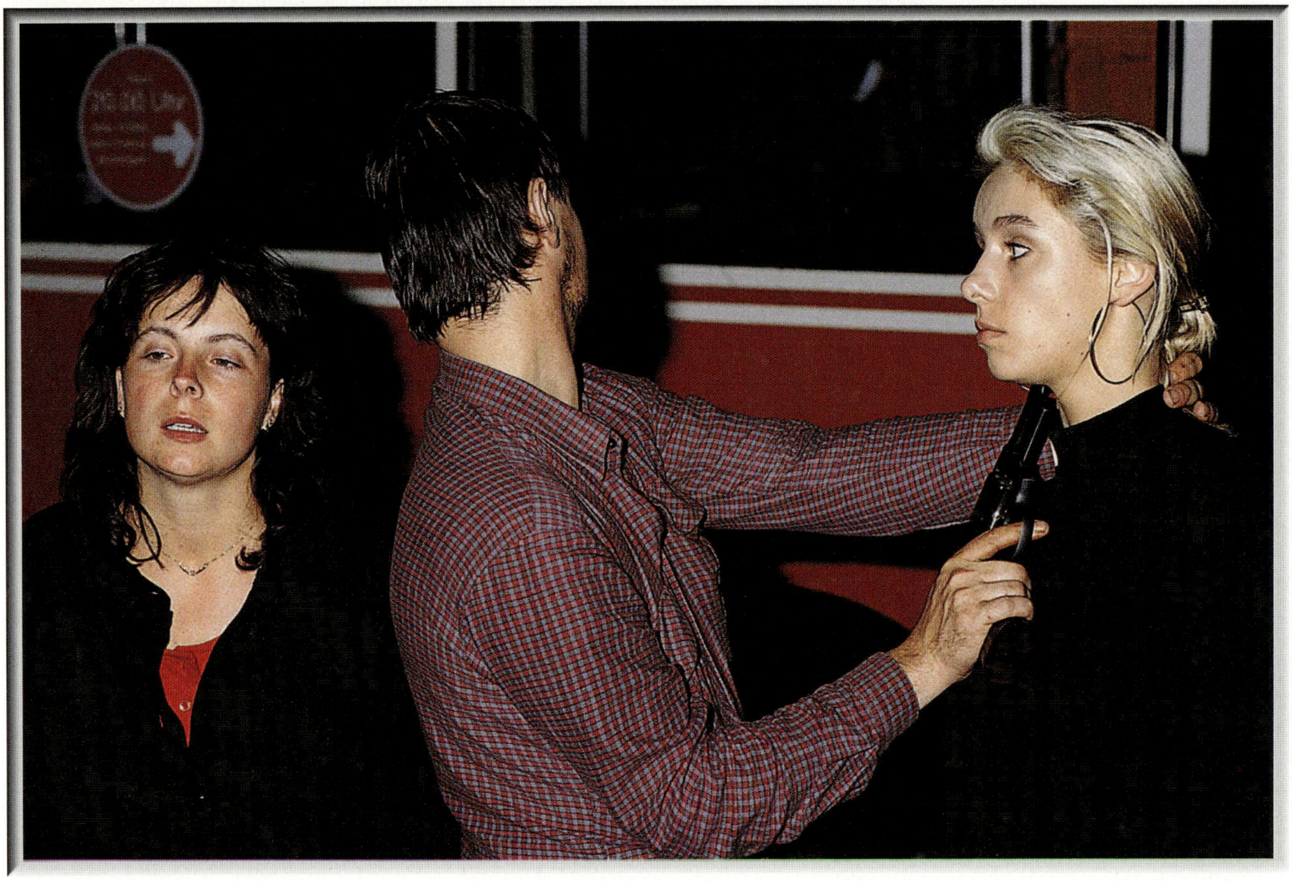

Biologistische Erklärung: Der „geborene Verbrecher"

Der Anfang der Kriminologie, die Lehre von den Ursachen der Kriminalität, ist mit dem italienischen Arzt Cesare Lombroso (1835–1909) verbunden, der die Lehre vom „geborenen Verbrecher" aufstellte. Grundlegend hierfür waren die Vererbungsgesetze von Johann Mendel, der von 1822–1884 lebte. Lombroso glaubte, den typischen Verbrecher von Geburt an aufgrund von Äußerlichkeiten feststellen zu können. So wurden die Länge der Nasen, der Abstand der Augenbrauen und die Größe der Ohren gemessen. In den dreißiger Jahren des 20. Jahrhunderts wurde dieser biologisch-anthropologische Ansatz für die Erklärung von Kriminalität auf Zwillings- und Sippenforschung gestützt.

Auch heute gibt es vereinzelte Stimmen, die Chromosomenabweichungen als Ursache von Verbrechen heranzuziehen. Ganz überwiegend werden aber diese Lehren in der Wissenschaft verworfen. In der Bevölkerung sind derartige Ansichten jedoch nach wie vor weit verbreitet. Den Glauben, dass der Sohn des Totschlägers wieder gewalttätig wird, gibt es noch immer. Das Sprichwort „Der Apfel fällt nicht weit vom Stamm" drückt diese Ansicht aus. Verbrecher werden vielfach in Comics und einigen Kinderbüchern dargestellt mit fliehender Stirn, Hakennase und zusammengekniffenen Augenbrauen, um so den angeblichen Unterschied zwischen dem guten und dem bösen Mann deutlich zu machen.

Wenn heute ganz einhellig der erbbiologische Ansatz abgelehnt wird, so werden damit keineswegs unterschiedliche Anlagen beim Kind durch Vererbung geleugnet. Nur entwickeln sich diese Anlagen nach überwiegender Auffassung verschieden. Forschungen über die zum Teil ganz unterschiedlichen Lebensläufe bei eineiigen Zwillingen und damit bei gleichen Erbanlagen haben dies bestätigt.

Auch geistige und psychische Abnormität führt nicht automatisch zu Kriminalität. Sicherlich gibt es auch geistig und psychisch defekte Straftäter, gerade bei Tötungsdelikten. Deshalb muss mit Hilfe eines psychiatrisch oder psychologisch vorgebildeten Sachverständigen die Schuldfähigkeit besonders geprüft werden. Die meisten Menschen mit geistigen oder psychischen Defekten begehen aber keine Straftaten, wie umgekehrt die meisten Straftaten von so genannten Normalen begangen werden. Gerade Tötungsdelikte in der Familie, im sozialen Nahraum „erwachsen" häufig aus Alltagskonflikten, die im Laufe der Zeit eskalieren.

Heribert Ostendorf *(*1945), deutscher Jurist*

Mit welchen Argumenten würden Sie der Ansicht vom „vererbten Verbrechen" entgegentreten?

Psychoanalytische Erklärung: Der Todestrieb

Freud wurde, wie viele andere Zeitgenossen auch, von den Erfahrungen des Ersten Weltkriegs geprägt. Für ihn bedeutete dieser Krieg mit seinen bisher unvorstellbaren Massentötungen, mit dieser Explosion destruktiver Kräfte, das Ende der Illusion vom unaufhaltsamen Fortschritt der Humanität. Wenn die zivilisierende Unterdrückung der „bösen Gelüste" aufhört, so schreibt er, dann zeige sich, dass die „Menschen ... Taten (begehen) von Grausamkeit, Tücke, Verrat und Roheit, deren Möglichkeit man mit ihrem kulturellen Niveau für unvereinbar gehalten hätte". Vor dem Hintergrund dieser Erfahrung entwickelt Freud nach dem Krieg seine Theorie vom Todestrieb. Es ist bezeichnend, dass er diesen Todestrieb nicht nur als psychologische, sondern als eine geradezu kosmische Gegebenheit ansieht. „Das Leblose war früher da als das Lebende – das Ziel alles Lebens ist der Tod", schreibt er und entwickelt daraus die These: Das Leben, das aus dem Anorganischen zur organischen Komplexität emporwächst, strebt wieder ins Anorganische zurück. Das Leben will sich einerseits ins Ozeanische auflösen – danach verlangen die erotischen Triebe –, andererseits will es aus der Unruhe zurückkehren in die große Ruhe des Steins. Das ist seine mineralische Sehnsucht, die Versteinerung wird zur Perspektive der Erlösung. Selbstverständlich hält Freud an der Existenz des Lebenstriebes, des Eros, fest. Aber er entdeckt nun eine polare Spannung zwischen Eros und Todestrieb, der ihm schließlich sogar als die mächtigere Strebung erscheint. „Wenn es wahr ist", schreibt Freud, „dass in unvordenklicher Zeit und auf unvorstellbare Weise – einmal aus unbelebter Materie das Leben hervorgegangen ist, so muss [...] damals ein Trieb entstanden sein, der das Leben wieder aufheben, den anorganischen Zustand wieder herstellen will. Erkennen wir in diesem Trieb die Selbstdestruktion [...] wieder, so dürfen wir diese als Ausdruck eines Todestriebs erfassen, der in keinem Lebensprozess vermisst werden kann. Und nun scheiden sich uns die Triebe, an die wir glauben, in die zwei Gruppen der erotischen, die immer mehr lebende Substanz zu größerer Einheit zusammenballen wollen, und der Todestriebe, die sich diesem Streben widersetzen und das Lebende in den anorganischen Zustand zurückführen. Aus dem Miteinander- und Gegeneinanderwirken der beiden gehen die Lebenserscheinungen hervor, denen der Tod ein Ende setzt."

Freuds Todestriebtheorie setzt den Anfang des Verhängnisses in dem Augenblick, da der Stein aus seiner Ruhe aufgestört wird. Der Übergang vom anorganischen zum organischen Leben hätte nie geschehen dürfen. Es handelt sich gleichsam um eine Wucherung, mit der es kein gutes Ende nehmen konnte, besonders deshalb nicht, weil sich dieses Leben im Menschen seiner selbst bewusst wird und darum um seinen Tod weiß. Dieses Wissen, so Freud, kann der Mensch letztlich nur so verarbeiten, dass er entweder den Tod von sich ablenkt, indem er anderes Leben tötet, oder indem er die zerstörerischen Kräfte gegen sich selbst lenkt. Der Mensch ist eine Art Irrläufer der Evolution.

Bei Freud ist der Glaube an das notwendig gute Gelingen der menschlichen Geschichte zerbrochen. Das Entsetzen über die Gräuel des Jahrhunderts aber trieben ihn bisweilen ins andere Extrem: Dort sieht er für die Offenheit der Geschichte, also für die menschliche Freiheit, die sich zum Guten wie zum Bösen bestimmen kann, kaum noch eine Chance. Die Destruktionskräfte der menschlichen Natur erscheinen übermächtig. Sie werden es dahin bringen, dass der Irrweg vom Stein zum Bewusstsein wieder rückwärts durchschritten wird: vom Bewusstsein zurück zum Stein.

In dieser Sichtweise ist das Böse weit über das Moralische hinaus zum ontologischen[1] Problem geworden. Das Ganze ist eine einzige böse Geschichte.

1 Ontologie: Lehre vom Sein, von den Ordnungs-, Begriffs- und Wesensbestimmungen des Seienden

Rüdiger Safranski *(*1945), deutscher Philosoph*

Worin besteht das Wesen des Todestriebs? Lässt sich ein Verbrechen mit dem Todestrieb rechtfertigen? Begründen Sie Ihre Meinung.

Auch Frauen können töten

Seit dem Auftreten des *Homo sapiens* sind zwei Aktivitäten bis heute das ausschließliche Vorrecht des einen oder des anderen Geschlechts geblieben: Die Jagd und der Krieg sind männlich, die Bemutterung ist weiblich. Jetzt treten neue Verhaltensweisen auf, die sich auf unsere Vorstellungswelt auswirken, die dann ihrerseits, indem sie die Ähnlichkeiten stärker betont als die Unterschiede, unsere Verhaltensweisen beeinflusst. Das gilt für den Krieg wie für die Kinderpflege. Im einen Fall werden die Frauen männlicher, im anderen die Männer weiblicher. Einerseits hat die ausdrückliche Absage an das Leitbild des Kriegers zu einem veränderten männlichen Identitätsgefühl sicherlich ebenso beigetragen wie zu einer anderen Einschätzung der Männer durch die Frauen. Andererseits hat sich aber unsere Wahrnehmung des Kriegs innerhalb weniger Jahrzehnte stark geändert. Unsere neue Sicht, in der die Frauen nicht mehr von dieser tödlichen Aktivität ausgeschlossen sind, hat mehr mit unserer Vorstellungswelt als mit unserer Alltagserfahrung zu tun. Frauen gibt es heute in jeder Armee der Welt. Man sagt zwar, sie würden nicht direkt mit dem Feind in Berührung kommen, aber in unseren Köpfen haben wir die Vorstellung von Frauen in Uniform, die mit geschulterter Waffe im Gleichschritt mit den Männern vorbeidefilieren. Das Weibliche ist bei ihnen zurückgenommen, und sie erscheinen uns kaum verschieden von ihren Kollegen.

Es gibt andere Bilder, die uns die Möglichkeit der Frau als Kriegerin glaubhaft erscheinen lassen. Da waren zunächst die nationalen Befreiungskriege der Länder der Dritten Welt. Die „Untergrundarmeen" haben oft genug Frauen dazu benutzt, Bomben zu legen oder sonstige tödliche Aufgaben auszuführen. Selbst in islamischen Ländern hat man sich nicht gescheut, Frauen für den Kampf an der Seite der Männer anzuwerben, wobei das „gute Motiv" für einen Augenblick die jahrtausendealten Vorurteile zum Schweigen brachte.

Elisabeth Badinter *(*1944), französische Philosophin*

Sind Frauen weniger gewaltbereit als Männer? Führen Sie ein Streitgespräch.

Ist Strafe sinnvoll?

Die Prügelstrafe galt in Europa sehr lange als pädagogisches Erziehungsmittel und wird teilweise heute noch angewendet. Der Philosoph John Locke kritisierte jedoch schon im 17. Jahrhundert körperliche Strafen und schlägt vor, die Methoden der Erziehung von einem rationalen Grundsatz abzuleiten.

Mit Zuckerbrot und Peitsche?

Der gewöhnliche bequeme und kurze Weg durch Züchtigung und Rute, das einzige Werkzeug der Führung, das Erzieher im Allgemeinen kennen und das ihnen immer einfällt, ist für die Zwecke der Erziehung von allen das ungeeignetste, weil es zu jenen beiden Übeln führt, welche, wie wir gezeigt haben, die Skylla[1] und Charybdis[2] sind, die so oder so alle verderben, welche scheitern.

Diese Art der Strafe trägt keineswegs zur Beherrschung unserer natürlichen Neigung bei, sich körperlicher und augenblicklicher Lust hinzugeben und Unlust auf jeden Fall zu vermeiden, sondern ermutigt sie geradezu und stärkt das in uns, was die Wurzel des Ursprungs aller menschlichen Handlungen und Ausschweifungen des Lebens ist. Denn welch anderer Beweggrund als sinnliche Lust und Unlust treibt ein Kind an, das sich aus Furcht vor Prügelstrafe entgegen seiner Neigung mit seinem Buch abquält oder sich des Genusses einer ungesunden Frucht, die es gern hätte, enthält? [...]

Schlagen und alle anderen Arten sklavischer und körperlicher Strafen sind nicht das geeignete Zuchtmittel, wenn man weise, gute und aufrechte Männer erziehen will; man sollte sie daher nur sparsam und bei ernsten Anlässen und im äußersten Falle anwenden. Andererseits muss ebenso sorgfältig vermieden werden Kindern zu schmeicheln dadurch, dass man sie mit Dingen belohnt, die sie gern haben. Wer seinem Sohn Äpfel oder Zuckerplätzchen oder dergleichen Ergötzliches gibt, damit er in seinem Buch lerne, billigt nur seine Freude am sinnlichen Genuss und hätschelt eine gefährliche Neigung, die er mit allen Mitteln unterjochen und ersticken sollte. Man kann nie hoffen, ihn zur Beherrschung seiner Neigung zu erziehen, wenn man ihr in einem Falle Einhalt gebietet und im anderen Falle Befriedigung in Aussicht stellt. Einen guten, weisen und tugendhaften Mann zu erziehen erfordert, dass er lernt, seinen Begierden entgegenzutreten und sich seine Neigung zu üppigem und vornehmem Leben, zu Feinschmeckerei usw. zu versagen, sooft die Vernunft es ihm anrät und die Pflicht es erfordert. Wenn man ihn aber durch Geldangebote zum rechten Tun bringt oder die Mühe des Buchlesens durch den Genuss eines Leckerbissens belohnt; wenn man ihm für die Erfüllung irgendwelcher kleiner Pflichten eine Spitzenkrawatte oder einen schönen neuen Anzug verspricht: Wenn man diese Dinge als Belohnungen in Aussicht stellt, was tut man dann anderes, als dass man zugibt, dies seien die guten Dinge, nach denen er streben sollte, und dass man sein Verlangen danach unterstützt und ihn daran gewöhnt seine Glückseligkeit in ihnen zu sehen. Um sie zu veranlassen, beim Lernen der Grammatik, beim Tanzen oder bei ähnlichen Dingen, die für die Glückseligkeit oder Tüchtigkeit im Leben nur von geringer Bedeutung sind, Fleiß an den Tag zu legen, opfern die Eltern durch falsch angewandte Belohnungen und Strafen die Tugend ihrer Kinder, verdrehen ihre Erziehung in das Gegenteil und lehren sie Luxus, Stolz, Begehrlichkeit usw. Denn indem die Eltern so jenen schädlichen Neigungen schmeicheln, die sie in Schranken halten und unterdrücken sollten, legen sie den Grund zu jenen späteren Lastern, die man nur vermeiden kann, wenn man seine Wünsche zügelt und frühzeitig daran gewöhnt sich der Vernunft zu unterwerfen.

1 Skylla: In einem Schiffermärchen der Odyssee wird Skylla als ein Ungetüm beschrieben, das in einer Höhle an einer Meerenge haust und diese versperrt. Es hat sechs lange Hälse und Köpfe mit je drei Zahnreihen und zwölf Stummelfüßen. Bellend schnappt es aus seiner Höhle nach Nahrung. Wie andere Fabelwesen wurde Skylla schon im Altertum realistisch (Riesenkrake), rationalistisch und allegorisch-moralisch aufgefasst.

2 Charybdis: Charybdis ist ebenfalls ein Ungetüm, das gegenüber von Skylla haust. Beide zusammen sind als eine Art Doppeldrachen zu sehen. Charybdis soll eine Tochter des Poseidon sein, die durch einen Blitzstrahl des Zeus ins Meer geschleudert wurde. Als gefräßiges Weib bedroht sie an der Meerenge die Seefahrer. Schon in der Antike wurde sie sprichwörtlich gebraucht.

John Locke (1632–1704), englischer Philosoph

John Locke

John Locke (1632–1704) studierte in Westminster und Oxford Naturwissenschaften und Medizin und lebte dann als Arzt und Erzieher im Haus des Grafen von Shaftesbury. Er übernahm Staatsämter, arbeitete mit Isaac Newton zusammen und war Anhänger der „Glorious Revolution" von 1688.

Lockes Schriften haben wesentlich dazu beigetragen, dass sich die Bewegung der Aufklärung schnell durchsetzte. Er schrieb zu sehr unterschiedlichen Themen und meistens aus aktuellem Anlass. Seine Absicht war es, das Recht des Einzelnen zu begründen, selbst zu denken und zu handeln. Er ist der Erste, der sein systematisches Hauptwerk „Essay concerning Human Understanding" (1690) der Aufgabe gewidmet hat, „die Art und Weise zu erklären, wie der Verstand zu seinen Begriffen und Objekten gelangt".

Neben Jean-Jacques Rousseau (1712–1778) gehört er zu den wenigen Philosophen, die sich auch mit Problemen der Erziehung und Bildung beschäftigt haben. Lockes Buch „Some thougths concerning education" (1684) ist die erste systematische Abhandlung über Bildung und Erziehung, die davon ausgeht, dass Kinder zum Gebrauch der eigenen Vernunft fähig sind. Er stellt dar, dass sie durch Übung und Fragenstellen lernen können über wichtige Lebensprobleme besser nachzudenken.

- *Worin sieht John Locke den Sinn des Strafens? Wie begründet er die Ablehnung körperlicher Züchtigung?*
- *Warum sollte man Kindern seiner Meinung nach nicht schmeicheln?*
- *Wie könnte man im Sinne von John Locke Kinder frühzeitig daran gewöhnen, „sich der Vernunft zu unterwerfen"? Formulieren Sie schriftlich Vorschläge und diskutieren Sie darüber.*
- *Sollten Kinder Ihrer Meinung nach in der Familie auch Pflichten erfüllen? Führen Sie ein Streitgespräch und begründen Sie Ihre Meinung.*

Anders als die Erziehungsstrafe spielt die Kriminalstrafe heute noch immer eine große Rolle und wird teilweise von der Bevölkerung gefordert. Der Jurist Heribert Ostendorf nennt Gründe für dieses gesellschaftlich zu beobachtende Bedürfnis nach Strafe, obwohl inzwischen auch andere Methoden entwickelt wurden, mit denen die Rechtsprechung auf Straftäter reagiert. Strafe ist an der Vergangenheit orientiert als Reaktion auf eine Tat, die nicht ungeschehen gemacht werden kann. Alternativ dazu wurden andere Maßnahmen entwickelt, die sich an der Zukunft orientieren und das Ziel haben, weitere Straftaten zu vermeiden.

Ist Strafe notwendig?

Strafen heißt, mit Absicht Übel zufügen. Kriminalstrafe heißt, mit absichtlicher Übelzufügung durch staatliche Organe auf Kriminalität, auf kriminelle Taten zu reagieren. Nicht erst die Strafe ist eine Übelzufügung, bereits das Strafverfahren beschneidet Freiheits- und Persönlichkeitsrechte der Beschuldigten. Das Strafverfahren ist ein Zwangsverfahren. Selbst bei einem Freispruch wird mit dem Ermittlungsverfahren, dem Anklagevorwurf, der – öffentlichen – Hauptverhandlung in das Persönlichkeitsrecht eingegriffen. Über die Bloßstellung in der Öffentlichkeit kann eine Anklage zum wirtschaftlichen Ruin oder zum Verlust von gesellschaftlichen und politischen Ämtern führen. Strafe ist niemals Wohltat, mag sie auch noch so gut gemeint sein.

Für eine solche staatlich angeordnete und durchgeführte Übelzuführung bedarf es einer besonderen Legitimation, und zwar nicht nur einer formalen, d. h. durch Gesetz abgesicherten, sondern auch einer inhaltlichen Legitimation, die sich aus Ethik und Vernunft ableitet. Hierzu wurden und werden so genannte Straftheorien (vgl. S. 68/69) entwickelt.

Strafbedürfnisse sind in vielen gesellschaftlichen Bereichen (etwa im Sport bei Verstößen gegen die Spielregeln) zu finden. Nach Ansicht des französischen Soziologen Emile Durkheim verlangt das Gemeinschaftsbewusstsein bei Verletzung anerkannter Normen nach Reaktionen. Diese können Strafen sein. Es können aber auch andere Maßnahmen zur Wiederherstellung des Rechtsfriedens sein. Tatsächlich begegnen uns zumindest nach schweren Verbrechen lautstark geäußerte Strafbedürfnisse. Die tieferen Wurzeln dafür müssen hier offen bleiben – seien sie gespeist aus einem natürlichen Empfinden, aus einem anerzogenen Gefühl, aus rationaler Überlegung zum Selbstschutz der Gemeinschaft, aus Ohnmacht, aus einem Mangel an alternativen Lösungen oder aus Sadismus. Derartige kollektive Strafbedürfnisse werden aus psychologisch-psychoanalytischer Sicht durch strafende Reaktionen auf Verbrechen kanalisiert und letztendlich befriedigt. Überschäumende Strafbedürfnisse (Lynchjustiz) sollen bezähmt werden. Damit werden mit Strafen aber bereits konkrete Zwecke verfolgt: Wiederherstellung des Rechtsfriedens und Stärkung des Rechtsbewusstseins. Daneben gibt es auch ein Genugtuungsinteresse der verletzten Person selbst. Opfer von schweren (!) Straftaten können vielfach das erlittene Leid besser verarbeiten, wenn sie sehen, dass die Täter bestraft werden.

***Heribert Ostendorf** (∗1945), deutscher Jurist*

Ein Zwangsapparat ist notwendig

Die Durchsetzung eines öffentlichen Systems von Strafen durch die Regierung entzieht der Vermutung den Boden, die anderen hielten sich nicht an die Regeln. Allein aus diesem Grund ist wahrscheinlich eine mit Zwangsmitteln ausgestattete Regierung immer nötig. […] Bei der Aufstellung eines solchen Strafsystems müssen nun die Mitglieder der verfassunggebenden Versammlung die Nachteile berücksichtigen. Sie sind von mindestens zweierlei Art: Einmal kostet der Apparat Geld; zum anderen besteht die Gefahr, dass die Freiheit des repräsentativen Bürgers durch falsche Bestrafung beschnitten wird. Ein Zwangsapparat ist nur vernünftig, wenn diese Nachteile leichter wiegen als der Freiheitsverlust durch Instabilität. Ist diese Voraussetzung erfüllt, so ist die beste Regelung die, die diese Gefahren möglichst klein macht. Offenbar ist die Freiheitsgefährdung unter sonst gleichen Umständen geringer, wenn die Gesetze entsprechend dem Grundsatz der Gesetzmäßigkeit unparteiisch und regelmäßig angewandt werden. Ein Zwangsapparat ist zwar notwendig, doch offenbar ist es wesentlich, seine Arbeitsweise genau festzulegen. Wenn die Bürger wissen, was bestraft wird, und dass sie die Strafen verweiden können, dann können sie entsprechend planen.

***John Rawls** (∗1921), amerikanischer Philosoph*

- *Warum sollte die Arbeitsweise eines Zwangsapparates genau festgelegt werden?*

Niemand straft den Missetäter, weil er sich vergangen hat – denn das Geschehene kann er nicht ungeschehen machen –, sondern um des Künftigen willen, auf dass weder der Täter selbst wieder Unrecht tue noch ein anderer, der Zeuge seiner Züchtigung war.

***Platon** (427–348/347 v. Chr.), griechischer Philosoph*

- *Analysieren Sie den Text unter der Fragestellung: Warum sollten Täter bestraft werden?*
- *Könnten Sie sich auch eine Gesellschaft vorstellen, in der es keine Strafen gibt? Diskutieren Sie im Plenum darüber.*
- *Führen Sie eine Pro-und-Contra-Diskussion zur Frage: „Ist die Kriminalstrafe sinnvoll?“. Für die Pro-und-Contra-Diskussion vertreten drei Schülerinnen bzw. Schüler Pro-Argumente, drei vertreten die Contra-Argumente. Es geht nicht um Ihre persönliche Meinung, sondern um die konsequente Darstellung eines Standpunkts. Sie können jeweils die Rolle einer bestimmten Person annehmen, die sie selbst wählen: Sie sind z. B. Richterin, Täter, Opfer, Politikerin, Pfarrerin, Bürger, der Zeuge einer Straftat wurde, Bürgermeisterin usw. Aus der Perspektive dieser Person argumentieren und begründen Sie den jeweiligen Standpunkt. Wenn Sie das Thema vertiefen wollen, können Sie auch einen Experten in den Unterricht einladen (z. B. eine Richterin oder einen Richter).*

Fassen Sie mit Ihren eigenen Worten zusammen, wie Heribert Ostendorf auf S. 67 die Entstehung der Straftheorien begründet.*

Relative und absolute Strafe

Während nach absoluten Straftheorien bestraft wird, weil ein Verbrechen begangen worden ist, wird demgegenüber nach relativen Straftheorien bestraft, damit zukünftig keine neuen Verbrechen begangen werden. Die Straftheorien wollen

- andere vor ähnlichen Taten abschrecken (negative Generalprävention),
- das beeinträchtigte Rechtsbewusstsein der Allgemeinheit aufrichten (positive Generalprävention),
- den einzelnen Täter vor einer Wiederholung abschrecken bzw. die Gesellschaft vor ihm sichern (negative Individual- oder Spezialprävention),
- den einzelnen Täter positiv beeinflussen und ihn resozialisieren, um ihn so von einer Straftatwiederholung abzuhalten (positive Individual- oder Spezialprävention).

***Heribert Ostendorf** (*1945), deutscher Jurist*

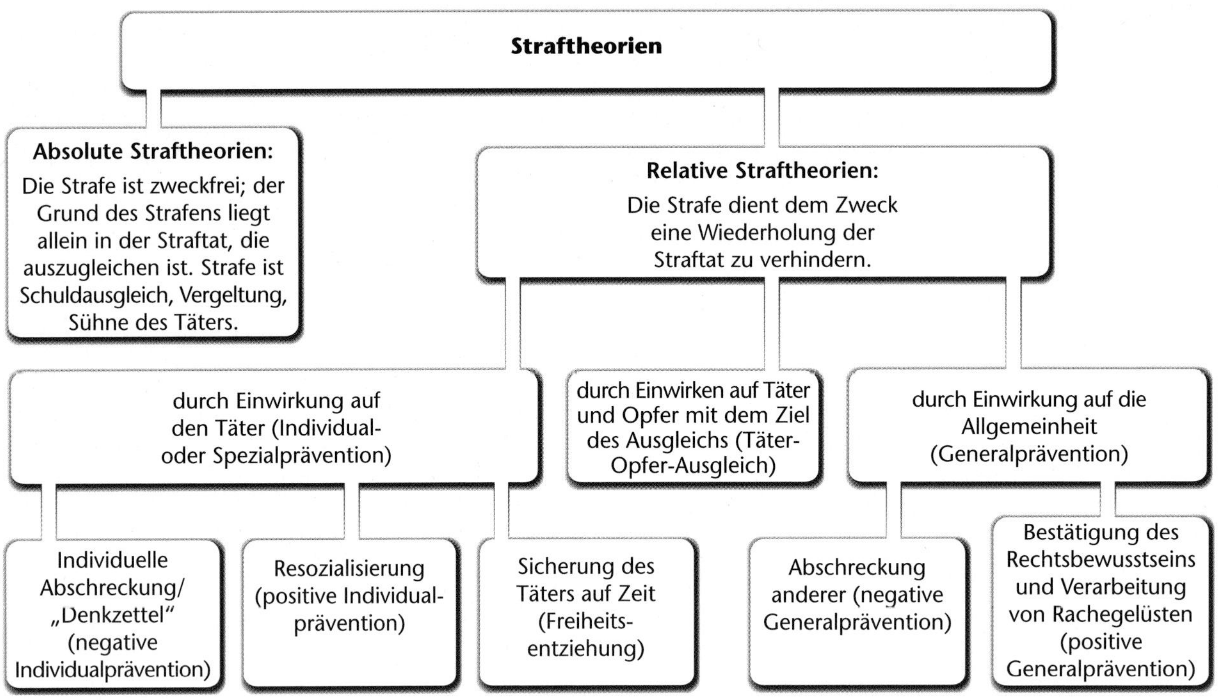

Immanuel Kant war der erste Philosoph, der sich wissenschaftlich mit den verschiedenen Formen positiven Rechts (z. B. Elternrecht, Sachenrecht, Staats- und Völkerrecht) beschäftigt hat. In seiner Schrift „Grundlegung zur Metaphysik der Sitten" (1785) formuliert er verschiedene Prinzipien des Straf- und Begnadigungsrechts, die unabhängig von den individuellen Umständen einer Straftat allgemeine Gültigkeit erhalten sollen.*

Absolute Straftheorie: Das Strafgesetz ist ein kategorischer Imperativ

Diejenige Übertretung des öffentlichen Gesetzes, die den, welcher sie begeht, unfähig macht, Staatsbürger zu sein, heißt *Verbrechen* schlechthin (crimen), aber auch ein öffentliches Verbrechen (crimen publicum); daher das erstere (das Privatverbrechen) vor die Zivil-, das andere vor die Kriminalgerechtigkeit gezogen wird. – *Veruntreuung*, d. i. Unterschlagung der zum Verkehr anvertrauten Gelder oder Waren, Betrug im Kauf und Verkauf [...] sind Privatverbrechen. Dagegen sind: falsch Geld [...] zu machen, Diebstahl und Raub [...] öffentliche Verbrechen, weil das gemeine[1] Wesen und nicht bloß eine einzelne Person dadurch gefährdet wird. – Sie könnten in die der *niederträchtigen* Gemütsart (indolis abiectae) und die der *gewalttätigen* (indolis violentae) eingeteilt werden. *Richterliche Strafe* (poena forensis), die von der *natürlichen* (poena naturalis), dadurch das Laster sich selbst bestraft und auf welche der Gesetzgeber gar nicht Rücksicht nimmt, verschieden [ist], kann niemals bloß als Mittel, ein anderes Gute zu befördern, für den Verbrecher selbst oder für die bürgerliche Gesellschaft, sondern muss jederzeit nur darum wider ihn verhängt werden, *weil er verbrochen hat*; denn der Mensch kann nie bloß als Mittel zu den Absichten eines anderen gehandhabt und unter die Gegenstände des Sachenrechts gemengt werden, wowider ihn seine angeborene Persönlichkeit schützt, ob er gleich die bürgerliche einzubüßen gar wohl verurteilt werden kann. Er muss vorher strafbar befunden sein, ehe noch daran gedacht wird, aus dieser Strafe einigen Nutzen für ihn selbst oder seine Mitbürger zu ziehen. Das Strafgesetz ist ein kategorischer Imperativ.

1 gemein: hier: allgemein

***Immanuel Kant** (1724–1804), deutscher Philosoph*

Warum soll nach Kant ein Verbrechen bestraft werden?

Warum wird Kants Auffassung der absoluten Straftheorie zugeordnet?

Relative Straftheorie: Die Strafe hängt von der Schuld des Täters ab

Heute ist in der Rechtspraxis anerkannt, dass Strafe kein Selbstzweck sein darf; der straftheoretische Rigorismus Kants ist also überwunden. Strafe findet ihre Legitimation in der Zweckhaftigkeit für die Zukunft. Die strafrechtliche Legitimation ist in einem Notwehrrecht des Staates zur Abwehr sozialschädlicher Verhaltensweisen begründet (défence sociale). Oberstes Ziel des Strafens ist es, nach einer Entscheidung des Bundesverfassungsgerichts* vom 21. Juni 1977, „die Gesellschaft vor sozialschädlichem Verhalten zu bewahren und die elementaren Werte des Gemeinschaftslebens zu schützen".

Welche Zwecke der Strafe vorherrschend sein sollten, darüber besteht ein unentschiedener Streit. Auch bleibt rückwärts betrachtet die Tat Ausgangspunkt des Strafens. Zugleich findet die Strafe ihre Begrenzung in der Tat, im Umfang der Verletzungen/Schädigungen und in der subjektiven Tatschuld, da nur die schuldangemessene Strafe gerecht ist. Von daher wird heute in der Justizpraxis der so genannten Vereinigungstheorie gefolgt.

Das Bundesverfassungsgericht hat dies in der erwähnten Entscheidung so formuliert: „Das geltende Strafrecht und die Rechtsprechung der deutschen Gerichte folgen weitgehend der so genannten Vereinigungstheorie, die – allerdings mit verschiedenen gesetzten Schwerpunkten – versucht, sämtliche Strafzwecke in ein ausgewogenes Verhältnis zueinander zu bringen. Dies hält sich im Rahmen der dem Gesetzgeber durch die Verfassung zukommenden Gestaltungsfreiheit, einzelne Strafzwecke anzuerkennen, sie gegeneinander abzuwägen und miteinander abzustimmen. Demgemäß hat das Bundesverfassungsgericht in seiner Rechtsprechung nicht nur den Schuldgrundsatz betont, sondern auch die anderen Strafzwecke anerkannt. Es hat als allgemeine Aufgabe des Strafrechts bezeichnet, die elementaren Werte des Gemeinschaftslebens zu schützen. Schuldausgleich, Prävention, Resozialisierung des Täters, Sühne und Vergeltung für begangenes Unrecht werden als Aspekte einer angemessenen Strafsanktion bezeichnet."

Dementsprechend heißt es in § 46 Strafgesetzbuch: „Die Schuld des Täters ist Grundlage für die Zumessung der Strafe. Die Wirkungen, die von der Strafe für das künftige Leben des Täters in der Gesellschaft zu erwarten sind, sind zu berücksichtigen."

Die tatsächlichen Wirkungen der beabsichtigten Strafzwecke sind umstritten, weil sie im Einzelfall nicht messbar sind. Selbst bei späterer Abkehr des Verurteilten von Kriminalität steht nicht fest, ob gerade die verhängte Strafe zu diesem Ergebnis geführt hat. Dies gilt natürlich auch umgekehrt. Insbesondere die negative Generalprävention (Abschreckung potenzieller Täter) wird in ihrer Wirkungseignung angezweifelt, weil im Zeitpunkt der Tatbegehung potenzielle spätere Strafen in der Regel gedanklich verdrängt werden.
Insgesamt wird heute vor allzu großen Erwartungen an das Strafrecht gewarnt. Teilweise zieht man sich auf das Ziel zurück, durch Bewusstmachen von Eigenverantwortlichkeit zur Normstabilisierung in der Bevölkerung beizutragen und Rachegelüste zu kanalisieren. Damit kann aber weder dem Sicherungsinteresse der Gesellschaft vor gefährlichen Wiederholungstätern noch dem Sozialstaatsprinzip mit dem daraus abgeleiteten Resozialisierungsanspruch des Täters entsprochen werden. Strafe muss somit zum Ziel haben, die Straftatwiederholungen zu verhindern.

***Heribert Ostendorf** (*1945), deutscher Jurist*

- *Wodurch unterscheidet sich die Vereinigungstheorie von der Position Kants*?*
- *Vergleichen Sie die absolute und die relative Straftheorie mit dem Täter-Opfer-Ausgleich auf S. 80.*
- *Bilden Sie Arbeitsgruppen und beurteilen Sie die in dem Schema dargestellten Einwirkungs- bzw. Abschreckungsmaßnahmen der relativen Straftheorie hinsichtlich ihrer Praktikabiliät. Führen Sie anschließend ein Streitgespräch im Plenum.*

„Sehr aufmerksam. Aber ich glaube,
mit meinem jetzigen bleib' ich beweglicher."

- *Erklären Sie die Aussage der Karikatur und beziehen Sie in Ihre Interpretation die absolute und die relative Straftheorie mit ein.*

Der Tod als Strafe

Dieses Foto zeigt einen Ausschnitt aus dem Todestrakt im Gefängnis von Huntsville/Texas, wo 450 Todeskandidaten auf ihre Hinrichtung warten. Notieren Sie einige Gedanken zu diesem Foto und sprechen Sie über Ihre Eindrücke.

Was erleben die zum Tode Verurteilten in ihren Zellen, was empfinden sie bei ihrem Gang zur Hinrichtung? In dem folgenden Text berichtet die ARD-Korrespondentin Sonia Mikich über einen zum Tode Verurteilten in Russland.

Der letzte Gang

Sogar an den Glühbirnen haben sie gespart, wie ein plötzlicher Schmerz kommt dieser Gedanke angeweht. Auf seinem zögerlichen Marsch vorwärts zählt er die Deckenlampen ab, jeder zweiten fehlt die Glühbirne. Im engen Gang mit der niedrigen, vergilbten Decke unterbrechen kleine Lichtteiche die Dunkelheit in regelmäßigen Abständen. Ein unterirdischer Gang, glaubt er. Sie haben ihn kreuz und quer durch den massiven, zweihundert Jahre alten Bau geführt, so dass er keine Orientierung mehr hat. Aber die braucht er auch nicht, sein Weg geht nur nach vorn, den schmalen Gang entlang zum Exekutionsraum. Gennadi Iwanow wird in etwa zehn Minuten hingerichtet. Er wird sich hinknien, die Hände hinter sich gefesselt, im gestreiften Anzug des smertnik, des Todeskandidaten, und dann wird eine Tür aufgehen, und bevor er irgendein letztes Wort sagen kann, wird er erschossen, mit einer Kugel in den Nacken. Die zweite Kugel wird nur noch zur Sicherheit abgefeuert. In Russland gibt es keinen teuren Schnickschnack bei der Entsorgung eines Mörders, eine Kugel ist schnell und billig. Neun Gramm Blei – darüber gibt es sogar ein Lied. Diese Effizienz haben die Henker der Stalinzeit, diese Übererfüller des Hinrichtungensolls, an das moderne Russland weitervererbt. Vollzeithenker braucht man nicht mehr, der Schütze ist ein Mitglied der Innentruppen, ein niedriger Offizier mit Sondervollmacht, der sich so ein Zubrot verdient. Der Ort der Vollstreckung steht unter Geheimhaltung. Was mit der Leiche geschieht, steht [ebenfalls] unter Geheimhaltung.

Gennadis Frau Ira wird nie an seinem Grab sitzen können, aber vielleicht würde sie das auch nicht wollen. „Ich war am letzten Sonntag auf dem Friedhof, bei meinem Gena, dem Doppelmörder …" – schwer vorstellbar. Nein, besser, die Familie weiß nichts. Gennadis letzte Gedanken kleben an den Glühbirnen da oben an der Decke: da – nicht da, da – nicht da. So klar wie die andere Gleichung: lebend – tot. Gennadis Hirn, das gleich auf den Betonboden des Exekutionsraums spritzen wird, ist schon jetzt ohne jede Schärfe und Kontur, die Angst betäubt ihn. Es ist so, dass er gleich sterben wird. Sein Hirn weigert sich, an diesem Gedanken weiterzuarbeiten …

Gennadi war Chauffeur beim staatlichen Institut für Spektrochemie[1] gewesen, in Maßen gefordert und in Maßen bezahlt. Als das Institut dichtmachte, weil keine Forschungsaufträge mehr vom Staat kamen, saß Gennadi auf der Straße. Er war es gewohnt, nach der Grafik zu leben, nach jenem Dienstplan, der seine Überstunden, Einsätze, Wochenenden regelte und aus dem er sich sein Gehalt ausrechnete. Der Rausschmiss riss ihn aus der Verankerung heraus. Er musste nun auf dem freien Markt Fahrer werden. Verwirrt chauffierte er eine ganze Kette von diesen neuen Geschäftsleuten herum, er kannte sich ja gut in Moskau aus und konnte auch den Schraubschlüssel anwenden und Kleinigkeiten reparieren, wenn es nötig war. Doch keine Stelle dauerte länger als sechs Monate. Mal machten seine Chefs Pleite und entließen ihn, mal machte er zu oft blau, und sie ließen sich diese sowjetische Schlamperei nicht gefallen, nein, es war kein Zuckerschlecken. Und Ira jammerte dauernd, dass sie die Kellnerinnenstelle aufgeben und zu Hause bleiben wollte. Dann kamen die wilden Zeiten der Spekulanten, wie schnell konnte man ein kleines Vermögen machen, wenn man nur ein bisschen Bargeld hatte. MMM hieß das beste System, seine eigene Mutter, die so ehrliche Kommunistin, investierte heimlich ihr ganzes Erspartes, gleich zu Anfang, und holte das Hundertfache raus und kaufte sich davon die winzige Datscha. Gennadi hatte nichts und lieh sich kleine Summen, die nur kleine Gewinne brachten. Es war so unfair, dass der Kapitalismus ihm nichts brachte! Vom freien Markt beleidigt, wollte der Ex-Chauffeur Gennadi Iwanow es endlich wissen, Geld musste her, frei nach Karl Marx, ursprüngliche Akkumulation: Am Anfang jedes großen Vermögens steht ein Verbrechen. Er lud seinen ehemaligen Kollegen und dessen Frau zur Datscha der Mutter ein, wo viel Wodka wartete, erzählte ihnen von einem heißen Börsentipp, trank ein, zwei Flaschen mit ihnen, schlug ihnen vor, Geld zu holen, möglichst alles, das sie hatten. Kein gescheiter Russe hatte heutzutage Geld auf dem Sparkonto, alle tauschten in Dollar und versteckten es unter der Matratze, darauf einen Schluck. Die Frau holte das Geld, die beiden Männer setzten einen Vertrag auf, tranken auf künftigen Wohlstand, und dann begann der Streit. Überall in der Stadt kam es in diesen Monaten zu solchen Streits, als ob eine ansteckende Fäulnis die Seelen ergriffen hätte. Wer hat Geld? Wieso der? Warum ich nicht? Wie kriege ich mehr? Die Bedeutung des Geldes wucherte ins Uferlose, und auch Gennadi bekam diesen „Krebs“, an dem er sehr bald sterben würde, an dem sein Kollege und dessen Frau bereits gestorben waren.

Bis heute hat Gennadi, das schlichte Gemüt, eine Geschichte parat, die niemanden überzeugt: Ganz kurz gesagt, bin ich da zwischendurch weggegangen, wollte Schnaps holen. Für irgendwelche Gäste. Ich war selbst betrunken, ich erinnere mich nicht mehr. Als ich wiederkam, sah ich das alles, die Toten, mit einer Keule erschlagen, aber ich war ja betrunken, ich hab es nicht verstanden. Ich bekam natürlich Angst und lief weg. Das ist es in zwei Worten. Es gibt Zeugen, dass ich zum Augenblick der Ermordung weit weg war. Da war eine Familie, da gab es noch ein Mädchen, die sagten, dass ich am Kiosk stand um die Zeit. Man glaubte ihnen nicht und mir auch nicht. Die Anklage war getürkt, da kann man jeden x-beliebigen hinter Gitter bringen. […]

Zwei Jahre wartete Gennadi Iwanow, der Doppelmörder, auf seine Hinrichtung, nur ein Gnadenakt des Präsidenten hätte ihn retten können.

1 Spektrochemie: Physikalische Chemie, mit der die Beschaffenheit der Atmosphäre untersucht wird

Sonia Mikich, deutsche ARD-Korrespondentin in Moskau (1992–1997)

- *Ist die Todesstrafe inhuman? Lesen Sie den Text unter dieser Fragestellung und diskutieren Sie im Plenum darüber. Begründen Sie Ihre Meinung.*
- *Stellen Sie sich vor, Sie wären Gennadis Anwalt. Mit welchen Argumenten würden Sie ihn vor Gericht verteidigen? Berücksichtigen Sie die verschiedenen Erklärungsmuster für Kriminalität (vgl. S. 62–65).*
- *Wenn Sie sich für Gennadis Fall und die Geschichte der Todesstrafe in Russland interessieren, dann können Sie in folgendem Buch weiterlesen: Sonia Mikich, Planet Moskau, Kiepenheuer & Witsch, Köln 1998, S. 162–176. Sie können sich auch den Film „Dead Man Walking“ ansehen und anschließend ein Plädoyer gegen die Todesstrafe schreiben.*
- *Willi Graf, ein Mitglied der „Weißen Rose“, war 1943 wie die anderen Widerstandskämpfer zum Tode verurteilt worden. Als Einziger wurde er nicht sofort hingerichtet, sondern saß ein halbes Jahr in der Todeszelle. Jeden Tag musste er damit rechnen umgebracht zu werden. Wie er diese Zeit erlebte, können Sie in seinen Briefen nachlesen: Inge Jens, Anneliese Knoop-Graf (Hrsg.), Willi Graf: Briefe und Aufzeichnungen, Fischer, Frankfurt/M. 1994.*

Russland ist 1996 dem Europarat beigetreten. Dieser wurde 1949 als selbstständige europäische Institution gegründet, die bis heute neben der Europäischen Union besteht. Gemäß seiner Satzung soll der Europarat eine enge Verbindung zwischen den Mitgliedsstaaten fördern, die dem Schutz von Demokratie, von Rechtsstaatlichkeit und der Menschenrechte dient. Aus diesem Grund wurde 1950 die Europäische Menschenrechtskonvention angenommen, die jeder Mitgliedsstaat mit den entsprechenden Zusatzprotokollen akzeptieren muss.
Der Europarat hat zwei Institutionen geschaffen, welche die Einhaltung der Menschenrechte kontrollieren sollen:
1. die Europäische Kommission für Menschenrechte, die speziell die Einhaltung der Europäischen Menschenrechtskonvention überwacht,
2. den Europäischen Gerichtshof, bei dem der einzelne Bürger und die einzelne Bürgerin Klage gegen Menschenrechtsverletzungen erheben kann.

§

Zusatzprotokoll Nr. 6 (1983) zur Europäischen Menschenrechtskonvention

Art. 1
Die Todesstrafe ist abgeschafft. Niemand darf zu dieser Strafe verurteilt oder hingerichtet werden.

Art. 2
Ein Staat kann in seinem Recht die Todesstrafe für Taten vorsehen, welche in Kriegszeiten oder bei unmittelbarer Kriegsgefahr begangen werden; diese Strafe darf nur in den Fällen, die im Recht vorgesehen sind, und in Übereinstimmung mit dessen Bestimmungen angewendet werden. Der Staat übermittelt dem Generalsekretär des Europarats die einschlägigen Rechtsvorschriften.

Was spricht gegen die Todesstrafe?

Die Todesstrafe, die man früher zur Abschreckung besonders schlimmer Gewaltverbrechen als notwendig erachtete, ist in den meisten modernen Rechtssystemen abgeschafft worden: Teils weil eine wirksame Abschreckung von ihr gar nicht ausgeht, teils weil sie eine totale Verfügung über menschliches Leben beinhaltet, was dem Staat nicht mehr zugebilligt wird.

Otfried Höffe *(*1943), deutscher Philosoph*

- *Warum sollte der Staat keine totale Verfügung über menschliches Leben haben? Beziehen Sie in Ihre Diskussion auch den Bericht über Gennadi auf S. 70/71 mit ein.*
- *Im Internet finden Sie unter* ***http://www.amnesty.de*** *die Todesstrafenstatistik vom Vorjahr, die anzeigt, in welchen Ländern die Todesstrafe verhängt wurde und in welchen Ländern Hinrichtungen stattfanden.*
- *Wenn Sie sich für die Geschichte der Todesstrafe interessieren, können Sie folgendes Buch lesen: Karen Farrington, Geschichte der Folter und Todesstrafe, Bechtermünz, Würzburg 1999. Halten Sie ein Referat zu diesem Thema.*

Einer nur entscheidet über Leben und Tod. Wer an seiner Statt richtet und tötet, gleicht einem Blinden, der statt des Zimmermanns die Axt führt und sich selbst verletzt.

Lao-Tse, ca. 5. Jahrhundert v. Chr., chinesischer Philosoph

Die Todesstrafe in der Welt

Nach Angaben der UNO von Anfang 1999 wurde die Todesstrafe in 88 Staaten vollstreckt. In 42 Staaten war sie legal, wurde aber seit mehr als zehn Jahren nicht mehr vollzogen. 65 Staaten hatten die Todesstrafe aus ihren Gesetzen gestrichen. […]

1998 registrierte Amnesty International 1625 Hinrichtungen in 37 Staaten (1997: 2375). Allein in China wurden 1067 Todesstrafen vollstreckt und 1657 Todesstrafen verhängt. Mehr als 80 % aller Todesstrafen wurden in nur vier Staaten vollzogen: China, Iran, in der Demokratischen Republik Kongo und in den USA. Seit Wiederzulassung der Todesstrafe in den USA wurden bis 1999 mehr als 500 Menschen hingerichtet (1998: drei).

1978–1998 mussten in den 38 der 50 US-Bundesstaaten mit Todesstrafe 75 zum Tode verurteilte Menschen wegen erwiesener Unschuld freigelassen werden, einige kurz vor der Hinrichtung. 1998 wurden 68 Todesstrafen vollstreckt. Im Februar bzw. März 1999 wurden die deutschstämmigen Brüder LeGrand wegen Raubmords in Arizona hingerichtet, trotz des Einspruchs des Internationalen Gerichtshofs. Den LeGrands war, wie vier weiteren in den USA seit Anfang 1998 exekutierten ausländischen Staatsbürgern, die von der Wiener Konvention vorgeschriebene rechtliche Betreuung vorenthalten worden.

Auf den Philippinen wurde 1999 erstmals nach 23 Jahren wieder eine Hinrichtung vollzogen, nachdem die Todesstrafe dort 1994 wieder eingeführt worden war.

Die Todesstrafe im Grundgesetz

Art. 1
(1) Die Würde des Menschen ist unantastbar. Sie zu achten und zu schützen ist die Verpflichtung aller staatlicher Gewalt.

Art. 2
(1) Jeder hat das Recht auf die freie Entfaltung seiner Persönlichkeit, soweit er nicht die Rechte anderer verletzt und nicht gegen die verfassungsmäßige Ordnung oder das Sittengesetz verstößt.

Art. 2
(2) Jeder hat das Recht auf Leben und körperliche Unversehrtheit. Die Freiheit der Person ist unverletzlich. In diese Rechte darf nur aufgrund eines Gesetzes eingegriffen werden.

Art. 102
Die Todesstrafe ist abgeschafft.

Internationaler Gerichtshof

Name: International Court of Justice (ICJ)
Sitz: Den Haag/Niederlande
Gründung: 1945
Mitglieder: 15 Richter
Präsident: Stephen M. Schwebel/USA (seit 1997)
Funktion: Hauptrechtsprechungsorgan der UNO
http://www.icj-cij.org

- *Fächerverbindendes Referat mit Geschichte, Politik, Sozialkunde: Die Struktur und die Aufgaben des Internationalen Gerichtshofes. Auf den folgenden Websites können Sie sich über die Arbeit des IGH informieren:* ***http://www.icj-cij.org/icjwww/igeneralinformation/icjgnnot.html*** *und* ***http://www.hausarbeiten.de/cgi-bin/superRD.pl***
- *Eine Gruppe der Europäischen Jurastudentenvereinigung ELSA berichtet im Internet über ein eigenes Projekt:* ***http://www.uniregensburg.de/Universitaet/RUZ/archiv/ruz-9605/elsamoot.htm****. Jurastudentinnen und -studenten simulierten eine Verhandlung des Internationalen Gerichtshofs. Sie können sich über diese Aktion informieren und in Ihrem Kurs eine entsprechende Verhandlung über die Todesstrafe simulieren. Hintergrundwissen über die Funktionen und Kompetenzen des Internationalen Gerichtshofes erhalten Sie auf den oben angegebenen Websites, aktuelle Informationen über Todesurteile und Hinrichtungen bei Amnesty International. Sie können zu diesem Thema auch einen Experten einladen, z. B. einen Juristen, der sich auf „Internationales Recht" spezialisiert hat.*

Aus der Geschichte der Todesstrafe

Wie wohl in jeder frühen Rechtskultur, so findet sich im germanischen Rechtsleben die Tötung des Missetäters in der Form der Blutrache (bei Taten gegen den Einzelnen und die Sippe) und als Sakral-„Strafe" (bei Taten gegen höchste Güter der Rechtsgemeinschaft). Das Erstarken des Gemeinschaftsbewusstseins drängte die Blutrache zurück zugunsten des [...] Sühnegeldes; die Christianisierung verwandelte die Sakralstrafe in die Todesstrafe. In den Volksrechten ist die Todesstrafe schon vielfach genannt; daneben kommt die verstümmelnde Leibesstrafe auf. Im Laufe des Mittelalters wurden Todesstrafe und Leibesstrafe immer häufiger angewandt. [...] Nachdem Ende des 16. Jahrhunderts die Freiheitsstrafe aufgekommen war, drängte sie die Leibes- und Lebensstrafen zurück; aber erst mit der Aufklärung setzte – vor allem unter dem Gesichtspunkt des Gesellschaftsvertrags – ein entschiedener Kampf gegen die Todesstrafe ein. Nachdem die Leibesstrafen schon im 18. Jahrhundert außer Gebrauch gekommen waren, wurde die Todesstrafe in Deutschland [...] erstmals durch die Paulskirchenverfassung 1849 für abgeschafft erklärt [...]. Die Todesstrafe wurde 1870 im Norddeutschen Bund mit 127:119, 1919 in der Weimarer Nationalversammlung mit 153:128 Stimmen beibehalten; sie war – außerhalb des Militärstrafrechts – 1871 nur für Mord, 1932 außerdem für schwere Verstöße nach dem Sprengstoffgesetz (1884), Sklavenhandelsgesetz (1895) und Republikschutzgesetz (1922) angedroht. Der nationalsozialistische Staat setzte die Todesstrafe rücksichtslos ein (vgl. S. 24/25), so dass 1944 mit Todesstrafe bedroht waren u. a. Hoch- und Landesverrat, Nichtanzeige von Verbrechen, Wehrmittelbeschädigung, erpresserischer Kindesraub, Autofallenstellen, ferner Verstöße gegen typische Gesetze jenes Staates (z. B. „zur Gewährleistung des Rechtsfriedens" 1933, „gegen Wirtschaftssabotage" 1936, Volksschädlings- und Gewaltverbrecher-Verordnung). Den ungeheuerlichsten Missbrauch zeigen die Zahlen von *vollstreckten* gerichtlichen Todesurteilen in Deutschland (in Klammern jeweils die Zahlen der *ergangenen* Todesurteile): 1914–19: 104 (230), 1920–26: 158 (759), 1927–32: 16 (293), 1933–39: 660, 1940 bis April 1945: 15 890. – Während die Todesstrafe in der DDR [bis 1987] beibehalten wurde, hat das GG von 1949 sie abgeschafft (Art. 102). Seitdem haben sich [...] stets mehr Leute in der BRD [...] für die Wiedereinführung der Todesstrafe ausgesprochen. – Die Todesurteile wurden in Deutschland nach 1871 durch Enthaupten (mit Hand- oder Fallbeil) vollstreckt, seit 1933 auch durch Erhängen.

*Eberhard Schmidhäuser (*1920), deutscher Jurist*

Todesstrafe als Abschreckung?

Immer, wenn im Fernsehen Bilder über den sexuellen Missbrauch und die anschließende Tötung von Kindern gezeigt werden, fragen sich viele Menschen, warum ein Mörder nicht mit dem Tode bestraft werden kann. Hier trifft der Gesetzgeber eine Abwägung. Die Einführung der Todesstrafe müsste mit dem vom Gesetzgeber verfolgten Zweck, z. B. der Abschreckung potenzieller Täter, in einem angemessenen Verhältnis stehen. Es ist grundsätzlich zu bezweifeln, ob sich Straftäter von der Höhe der zu erwartenden Strafe abschrecken lassen. Größere Abschreckungswirkung hat vielmehr das allgemeine Entdeckungsrisiko einer Tat. Selbst wenn sich die Täter von der Höhe der zu erwartenden Freiheitsstrafe abschrecken lassen würden, ist nicht gesichert, dass die Androhung der Todesstrafe die potenziellen Täter stärker abschrecken würde als die Androhung der lebenslangen Freiheitsstrafe. Ferner ist zu beachten, dass das menschliche Leben das höchste Rechtsgut der Verfassung ist und deswegen nicht wegen einer nicht bewiesenen Abschreckungswirkung vernichtet werden darf. Im Ergebnis steht die Einführung der Todesstrafe also nicht in einem angemessenen Verhältnis zu dem angestrebten Zweck der Abschreckung. Somit kann der Eingriff in das Grundrecht auf Leben nicht gerechtfertigt werden. Deshalb würde hier ein Verstoß gegen das Grundrecht aus Art. 2 Abs. 2 GG vorliegen. Zusätzlich könnte die Todesstrafe gegen das allgemeine Persönlichkeitsrecht des Straftäters, dass sich aus Art. 1 Abs. 1 in Verbindung mit Art. 2 Abs. 1 GG ableiten lässt, verstoßen. Dieses Recht ist eine Kombination aus der Menschenwürde und dem Grundrecht der allgemeinen Handlungsfreiheit. Aus diesem Grundrecht wird das Recht auf Resozialisierung des Straftäters abgeleitet. Das Bundesverfassungsgericht hat entschieden, dass die lebenslange Freiheitsstrafe ohne eine Möglichkeit auf eine Strafaussetzung zur Bewährung gegen Art. 1 Abs. 1 in Verbindung mit Art. 2 Abs. 1 GG verstößt. Deswegen muss nach § 57a des Strafgesetzbuches (StGB) bei jedem zu einer lebenslangen Freiheitsstrafe Verurteilten geprüft werden, ob er nach 15 Jahren auf Bewährung entlassen werden kann. Dem Täter muss also die Chance eingeräumt werden, sich wieder in die Gesellschaft einzugliedern. Wenn nun aber bereits die lebenslange Freiheitsstrafe gegen das allgemeine Persönlichkeitsrecht verstößt, dann würde die Einführung der Todesstrafe erst recht dagegen verstoßen. Schließlich verstößt die Todesstrafe auch gegen die Menschenwürde aus Art. 1 Abs. 1 GG. Mit der Menschenwürde ist der soziale Wertungs- und Achtungsanspruch gemeint, der dem Menschen aufgrund seines Menschseins zukommt. Die Menschenwürde verbietet es, den Menschen zum bloßen Objekt des Staates zu machen. Wenn das Leben eines Menschen aber dazu benutzt wird, einen anderen potenziellen Mörder von einer Straftat abzuschrecken, dann wird der Wertungs- und Achtungsanspruch des zum Tode Verurteilten nicht gewahrt. Er wird getötet, um einem potenziellen Opfer das Leben zu retten. Zusätzlich besteht die Vermutung, dass an dem Täter Vergeltung verübt werden soll. Nach Auffassung des französischen Philosophen Albert Camus ist die Todesstrafe „der vorsätzlichste Mord [...], mit dem kein geplantes Verbrechen verglichen werden kann. Um einen Vergleich zu ziehen: Die Todesstrafe müsste einen Verbrecher bestrafen, der sein Opfer vorher genau über den Zeitpunkt seines Todes informieren würde und dem es von diesem Zeitpunkt an auf Gnade und Ungnade ausgeliefert wäre. Im gewöhnlichen Leben aber findet man eine solche Bestie nicht."

*Janique Brüning (*1976), deutsche Juristin*

- *Welche Gründe sprechen im Grundgesetz gegen die Todesstrafe?*

- *Wie bewerten Sie die Ansicht von Albert Camus über die Todesstrafe? Schreiben Sie hierzu einen Essay.*

Prinzipien des Strafrechts

Organe der Strafrechtspflege

Staatsanwaltschaft
Strafverfolgungsbehörde, die das Ermittlungsverfahren leitet, mit dem Ziel der Erhebung und Vertretung der Anklage. Sie eröffnet die Hauptverhandlung, die das Kernstück des Strafverfahrens darstellt. Die Staatsanwaltschaft wird in ihrer Ermittlungstätigkeit von der Polizei als Hilfsorgan unterstützt.

Gericht
Übt die rechtssprechende Gewalt aus, die von berufsmäßigen und ehrenamtlichen Richterinnen und Richtern ausgeführt wird.

Verteidigung
Hat die Aufgabe, die Rechte des oder der Beschuldigten zu wahren, mit dem Ziel der Wahrheitsfindung. Sie kann von dem oder der Angeklagten frei gewählt werden; in manchen Fällen wird auch eine Pflichtverteidigung gestellt.

Ein Verteidiger oder eine Verteidigerin sollte „das Beste für den Angeklagten oder die Angeklagte herausholen". Steht diese Aufgabe im Widerspruch zum Prinzip der Wahrheitsfindung?

Informieren Sie sich über die Aufgaben und Rechte eines Schöffen bei Gericht.

Prinzip der Menschenwürde: Kriminelle dürfen nicht gedemütigt werden

Wie es um die Menschenwürde in einer Gesellschaft bestellt ist, lässt sich nirgendwo so deutlich ablesen wie an ihrer Strafpraxis: Sie ist die Feuerprobe für eine anständige Gesellschaft. Eine Gesellschaft muss Straftätern zwar keine soziale Ehre zuerkennen, ihnen aber doch grundlegende Achtung entgegenbringen. Daher gibt die Strafpraxis auch Aufschluss darüber, ob eine Gesellschaft anständig ist und Menschen anständig behandelt …

Unsere Definition lautet zunächst: Eine Gesellschaft ist anständig, wenn sie Verbrecher – selbst Schwerverbrecher – bestraft ohne diese zu entwürdigen. Wie alle anderen Menschen haben auch Straftäter ein Anrecht auf jene Achtung, die dem Menschen allein aufgrund seiner Menschlichkeit gebührt. Da Demütigung gleichbedeutend mit der Verletzung der Menschenwürde ist hat auch ein Krimineller das Recht nicht gedemütigt zu werden. Eine anständige Gesellschaft darf Verbrechern keinen triftigen Grund geben sich durch ihre Bestrafung in ihrer Würde verletzt zu fühlen; wohl aber dürfen sie sich durch die Bestrafung um ihre soziale Ehre gebracht sehen.

***Avishai Margalit** (*1939), israelischer Philosoph*

Warum sollte Strafe nicht entwürdigen? Lesen Sie hierzu auch S. 94. Definieren Sie in diesem Zusammenhang auch die „Würde des Menschen".

Was verstehen Sie unter der sozialen Ehre eines Menschen?

Warum haben verschiedene Gesellschaften (z. B. römisches Imperium oder gegenwärtig einige islamische Staaten und China) öffentliche Bestrafungsrituale (z. B. für Ehebruch oder Diebstahl) eingeführt? Vergleichen Sie hierzu auch S. 58/59.

Prinzip der Verfassungsmäßigkeit: Das Grundgesetz gilt auch im Strafrecht

Auch für Strafverfahren bildet das Grundgesetz die oberste Entscheidungsinstanz, d. h., die Strafgesetze müssen mit den in der Verfassung festgelegten Grundrechten (Art. 1 bis 18) vereinbar sein. So dürfen Meinungsäußerungen von Bürgerinnen und Bürgern nur dann unter Strafe gestellt werden, wenn damit fremde Rechte und Schutzsphären verletzt werden (z. B. Art. 1). Demgegenüber sind politische, ethische oder religiöse Meinungsäußerungen (Art. 5 GG) sowie die Kritik an Regierungen oder Repräsentanten und Repräsentantinnen politischer Parteien nicht unter Strafe zu stellen.

In einer Fernsehsendung wurde der Bundeskanzler als Puppe in einer Sexshow präsentiert. Darf der Staat strafrechtlich eingreifen? Begründen Sie Ihre Auffassung.

Prinzip der Schuld: Ohne persönliche Schuld keine Verurteilung

Jemand, der eine Straftat begeht, hätte auch anders handeln können, d. h., es war seine freie Willensentscheidung. Im Strafrecht wird deshalb davon ausgegangen, dass Erwachsene grundsätzlich schuldfähig sind, weil sie über einen freien Willen verfügen. Bei Jugendlichen im Alter von 14–17 Jahren muss die Schuldfähigkeit speziell geprüft werden; sie unterliegen deshalb dem Jugendstrafrecht. Allerdings gibt es auch Umstände, wo die Schuldfähigkeit bei Erwachsenen eingeschränkt wird, z. B. bei Krankheiten oder Rauschzuständen.

Gegenwärtig gibt es eine internationale Debatte über die eingeschränkte Schuldfähigkeit von Sexualstraftätern. Sie werden teilweise in psychiatrische Kliniken eingewiesen und begehen in einigen Fällen nach ihrer (meist vorzeitigen) Entlassung häufig erneut Straftaten. Wie würden Sie dieses Problem als Gesetzgeber oder Gesetzgeberin lösen? Erarbeiten Sie in Arbeitsgruppen Vorschläge dazu und diskutieren Sie diese im Plenum.

Prinzip der Gesetzlichkeit: Ohne Gesetze keine Bestrafung

Das erste Strafrechtsprinzip heißt Gesetzlichkeitsprinzip, das im Grundgesetz seinen Niederschlag gefunden hat: „Eine Tat kann nur bestraft werden, wenn die Strafbarkeit gesetzlich bestimmt war, bevor die Tat begangen wurde“ (Art. 103 Abs. 2 GG). Es müssen sowohl die Strafbarkeitsvoraussetzungen, der so genannte Tatbestand (lat. nullum crimen sine lege: kein Verbrechen ohne Gesetz) als auch die Strafbarkeitsfolgen (lat. nulla poena sine lege: keine Strafe ohne Gesetz), bestimmt sein. Hinsichtlich der Strafbarkeitsfolgen stellt der Gesetzgeber einen Rahmen auf, innerhalb dessen das Gericht nach bestimmten Strafzumessungsregeln die konkrete Strafe festzusetzen hat. Nur bei Mord und Völkermord hat der Gesetzgeber eine absolute Strafe angedroht, die lebenslange Freiheitsstrafe, die allerdings bei verminderter Zurechnungsfähigkeit reduziert werden kann.

Im Jugendstrafrecht wird ein größerer Entscheidungsfreiraum eingeräumt, da die Erwachsenenstrafrahmen dort nicht gelten. Aber auch hier gilt, dass vor der Straftatbegehung das strafbare Verhalten gesetzlich bestimmt sein muss, damit der Bürger sich in seinem Verhalten auf mögliche Strafen einstellen kann.

Eine Ausprägung des Gesetzlichkeitsprinzips ist das Rückwirkungsverbot. Damit ist das Verbot von Gesetzen gemeint, die nicht nur für die Zukunft, sondern auch für die Vergangenheit ein bestimmtes Tun oder Unterlassen unter Strafe stellen. Das Rückwirkungsverbot gilt nur für diejenigen Normen, die die Strafrechtsfolgen einer begangenen Tat festlegen. Vom Rückwirkungsverbot nicht umfasst sind dagegen diejenigen Normen, die das Verfahren – sei es Ermittlung, Hauptverhandlung oder Vollstreckung – regeln. Für diese gilt nicht das Recht der Tatzeit, sondern das Recht der Aburteilungszeit.

Ein Streit hatte sich in der Bundesrepublik insbesondere anläßlich der gesetzgeberischen Verlängerung der Verjährungsfrist bei nationalsozialistischen Mordtaten entzündet. Ursprünglich galt nach dem Reichsstrafgesetzbuch bei Mord eine Verjährungsfrist von 20 Jahren. Der Deutsche Bundestag hat diese Verjährungsfrist aber schrittweise verlängert und schließlich die Unverjährbarkeit des Mordes festgestellt.

Hatte also jemand im Jahre 1943 einen Mord begangen, so wäre dieser nach den damaligen Bestimmungen nach 20 Jahren – also 1963 – verjährt gewesen. Wenn der Gesetzgeber später Mord für unverjährbar erklärt, wird ein Gesetz angewendet, das zur Tatzeit so noch nicht gegolten hat. Der Täter könnte also sagen, dass er mit diesen Folgen nicht habe rechnen müssen. Andererseits war aber auch 1943 Mord strafbar. Es geht also hier nicht um die Strafbarkeit an sich, sondern nur um die Frage, wie lange danach noch die Tat verfolgt und ein Strafprozess geführt werden darf.

***Heribert Ostendorf** (*1945), deutscher Jurist*

- *Warum muss strafbares Verhalten, bevor eine Tat begangen wurde, gesetzlich geregelt sein?*
- *Warum wurde das Rückwirkungsverbot bei nationalsozialistischen Verbrechen aufgehoben? Lesen Sie hierzu auch S. 24/25.*

> Wer Gesetze schafft, muss streng,
> wer Gesetze handhabt, muss milde sein.
> *Chinesisches Sprichwort*

§ 46 StGB[1] Strafzumessung

(1) Die Schuld des Täters ist Grundlage für die Zumessung der Strafe. Die Wirkungen, die von der Strafe für das künftige Leben des Täters in der Gesellschaft zu erwarten sind, sind zu berücksichtigen.

(2) Bei der Zumessung wägt das Gericht die Umstände, die für und gegen den Täter sprechen, gegeneinander ab. Dabei kommen namentlich in Betracht:
Die Beweggründe und die Ziele des Täters, die Gesinnung, die aus der Tat spricht, und der bei der Tat aufgewendete Wille, das Maß der Pflichtwidrigkeit, die Art der Ausführung und die verschuldeten Auswirkungen der Tat, das Vorleben des Täters, seine persönlichen und wirtschaftlichen Verhältnisse sowie sein Verhalten nach der Tat, besonders sein Bemühen, den Schaden wiedergutzumachen, sowie das Bemühen des Täters, einen Ausgleich mit dem Verletzten zu erreichen.

(3) Umstände, die schon Merkmale des gesetzlichen Tatbestandes sind, dürfen nicht berücksichtigt werden.

1 StGB: Strafgesetzbuch*

- *Führen Sie eine Pro-und-Contra-Diskussion über dieses Sprichwort. Was spricht dafür, „milde“ Urteile zu fällen, was dagegen? Beziehen Sie als Beispiele auch aktuelle Straftaten in Ihre Diskussion ein und begründen Sie Ihre Meinung.*
- *Prüfen Sie in Arbeitsgruppen die Grundsätze der Strafzumessung und ergänzen Sie diese durch eigene Vorschläge.*
- *Warum sollen bei der Strafzumessung auch die Beweggründe des Täters berücksichtigt werden?*
- *Was verstehen Sie unter einem „bei der Tat aufgewendeten Willen“? Konkretisieren Sie diesen Paragrafen durch ein Beispiel.*
- *Interpretieren Sie Absatz 3.*
- *Nach einem Bericht der Wochenzeitung „Die Zeit“ vom 21. 6. 2000 plant die britische Regierung „gefährliche Menschen mit schwerer Persönlichkeitsstörung“, von denen eine Bedrohung für die Allgemeinheit ausgeht, auch ohne Straftatbestand präventiv einsperren zu lassen.*
- *Diskutieren Sie, ob diese Vorgehensweise durch die Prinzipien des Strafrechts gerechtfertigt ist. Welche Alternativen kämen für Sie in Betracht?*

Strafrecht als Generalprävention und Spezialprävention

Schnupperkurs im Knast

Im Kampf gegen die Jugendkriminalität setzt Hamburg neuerdings auf eine besondere Art von Prävention [...]. Begleitet von Betreuern erhalten [Jugendliche] Einblick in den Alltag der Haftanstalt II in Fuhlsbüttel, berüchtigt als „Santa Fu". Im Mittelpunkt [...] steht das Gepräch mit [Schwerverbrechern]. „Wer hinter Gittern landet, ist fürs Leben gezeichnet", warnt Exhäftling Faruk S., 28. Er ist einer der fünf Inhaftierten, die vor mehreren Jahren die Initiative „Gefangene helfen Jugendlichen" ins Leben riefen. [...] Zur Schnuppervisite gehört der Gang über den tristen Innenhof in die Zellen für Untersuchungshäftlinge. Besonders eindrucksvoll war es, als [...] hinter einem Jugendlichen die Zellentür krachend ins Schloss fiel. „Der war tief erschrocken, als er wieder rauskam", berichtete einer der Anwesenden.

Focus, 20. 6. 1999

Hinrichtung im Internet?

rtr **Miami** – Das Oberste Gericht des US-Bundesstaates Florida hat Bilder von der Leiche eines hingerichteten Verbrechers ins Internet gestellt und damit eine heftige Debatte per E-Mail über das Für und Wider der Todesstrafe ausgelöst. Die Fotos zeigen den wegen Mordes zum Tode verurteilten Allen Lee Davis nach seiner Hinrichtung auf dem elektrischen Stuhl am 8. Juli mit violett angelaufenem Gesicht und Blut, das aus der Nase strömt. Nach Angaben der Justizbehörden brach der Computer des Gerichts unter dem Andrang interessierter Bürger immer wieder zusammen.

Hamburger Abendblatt, 27. 10. 1999

Was halten Sie von der Internetabschreckung? Stellen Sie in Arbeitsgruppen Pro-und-Contra-Argumente zusammen.

Jugendgefängnis

Auch in anderen Gefängnissen finden Besuche von Jugendlichen als Präventivmaßnahmen statt. Wie beurteilen Sie diese pädagogische Form der Prävention[1]?

1 Prävention: Vorbeugung; Abschreckung vor Straftaten

Angehende Richter im Knast?

An der Universität Kiel wird Jurastudentinnen und -studenten die Möglichkeit geboten, an einem Theorie-Praxis-Projekt „Jugendstrafvollzug" teilzunehmen. Die Teilnehmerinnen und Teilnehmer fahren ein Semester lang wöchentlich in die Jugendstrafanstalt nach Neumünster, um dort mit jugendlichen Gefangenen zu kochen oder zu spielen. In der Kochgruppe bereiten drei Studenten zusammen mit fünf Gefangenen das Abendessen zu und essen dann gemeinsam. In der Spielgruppe spielen zwei Studenten mit acht Gefangenen Gesellschaftsspiele wie Monopoly oder Uno. Dabei haben sie Gelegenheit, miteinander ins Gespräch zu kommen.

Der erste Eindruck, den ich von diesem Jugendgefängnis gewonnen habe, entsprach meinen Vorstellungen vom Strafvollzug, die ich mir bereits aufgrund von Zeitungsberichten und Reportagen aus dem Fernsehen gemacht hatte: lange öde Gänge mit einer nicht enden wollenden Anzahl von Stahltüren links und rechts. In der Mitte der Gänge waren Netze aufgespannt. Wie im Film „Männerpension" wurden die Studentinnen auf den Gängen mit Pfiffen und Geschrei „begrüßt".

Die erste direkte Begegnung mit den Gefangenen verlief unerwartet locker. Der Raum, in dem wir mit ihnen gespielt haben, wirkte karg und sehr ungemütlich. Die Sanitäranlagen waren vollkommen verdreckt und nicht zu benutzen.
Die erste halbe Stunde saß eine Sozialpädagogin mit uns im Raum, um auf uns „aufzupassen". Die Gefangenen waren jedoch von Anfang an sehr aufgeschlossen und hatten Spaß am Spielen.
Nach und nach entwickelten sich kleinere Gespräche über das Fernsehprogramm, und allmählich haben wir uns dann auch getraut nachzufragen, wie denn der Alltag im Gefängnis aussieht. Die Gefangenen wollten viel über uns wissen und erkundigten sich ausführlich nach den Inhalten unseres Studiums. Schließlich würden wir ja mal den Job der Leute übernehmen, die ihnen die Gefängnisstrafe „eingebrockt" hätten.

Wir haben beim Spielen und Kochen nicht danach gefragt, aus welchem Grund die Gefangenen verurteilt worden sind. Manche erzählten uns jedoch nach einigen Wochen, als sie uns näher kennen gelernt hatten, ihre Version der Tat. So konnten

wir uns ungefähr vorstellen, was passiert war. Die meisten Gefangenen konnten oder wollten nicht nachvollziehen, warum sie im Gefängnis sitzen, und fühlten sich mehr oder weniger ungerecht behandelt.
Einer der Gefangenen machte auf mich den Eindruck, als sei er mindestens 22 Jahre alt, dabei war er nicht einmal 18 Jahre. Trotzdem saß er bereits seit über zweieinhalb Jahren im Gefängnis und verfügte über ein sehr hohes sprachliches Ausdrucksvermögen und Allgemeinwissen. Seine Mitgefangenen, die wesentlich älter waren als er, nannten ihn „Chef".

Für mich war das Seminar im Gefängnis eine nützliche Erfahrung. Oft wird behauptet, den Gefangenen ginge es zu gut und der Aufenthalt im Gefängnis gleiche einem Hotelbesuch. Diesen Eindruck kann ich nicht bestätigen. Ich halte es für sehr wichtig, dass angehende Richter und Staatsanwälte einen „Schnupperkurs im Knast" absolvieren sollten, um zu wissen, was es bedeutet, Menschen für längere Zeit einzusperren.

*Janique Brüning (*1976), deutsche Juristin*

Warum ist es für Juristinnen und Juristen nützlich, an einem Projekt im Jugendgefängnis (oder in einem Gefängnis für Erwachsene) teilzunehmen? Sammeln Sie weitere Gründe an der Tafel.

Wie erklären Sie sich, dass die meisten Gefangenen meinten, sie seien zu Unrecht verurteilt worden?

Vergeltung oder Prävention?

Man unterscheidet absolute und relative Theorien der Strafe (vgl. S. 68/69). Nach den ersteren hat die Strafe ihren Sinn in sich selbst, nach den letzteren hat sie bestimmte Zwecke sowohl für den Täter wie für die Gesellschaft. Im Bereich der absoluten Theorien der Strafe dominiert der Gedanke der Vergeltung, die relativen Theorien stehen im Zeichen des Gedankens der Prävention.

Warum Vergeltung?

Nach dem Vergeltungsgedanken ist die begangene Tat Grund und Maß der Strafe. Erst durch die Strafe wird die gebrochene Ordnung wiederhergestellt, so dass sie wieder gilt („ver-gelten" erhält so eine gehobene Bedeutung als „wieder-in-Geltung-setzen"). Als von allen Zweckgesichtspunkten freies Gebot der Gerechtigkeit, als kategorischen Imperativ* sieht Kant das Strafrecht und gibt ein für uns Heutige provokantes Beispiel, das zum Standardargument aller Gegner absoluter Straftheorien geworden ist: Wollte ein Inselvolk sein Gemeinwesen auflösen, um sich in alle Winde zu zerstreuen, und säße noch ein Mörder im Gefängnis, so müsse dieser vor dem Verlassen der Insel hingerichtet werden, „damit jedermann das widerfahre, was seine Taten wert sind".

Warum Prävention?

Präventionstheorien der Strafe dagegen sehen diese als Maßnahmen, mit denen die Gesellschaft künftige Straftaten zu verhindern sucht. Insofern stehen alle relativen Theorien der Strafe dem Konzept der défense sociale (vgl. S. 69) nahe. Was sie jedoch von diesem unterscheidet, ist die Ansicht, die Strafe sei ein an sich taugliches Mittel der Prävention. Dabei ist wiederum zwischen Generalprävention und Spezialprävention zu unterscheiden. Generalprävention soll jedermann aus der Gesellschaft, Spezialprävention den diesmal zu bestrafenden Täter von künftigen Straftaten abhalten. Dem Generalpräventionsgedanken verpflichtet waren die öffentlichen Hinrichtungen von Delinquenten[1], aber auch Feuerbachs Lehre von der Bedeutung der Strafdrohung als psychologischem Zwang. Spezialprävention dagegen sollte nach Franz von Liszt Sinn der Strafe sein. Der Besserungsfähige sollte resozialisiert werden, für den nicht mehr Besserungsfähigen sollte die Strafe ein Denkzettel bedeuten. Die heute noch aktuelle Ablehnung kurzfristiger Freiheitsstrafen, durch die ein noch nicht zum Gewohnheitsverbrecher gewordener Täter mehr kriminalisiert als resozialisiert wird, beruht auf der lisztschen Konzeption.

Ist Prävention sinnvoll?

Die empirische Bewährung von General- und Spezialprävention ist umstritten. Als man Diebe noch hängte, soll es bei den durch die Hinrichtungen ausgelösten Volksaufläufen zu besonders vielen Taschendiebstählen gekommen sein. In der Diskussion über die Todesstrafe bildet es ein unwiderlegtes Argument gegen deren generalpräventive Wirkung, dass die schwere Kriminalität in den US-Staaten mit Todesstrafe nicht hinter der in Unionsstaaten ohne Todesstrafe zurücksteht. Aber auch die generalpräventive Wirkung der Freiheitsstrafen ist relativ bescheiden. Nicht nur Mörder, sondern auch Betrüger und Erpresser rechnen zu fest damit nicht gefasst zu werden. Um die spezialpräventive Funktion vieler Strafen steht es freilich nicht besser. Dass kurzfristige Freiheitsstrafen vor allem bei Ersttätern das Gegenteil einer erzieherischen Wirkung zu entfalten pflegen, ist notorisch. Bei vielen Tätern mit asozialer Grundhaltung und bei Tätern mit nachhaltig milieugeschädigter Persönlichkeit erzielt kein noch so moderner Strafvollzug Erfolge. Es bleiben Resozialisierungserfolge bei Affekttätern. Aber ist nicht bei einem guten Teil von diesen die Strafe insofern überflüssig, als sie auch ohne sie nicht rückfällig geworden wären?

1 Delinquent: jemand, der straffällig geworden ist

Theo Mayer-Maly, österreichischer Jurist

Erläutern Sie anhand von Beispielen die Wirkungsweise von General- und Spezialprävention.

Formulieren Sie mit eigenen Worten die Kritik von Mayer-Maly an diesen Maßnahmen? Wie ist Ihre Meinung dazu?

Wie beurteilen Sie das im Text angeführte Beispiel Kants von der Hinrichtung des Mörders? Begründen Sie Ihre Meinung.

Sammeln Sie weitere Beispiele aus der Presse und organisieren Sie in Ihrer Jahrgangsstufe ein Streitgespräch zu diesem Thema mit Juristinnen und Juristen.

Jugendstrafrecht als Erziehungsstrafrecht

So was kennt man doch nur aus Amerika!

Der Tag begann wie jeder x-beliebige Schultag. Um 8 Uhr hatte sich die Klasse 9a des Gymnasiums „Franziskaneum" im sächsischen Meißen zum Geschichtsunterricht versammelt. Doch dann geschah das Unvorstellbare.
8.05 Uhr: ein 15-jähriger Schüler stürmt mit einer schwarzen Strumpfmaske über dem Kopf in den Raum. Er sticht auf die Lehrerin ein. Die 44-jährige Sigrun L. kann sich noch aus dem Zimmer 20 Meter weit auf den Flur schleppen. Dann bricht sie vor den Augen entsetzter Kollegen zusammen. Bevor der Notarzt eintrifft, stirbt sie.

Hamburger Abendblatt, 10. 11. 1999

Sie haben sicher auch davon gehört, als dieser Fall durch die Medien ging. Können Sie sich an einige Reaktionen Ihrer Nachbarn und Ihrer Freunde erinnern? Tauschen Sie Ihre Erfahrungen im Plenum aus und diskutieren Sie darüber.

Strafmündig (erst oder schon) mit 14 Jahren?

Das Jugendstrafrecht gilt sowohl für 14- bis 17-Jährige als auch für 18- bis 21-Jährige und ist im Jugendgerichtsgesetz* (JGG) geregelt. Die Strafmündigkeit wurde auf 14 Jahre festgelegt, in den USA liegt sie bei 12 Jahren (in manchen Bundesstaaten noch darunter). So wurde z. B. der 11-jährige Raoul W. in den USA ins Gefängnis gebracht und gefesselt dem Haftrichter vorgeführt, nachdem ihn eine Nachbarin in Colorado wegen angeblichen sexuellen Missbrauchs an seiner Schwester angezeigt hatte.
Bei Heranwachsenden (18 bis 21 Jahre) kann in der Bundesrepublik das Jugend- oder das Erwachsenenstrafrecht angewendet werden (§ 105 JGG); darüber entscheidet das Gericht in jedem Einzelfall.

Diskutieren Sie die Frage der Strafmündigkeit von Kindern und Jugendlichen, und beziehen Sie dabei die unten stehende Tabelle und den Fall aus der Kleinstadt Meißen mit ein. Sammeln Sie weitere Beispiele aus der internationalen Presse und stellen Sie einen Reader zur Strafmündigkeit von Jugendlichen zusammen.

Strafrechtliche Verantwortlichkeit

Altersgruppe	Kinder (unter 14 Jahre)	Jugendliche (14–17 Jahre)	Heranwachsende (18–20 Jahre)	Erwachsene (über 21 Jahre)
Strafrechtliche Verantwortlichkeit	strafunmündig (§ 19 StGB)	bedingt strafrechtlich verantwortlich gem. § 3 JGG	generell strafrechtlich verantwortlich	generell strafrechtlich verantwortlich
sachliche Zuständigkeit	– Jugendamt – Familiengericht – daneben die Polizei als Gefahrenabwehrbehörde	– Jugendstaatsanwaltschaft, Polizei als Ermittlungsbehörde – Jugendgericht	– Jugendstaatsanwaltschaft, Polizei als Ermittlungs behörde – Jugendgericht	– Erwachsenenstaatsanwaltschaft, Polizei als Ermittlungsbehörde – Erwachsenengericht
Rechtsfolgen	– Hilfen bzw. Maßnahmen nach dem KJHG[1] – Schutzmaßnahmen nach dem BGB (§§ 1631 Abs. 3, 1631b, 1666) – keine strafrechtlichen und strafprozessualen Maßnahmen	Sanktionen nach dem JGG und bestimmte Maßregeln der Besserung und Sicherung gemäß § 7 JGG	Entscheidung über die Anwendung der Sanktionen aus dem Jugend- oder Erwachsenenstrafrecht	Sanktionen und Maßregeln nach dem StGB

1 KJHG: Kinder- und Jugendhilfegesetz

Jugendarrest – Pro und Contra

Für jugendliche Straftäter und -täterinnen wird in vielen Bundesländern, aber auch in Frankreich und Großbritannien, als kurzfristige freiheitsbeschränkende Maßnahme der Jugendarrest angewendet.
Dabei gibt es zwei verschiedene Formen: den Langzeitarrest (mindestens eine Woche) und den Kurzzeitarrest (z. B. ein Wochenende). Diese Art der Jugendstrafe soll der Verfestigung einer kriminellen Karriere durch ein spürbares Signal der Grenzziehung entgegenwirken. Wenn sich ein zu Arrest verurteilter Jugendlicher dieser Maßnahme entzieht, so muss er polizeilich vorgeführt werden, was jedoch nicht in allen Fällen konsequent angewendet wird.

Wie beurteilen Sie diese Form der Jugendstrafe?

Begründen Sie Ihre Meinung. Welche Gründe sprechen dafür, welche dagegen?

Prävention statt Strafe

„Das Jugendstrafrecht misst der Erziehung eine zentrale Bedeutung bei, da die Straftaten junger Menschen meist entwicklungsbedingt sind und oft aus Konfliktsituationen ihres Alters resultieren." So lautet die Begründung des ersten JGG-Änderungsgesetzentwurfs von 1989.

Dementsprechend gilt das Jugendstrafrecht traditionell als Erziehungsstrafrecht. Dem oder der Jugendlichen soll in Abweichung vom Erwachsenenstrafrecht im Hinblick auf die Entwicklung zum Erwachsenen jugendadäquat begegnet werden, was sowohl ein pädagogisch befähigtes Personal, ein besonderes Verfahren als auch entsprechende Reaktionen erfordert. Abschreckende Wirkungen dürfen mit dem Jugendstrafrecht nicht verfolgt werden.

Kritiker des Erziehungsstrafrechts sprechen demgegenüber von einer im Gesetz angelegten und von der Praxis verfolgten Erziehungsideologie, mit der der strafende Charakter des jugendgerichtlichen Verfahrens sowie der jugendrichterlichen Sanktionen geleugnet wurde. Dies habe unter dem „Deckmantel" der Erziehung teilweise zu einer Benachteiligung Jugendlicher bzw. Heranwachsender gegenüber erwachsenen Straftätern geführt. So sind beispielsweise die Rechtsmittelmöglichkeiten für Jugendliche aus „erzieherischen Gründen" eingeschränkt.

Übereinstimmung besteht darin, dass das Ziel staatlicher Strafmaßnahmen nicht der „gute Mensch" als Idealtypus sein darf, sondern dass alle Maßnahmen und somit auch die erzieherischen darauf gerichtet sein müssen, zukünftige Straftaten zu verhindern. Schädigende Wirkungen für die Entwicklung des Jugendlichen bzw. Heranwachsenden sollen vermieden werden. Aus diesem Grunde sind die Dauer des Freiheitsentzugs im Jugendstrafrecht eingeschränkt und die Anordnung einer Untersuchungshaft an engere Voraussetzungen geknüpft, insbesondere müssen zuvor andere Maßnahmen ausgeschöpft sein.

Einigkeit besteht auch, dass gegen jugendliche Straftäter möglichst mit pädagogischen Sanktionen vorgegangen werden sollten, um sie so von weiteren Straftaten abzuhalten.

Heribert Ostendorf *(*1945), deutscher Jurist*

- *Sollte Ihrer Meinung nach die Prävention, z. B. durch pädagogische Maßnahmen, beim Jugendstrafrecht den Vorrang vor der Strafe haben? Begründen Sie Ihre Meinung.*
- *Wie beurteilen Sie die Forderung eines Jugendlichen, dass die Sanktion der Tat „auf dem Fuße folgen müsse"?*
- *Eine Kritik am Jugendgerichtsgesetz lautet, dass die Opferschutzbelange im Jugendstrafrecht zu kurz kämen. Was ist Ihre Meinung dazu? Sammeln Sie hierzu Presseberichte und beziehen Sie diese in Ihre Diskussion mit ein.*
- *Welchen Beitrag sollten Elternhaus und Schule bei der Prävention von Jugendkriminalität leisten? Stellen Sie in Arbeitsgruppen einen Maßnahmenkatalog zusammen und diskutieren Sie anschließend im Plenum darüber.*

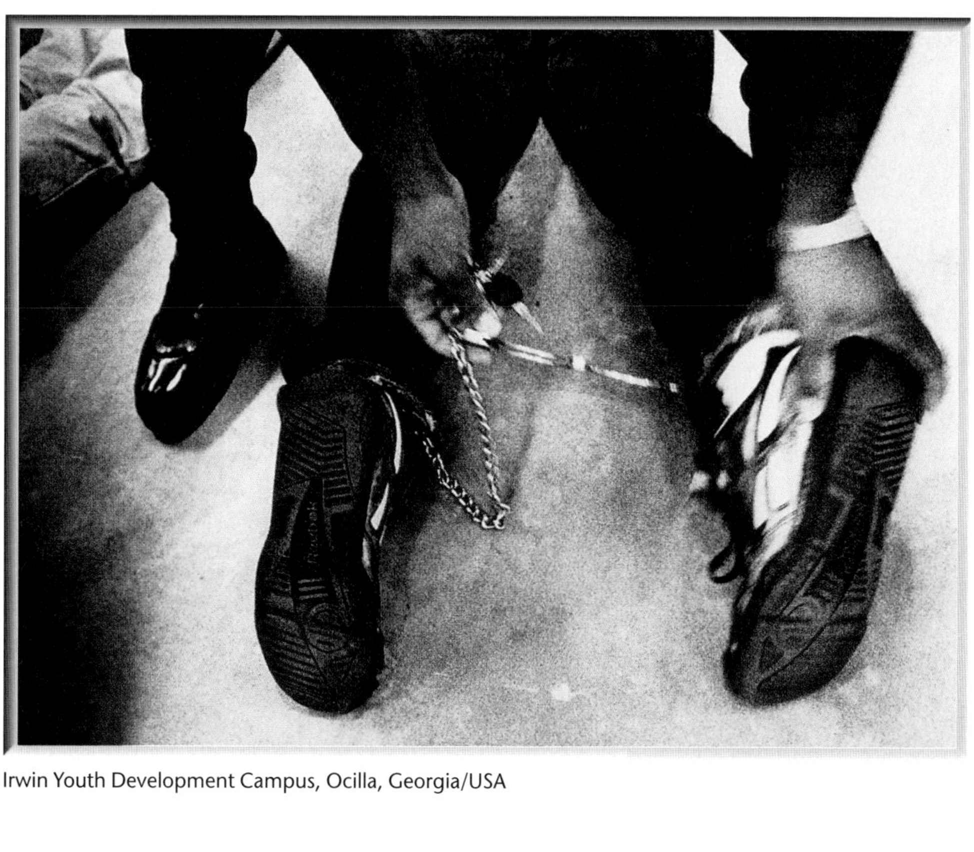

Irwin Youth Development Campus, Ocilla, Georgia/USA

- *Wie beurteilen Sie das strenge Jugendstrafrecht, das in vielen Bundesstaaten der USA praktiziert wird? Es bezieht sich auf jugendliche Straftäter sowie auf Jugendliche, die angezeigt wurden, deren Schuld aber nicht bewiesen ist.*

Alternative Formen der Strafpraxis und der Prävention

1. Täter-Opfer-Ausgleich

Rechtsfrieden durch Wiedergutmachung

Die [absolute und die relative] Straftheorie haben das Opfer weitgehend bei ihrer Betrachtung ausgeklammert. Das primäre Anliegen, das des Opfers an Wiedergutmachung, wurde bei der Konzentration auf Gerechtigkeitsausgleich und Täterbehandlung verdrängt. [...] Die Opfer von Straftaten verfolgen mit ihrer Anzeige bei der Polizei in der Regel primär das Ziel der Schadenswiedergutmachung bzw. sie wollen, dass das Geschehen sich nicht wiederholt. Die Akzeptanz lag in Täter-Opfer-Ausgleichsprojekten (Braunschweig, Köln, München/ Landshut, Reutlingen) bei den dort angesprochenen Opfern immer über 80, teilweise über 90 Prozent.

Der Gesetzgeber hat im Jugendstrafrecht dieses (Straf-)Anliegen ausdrücklich in den Katalog der Sanktionen (siehe Kapitel „Jugendstrafrecht") sowie als vorgreifenden Einstellungsgrund aufgenommen: Bereits das Bemühen des jugendlichen Täters um einen Ausgleich mit dem Verletzten soll – abgesehen von schweren Delikten – nach dem Jugendgerichtsgesetz zur Verfahrenseinstellung, d. h. zum Strafverzicht, führen. Auch im Erwachsenenstrafrecht kann das Gericht nach einem Täter-Opfer-Ausgleich unter bestimmten Voraussetzungen von Strafe absehen bzw. die Strafe mildern.

Strafrecht hat hiernach – für bestimmte Kriminalitätsbereiche (!) – die Funktion, den Strafverzicht zu ermöglichen und damit den Rechtsfrieden ohne Strafe wiederherzustellen. Damit ist dem Opfer am meisten gedient.

Durch die Konfrontation mit dem Opfer wird dem Täter sein Unrecht unmittelbar vor Augen geführt. Zum einen begünstigt die Wiedergutmachung seine Resozialisierung. Zum anderen wird die Allgemeinheit durch den Ausgleich zufriedengestellt. Der Täter-Opfer-Ausgleich sollte Vorrang haben vor einer der Staatskasse zufließenden Geldstrafe. Bei schwerwiegenden Straftaten, insbesondere bei Wiederholungstätern sowie in den Fällen, in denen der Täter nicht zu einem Ausgleich bereit ist, muss allerdings auf die Schutzfunktion der Strafe, von einer Wiederholung der Tat abzuhalten, zurückgegriffen werden.

***Heribert Ostendorf** (*1945), deutscher Jurist*

2. Schlichtung

Rechtsfrieden durch Konfliktlösung

Mit dem Begriff „Täter-Opfer-Ausgleich" werden Maßnahmen bezeichnet, die darauf zielen, die nach einer Straftat zwischen Tätern und Geschädigten bestehenden Probleme, Belastungen und Konflikte zu bereinigen.

Ein Täter-Opfer-Ausgleich eignet sich insbesondere bei Straftaten gegen Personen, kommt aber grundsätzlich auch in Betracht, wenn Institutionen geschädigt wurden.

Der Täter-Opfer-Ausgleich ist nach dem Willen des Gesetzgebers eine erzieherische Maßnahme, die Auflagen und Weisungen im Rahmen des Jugendgerichtsgesetzes gleichgestellt ist und an die Stelle strafrechtlicher Sanktionen treten kann.

Die Bewältigung der Folgen einer Straftat durch den Täter-Opfer-Ausgleich zielt darauf, eine Konfliktlösung zu erreichen, die sowohl die Opferinteressen angemessen berücksichtigt als auch eine normenverdeutlichende Wirkung beim Täter entfaltet. Auf diese Weise aktiviert der Täter-Opfer-Ausgleich Verantwortung auf beiden Seiten und integriert damit partizipationsfördernde Strukturen in das Justizsystem. Er kann nachhaltig Konflikte befrieden und dadurch die Strafjustiz und ihre Ressourcen entlasten.

Zwei Elemente sind für den Täter-Opfer-Ausgleich wesentlich: das Schlichtungsgespräch und die vereinbarte Wiedergutmachung des Täters. Im Mittelpunkt der Schlichtungsbemühungen stehen die Bearbeitung der psychischen Folgen von Straftaten auf Seiten der Opfer, die Konfrontation des Täters mit den immateriellen und materiellen Folgen seiner Tat und die Wiedergutmachung entstandener Schäden. Die Möglichkeiten des Ausgleichs sind vielfältig. Sie reichen von der Beseitigung eines angerichteten Schadens bis zur symbolischen Wiedergutmachung in Form der Entschuldigung oder durch Dienstleistungen, die der Täter für das Opfer übernimmt.

Bericht des Hamburger Senats an die Bürgerschaft vom 23. 6. 1999

Welche Ziele verfolgt der Täter-Opfer-Ausgleich? Ist er Ihrer Meinung nach eine Alternative zur Haftstrafe?

Gedankenexperiment: Stellen Sie sich vor, ein Jugendlicher bedroht Sie mit einem Messer und nimmt Ihnen ein Portmonee mit 200 DM ab, die Sie für Ihren Sommerurlaub gespart haben. Setzen Sie sich zu viert in Arbeitsgruppen und simulieren Sie ein Schlichtungsgespräch nach den angegebenen Kriterien. In diesem Schlichtungsgespräch spielt einer den Täter, einer das Opfer, die beiden anderen vertreten jeweils die Interessen des Täters bzw. des Opfers aus einer objektiven Perspektive und vermitteln. Suchen Sie zusammen nach einer Lösung, die beide Seiten akzeptieren können. Wenn Sie sich über Methoden der Schüler-Schlichtung informieren wollen, können Sie sich folgendes Video ansehen: Schlichten statt Streiten. Zu bestellen unter der Nummer 4 26 63 77 bei den Stadt- und Kreisbildstellen und bei der Landesbildstelle Karlsruhe (Tel. 07 21/88 08-15).

Kriterien für die Vermittlung zwischen Opfer und Täter

1. Klärung der Konfliktsituation und vorhergehender Einflüsse,
2. Reflexion des Tatgeschehens,
3. Konfrontation des Täters mit den Folgen der Tat für das Opfer,
4. Verarbeitung des Tatgeschehens durch das Opfer, Bearbeitung von Aggressionen, Rachegefühlen oder Ängsten,
5. Darstellung und Bearbeitung der Beweggründe des Täters,
6. gemeinsame Suche nach Möglichkeiten des Ausgleichs,
7. gegebenenfalls vertragliche Vereinbarung und anschließende Kontrolle der Wiedergutmachung,
8. Unterstützung des Opfers bei zivilrechtlichen Ansprüchen,
9. gegebenenfalls Weitervermittlung des Opfers an Beratungsstellen.

Informieren Sie sich über Maßnahmen des Täter-Opfer-Ausgleichs in Ihrem Wohnort.

3. Sport gegen Gewalt

cj **Hamburg** – Große Worte sind seine Sache nicht. Ein kurzes Dankeschön reichte Fahim Yusufzai, als er kürzlich bei der Verleihung des Bürgerpreises an Peter von Zahn im Hamburger Michel einen Anerkennungspreis entgegennahm. Anerkennung für jahrelange ehrenamtliche Sozialarbeit, dotiert mit 3000 Mark. „Ich rede nicht so gerne, ich tue lieber was", sagt der 28 Jahre alte gebürtige Afghane, der vor 20 Jahren nach Deutschland kam.
Vor fünf Jahren startete Yusufzai sein Projekt „Sport gegen Gewalt". [...] Aus dem Projekt ist längst ein eingetragener Verein geworden, der zu seinen Mitgliedern auch Boxweltmeister Dariusz Michalczewski, die Klitschko-Brüder und Schwimm-Champion Sandra Völker zählen darf. Vor allem Michalczewski und Völker stehen nicht nur mit ihren klangvollen Namen, sondern auch mit Rat und Tat zur Seite. Der „Tiger" gibt regelmäßig Trainingsstunden, Völker will bald mit den einst straffällig gewordenen Kids ins Wasser steigen.

Hamburger Abendblatt, 13. 11. 1999

Tim Stoberock interviewte Fahim Yusufzai.

Tim *Herr Yusufzai, wie sind Sie auf diese Idee gekommen?*

Yusufzai Ich war Sicherheitsbeauftragter im Einkaufszentrum Jenfeld. Immer wieder habe ich damals Jugendliche beim Klauen, Sprayen oder Demolieren erwischt. Es hätte nicht viel gebracht, sie anzuzeigen, außer ihnen das weitere Leben zu vermiesen. Also habe ich sie vor die Wahl gestellt. Entweder Anzeige oder mit mir zu trainieren. So ist Anfang 1984 der Verein „Sport gegen Gewalt" entstanden.

Tim *Mit wie vielen Jugendlichen arbeiten Sie zusammen und wo kommen die eigentlich her?*

Yusufzai Das sind ca. 85 Leute zwischen zehn und Anfang zwanzig. Überwiegend Jungs, aber auch einige Mädchen. Sie kommen vor allem hier aus dem Stadtteil. Das Problem von vielen Jugendlichen ist, dass ihre Eltern sich kaum um sie kümmern. Nicht aus Zeitmangel, viele haben keine Arbeit. Aber ihre Kinder scheinen sie nicht richtig zu interessieren.

Tim *Was wollen Sie mit diesem Projekt erreichen?*

Yusufzai Die Jugendlichen sollen durch den Sport Disziplin lernen. Sie sollen außerdem lernen, sich gegenseitig zu respektieren. Und vor allem sollen sie ihre Zeit sinnvoll nutzen, statt in Einkaufszentren oder auf den Straßen herumzuhängen. 1994, als wir mit dem Training begonnen haben, betrug der jährliche Vandalismusschaden im Einkaufszentrum Jenfeld 80 000 DM jährlich. 1998 ist er auf 200 DM heruntergegangen.

Tim *Und wie geht es weiter?*

Yusufzai Wir brauchen eine eigene Halle. Im Moment können wir nur sehr eingeschränkt trainieren. Außerdem wollen wir uns darum bemühen den Jugendlichen Ausbildungsplätze zu vermitteln. Mein Traum wäre eine eigene Halle mit einigen Computern, an denen die Jugendlichen lernen können. Darauf arbeiten wir hin.

*Tim Stoberock (*1977), deutscher Jurastudent*

Zwei Grundregeln des Karate

Auch Karate kann gegen Gewalt eingesetzt werden: als Prävention, als Schlichtung bei gewalttätigen Auseinandersetzungen und in der sozialpädagogischen Arbeit mit Straffälligen. Teruo Kono, zu Lebzeiten einer der führenden Karate-Experten der Welt, hat die Philosophie des Karate dargestellt und die Grundregeln zusammengefasst. Er war Nationaltrainer für Mitteljapan, England, für die Niederlande und Bundestrainer in Deutschland sowie Präsident der „Wado-Kai Instructor Organization" und Chief Instructor für Europa. Im Folgenden werden zwei Punkte aus seiner Beschreibung des geistigen Hintergrunds des Karate dargestellt.

1. Karate ist ohne Angriff

Karate ist kein aggressiver, sondern ein defensiver Sport. Der gute Karateka greift im Leben nie zuerst an – nicht nur beim Sport, sondern in allen Lebensbereichen. Er hat sich diesen Grundsatz als Teil seiner geistigen Grundeinstellung zu eigen gemacht. Hierzu bedarf es vieler Jahre intensiven Trainings und steter Arbeit an sich selbst.
Zu dieser Einstellung gehört ein höfliches und zuvorkommendes Verhalten gegenüber seinen Mitmenschen und Achtung vor seinen Lehrern. Das korrekte Verhalten im Dojo[1] ist Ausdruck dieses Vorsatzes.

1 Dojo: Trainingsraum

2. Wechselwirkung von Techniken und Geisteshaltung

Der Geist muss durch das Training von Techniken geschult werden, und umgekehrt wird die Technik durch das Training des Geistes vervollkommnet. Dies ist eine der Regeln des Karate, und es ist wohl die wichtigste.
Wir sollten uns also dem Training von Techniken genauso widmen wie der Schulung des Geistes. Aus Überzeugung beginnen wir mit dem Training von Techniken, aber um zur Wahrheit vorzustoßen, müssen Techniken und Geist zusammenkommen, denn sie sind lediglich die beiden Seiten derselben Medaille.
Die Wahrheit des Geistes muss sehr rein sein; und sie muss sich in viel Bescheidenheit ausdrücken.

Teruo Kono (1934–2000), Japaner, 8. Dan[1] Wado-Ryu und 8. Dan Shinto Yoshinryu Jiujitsu Kempo

- *Vergleichen Sie die asiatischen Kampfsportarten mit den westlich geprägten Sportarten.*
- *Sind Sie der Ansicht, dass „Sport gegen Gewalt" Jugenddelinquenz[2] vermindern kann? Begründen Sie Ihre Meinung.*
- *Welche anderen Möglichkeiten gibt es, gewaltfreie Verhaltensweisen von Jugendlichen zu entwickeln?*
- *Entwerfen Sie in kleinen Gruppen einen Maßnahmenkatalog zum Thema „Gewalt – Aggression – Konfliktschlichtung". Erkundigen Sie sich nach Präventivmaßnahmen bei den Jugendhilfeeinrichtungen in Ihrem Wohnort.*

1 Dan: Meistergrad
2 Delinquenz: Straffälligkeit

Strafvollzug und Resozialisierung

Der Alltag im Gefängnis

Der Vollzug eines rechtskräftig verurteilten Straftäters beginnt mit seinem Strafantritt in der Justizvollzugsanstalt (JVA). Wenn er während seines Strafprozesses bereits in Untersuchungshaft gesessen hat, veranlasst die Staatsanwaltschaft seine Überführung in die zuständige JVA. Hat der Verurteilte den Prozess noch auf freiem Fuß erlebt, bekommt er nach Eintritt der Rechtskraft des Urteils eine Vorladung von der Staatsanwaltschaft zugesandt, dass er sich in der zuständigen JVA zum Strafantritt einzufinden hat.

Der Strafantritt des Verurteilten beginnt mit dem Aufnahmevorgang. Nach Prüfung mehrerer Formalitäten, wie z. B. der Identitätsfeststellung, findet die Aufnahmedurchführung statt: Der Gefangene muss sich entkleiden und wird körperlich durchsucht. Er muss seine mitgebrachten Gegenstände abgeben und erhält die Anstaltskleidung. Diesen Vorgang empfinden viele Gefangene besonders beim ersten Strafantritt als Entpersönlichung. Sie verlassen ihre gewohnte Umwelt und müssen sich den Regeln einer Institution unterwerfen.

Der Alltag im Gefängnis ist in drei Phasen untergliedert: Arbeitszeit, Freizeit und Ruhezeit. Gemäß § 41 StVollzG[1] ist der Gefangene verpflichtet, die ihm zugewiesene Arbeit zu erfüllen, d. h., die Gefangenen arbeiten tagsüber gemeinsam in den Arbeitsstätten der Anstalt. Sie verdienen zwischen 0,92 DM und 1,53 DM pro Stunde. Das von ihnen verdiente Geld steht ihnen nur eingeschränkt zur Verfügung. Zwei Drittel ihres Geldes dürfen sie zum Einkauf in einem gefängnisinternen Geschäft verwenden, das restliche Geld fällt dem Staat zu. Diejenigen Gefangenen, die keine Arbeitsmöglichkeit haben, bekommen ein Taschengeld zur Verfügung, sofern sie bedürftig sind, und müssen tagsüber allein oder mit ihren Mitgefangenen in der Zelle bleiben.

Während ihrer Freizeit können die Gefangenen, sofern ein Angebot vorhanden ist, Sportmöglichkeiten oder andere Beschäftigungen wahrnehmen. In einigen Anstalten ist das Angebot weit ausgeprägt, vereinzelt findet man sogar einen Tennisplatz oder eine Schwimmhalle. Dies sind aber Ausnahmefälle. Hauptsächlich verbringen die Gefangenen ihre Freizeit in der Zelle vor dem Fernseher, den sie selbst in die JVA mitbringen. Dabei ist aber zu berücksichtigen, dass nicht alle Justizvollzugsanstalten über Steckdosen in den Zellen verfügen. Es kann sich auch nicht jeder Gefangene einen Fernseher leisten, und in einigen Fällen wird es von der Anstaltsleitung nicht genehmigt.

Die Ruhezeit sollten die Gefangenen grundsätzlich allein in einer Einzelzelle verbringen. Dies kann aber in vielen Anstalten nicht eingehalten werden. Bei Überbelegung ist es durchaus üblich, dass sich die Gefangenen zu viert oder fünft eine Zelle teilen müssen. Die Toilette befindet sich im gleichen Raum und ist nur durch einen Vorhang oder einen dünnen Bretterverschlag abgetrennt. Nach § 19 StVollzG ist der Gefangene berechtigt seinen Haftraum in angemessenem Umfang selbst auszustatten. Dabei stellt sich in der Vollzugspraxis häufiger die Frage, ob es den Gefangenen erlaubt sein sollte, ein Tier, wie z. B. einen Wellensittich, in ihrem Haftraum zu halten.

1 StVollzG: Strafvollzugsgesetz

*Janique Brüning (*1976), deutsche Juristin*

- *Wie sollte Ihrer Meinung nach ein Strafvollzug für Jugendliche gestaltet werden? Ergänzen oder verändern Sie die Paragrafen des Strafvollzugsgesetzes von 1977.*

- *Wie würden Sie die Frage entscheiden, ob Gefangene sich ein Tier halten dürfen? Führen Sie ein Streitgespräch.*

Rechte und Pflichten von Gefangenen nach dem Strafvollzugsgesetz (1977)

§ 2
Im Vollzug der Freiheitsstrafe soll der Gefangene fähig werden, künftig in sozialer Verantwortung ein Leben ohne Straftaten zu führen (Vollzugsziel). Der Vollzug der Freiheitsstrafe dient auch dem Schutz der Allgemeinheit vor weiteren Straftaten.

§ 19
Der Gefangene darf seinen Haftraum in angemessenem Umfang mit eigenen Sachen ausstatten. Lichtbilder nahe stehender Personen und Erinnerungsstücke von persönlichem Wert werden ihm belassen.
Vorkehrungen und Gegenstände, die die Übersichtlichkeit des Haftraumes behindern oder in anderer Weise Sicherheit oder Ordnung der Anstalt gefährden, können ausgeschlossen werden.

§ 20
Der Gefangene trägt Anstaltskleidung. Für die Freizeit erhält er eine besondere Oberbekleidung. Der Anstaltsleiter gestattet dem Gefangenen, bei einer Ausführung eigene Kleidung zu tragen, wenn zu erwarten ist, dass er nicht entweichen wird. Er kann dies auch sonst gestatten, sofern der Gefangene für Reinigung, Instandsetzung und regelmäßigen Wechsel auf eigene Kosten sorgt.

§ 21
Zusammensetzung und Nährwert der Anstaltsverpflegung werden ärztlich überwacht. Auf ärztliche Anordnung wird besondere Verpflegung gewährt. Dem Gefangenen ist zu ermöglichen, Speisevorschriften seiner Religionsgemeinschaft zu befolgen.

§ 24
Der Gefangene darf regelmäßig Besuch empfangen. Die Gesamtdauer beträgt mindestens eine Stunde im Monat. Das Weitere regelt die Hausordnung. Besuche sollen darüber hinaus zugelassen werden, wenn sie die Behandlung oder Eingliederung des Gefangenen fördern oder persönlichen, rechtlichen oder geschäftlichen Angelegenheiten dienen, die nicht vom Gefangenen schriftlich erledigt, durch Dritte wahrgenommen oder bis zur Entlassung des Gefangenen aufgeschoben werden können. Aus Gründen der Sicherheit kann ein Besuch davon abhängig gemacht werden, dass sich der Besucher durchsuchen lässt.

§ 25
Der Anstaltsleiter kann Besuche untersagen, wenn die Sicherheit oder Ordnung der Anstalt gefährdet würde.

Ist Strafvollzug eine Demütigung?

Unsere Frage lautet [...], ob es auch eine Haftstrafe ohne Demütigung der Häftlinge geben kann. Einerseits ließe sich darauf antworten, dass jede Strafpraxis, die Schmerz und Entehrung einschließt, demütigend sein muss. Allenfalls könne die mit der Strafe verbundene Erniedrigung abgeschwächt werden, aber sofern die Haftstrafe überhaupt einen Zweck hat, lässt sich dieser nur durch das Leiden und die Entwürdigung erreichen, die mit dem Ausschluss des Häftlings aus der menschlichen Gesellschaft verbunden sind. Demgegenüber steht die Behauptung, dass man einen Menschen durch die Strafe und alle dazugehörigen Leiden als moralisches Subjekt anerkennt und ihm insofern Achtung entgegenbringt. Einem Menschen die Straffähigkeit abzusprechen – ihn also etwa als geisteskrank und daher für seine eigenen Handlungen als nicht verantwortlich zu bezeichnen – bedeutet zwar, dass seine Taten keine Entehrung nach sich ziehen, aber auch, dass er nicht als moralisches Subjekt gilt, dem Achtung gebührt. Es klingt wie ein Oxymoron[1], wenn man sagt, jemandem werde die Ehre zuteil, bestrafbar zu sein. Auf die Spitze getrieben wird diese Auffassung bei Hegel, der das Lob der Strafe singt und behauptet, ein Verbrecher habe gar das Recht bestraft zu werden. Aber nehmen wir einmal an, einige Rekruten verfluchen während ihrer ungewöhnlich harten Vorbereitung für eine Eliteeinheit den Tag, an dem sie das Licht der Welt erblickten. Es ist keinesfalls ironisch zu sagen, dass diese Rekruten (und erst recht außenstehende Beobachter, die sich mit den Zielen der Armee identifizieren) ihren Wehrdienst als Ehre und Privileg und nicht als eine lästige Pflicht betrachten. Wir haben es demnach mit zwei gegenläufigen Thesen zu tun: Die erste besagt, dass Strafe immer mit Demütigung einhergeht. Die zweite besagt, Strafe ist ein Beleg dafür, dass ein Verbrecher als Mensch ernst genommen wird. Seine Bestrafung bezeugt, dass ihm grundsätzlich Achtung entgegengebracht wird, was genauso wenig ironisch gemeint ist wie die Aussage, dass Rekruten in der Armee geachtet werden, weil sie für eine Eliteeinheit in Frage kommen.
Wir sollten uns von diesem Dilemma nicht lähmen lassen.
Strafe lässt sich sehr wohl auch ohne Demütigung denken. Für eine nicht demütigende Strafpraxis könnte als Beispiel etwa das Modell der militärischen Grundausbildung herangezogen werden. [...] Sowohl die militärische Grundausbildung als auch die Gefängnishaft sind äußerst unangenehme Situationen, verbunden mit einem tiefen Einschnitt in die Privatsphäre, fortwährender Überwachung und einem absoluten Autonomieverlust – Situationen also, die potenziell entwürdigend sind. Und so wie eine Gesellschaft nicht die Absicht hat Rekruten zu demütigen, sollte sie auch kein Interesse daran haben Häftlinge zu erniedrigen. Selbstverständlich geschieht es in der Praxis recht häufig, dass Rekruten und Strafgefangene gedemütigt werden: Rekruten als Menschen, die sich in einem Übergangsstadium befinden und sich dem Initiationsritual der Grundausbildung unterziehen müssen; Strafgefangene dagegen als an den Rand gedrängte, von der menschlichen Gesellschaft zurückgewiesene Personen. Rekruten und Strafgefangene werden jedoch nicht nur von ihren Vorgesetzten, sondern häufig auch von ihren Leidensgenossen erniedrigt. Sowohl Armeen als auch Gefängnisse sind totale Institutionen, d. h., wenn sich die ihnen unterstellten Personen untereinander demütigen, so fällt das in ihren Verantwortungsbereich und hat als institutionelle Demütigung zu gelten.
Aus verschiedenen Gründen ist es allerdings nicht ganz unproblematisch, die Einstellung der Armee zu Rekruten als Modell für den Umgang einer anständigen Gesellschaft mit Häftlingen zu wählen. Denn Strafe ist im Unterschied zur Rekrutenausbildung ein Akt, mit dem sowohl der Gesellschaft als auch dem Bestraften signalisiert werden soll, dass Verbrechen mit Schande und Entehrung verknüpft sind. In der militärischen Grundausbildung hingegen wird den Rekruten das Bewusstsein vermittelt, sie könnten trotz oder gerade wegen der Qualen, die sie aushalten müssen, stolz auf sich sein. Weil also beide Situationen grundlegend verschiedene Botschaften vermitteln, wird die Gefängnisstrafe im Gegensatz zur Rekrutenausbildung zu Recht als Schande empfunden. Dass Strafe in diesem Sinne ein kommunikativer Akt ist, sollte als reine Tatsachenbehauptung hingenommen werden. Sie lässt sich auf alle Straftheorien anwenden und ergreift nicht Partei für eine bestimmte Auffassung über den Zweck der Strafe, also darüber, ob Strafe als Abschreckung, Resozialisierung, Ausübung der Gerechtigkeit oder als Vergeltung zu verstehen ist. Allen diesen Begründungsmodellen ist die Vorstellung gemeinsam, dass ein Verbrechen mit Schande verknüpft ist. Uns geht es darum, diese Schande ausschließlich als Verlust der sozialen Ehre zu begreifen, frei von jeder persönlichen Demütigung. Dies aber setzt voraus, dass Häftlinge wie „zivile Rekruten" behandelt und nicht länger aus der menschlichen Gesellschaft ausgeschlossen werden. Die Frage, wie sich ein solcher Zustand erreichen lässt, wirft zwar ein praktisches Problem auf, aber kein theoretisches. Einer anständigen Gesellschaft muss die Würde ihrer Gefangenen am Herzen liegen.

1 Oxymoron: Zusammenstellung zweier sich widersprechender Begriffe in einem gemeinsamen Ausdruck, z. B. bittersüß

***Avishai Margalit** (*1939), israelischer Philosoph*

Resozialisierung

Resozialisierung bedeutet, dass die Gefangenen während des Strafvollzugs die Fähigkeit zu einer verantwortungsvollen Lebensführung entwickeln sollen, damit sie in der Lage sind, nach der Haftentlassung ein Leben ohne Rechtsbruch zu führen. Deshalb soll der Strafvollzug von Beginn an so gestaltet werden, dass die negativen Folgen wie z. B. Abbruch von persönlichen Beziehungen gemildert werden. Dafür gibt es den offenen Strafvollzug, der Außenbeschäftigung und Ausgang mit und ohne Aufsicht sowie Hafturlaub vorsieht.

- *Wie beurteilen Sie Margalits Vergleich der Strafpraxis mit einer militärischen Rekrutenausbildung?*
- *Stimmen Sie Margalit zu, dass Strafgefangene aus der Gesellschaft ausgeschlossen werden? Schreiben Sie einen (fiktiven) Brief an Margalit und begründen Sie Ihre Meinung.*

Um einen Staat zu beurteilen, muss man sich seine Gefängnisse von innen ansehen.
Leo Tolstoi, 1828–1910, russischer Schriftsteller

Hexenprozesse

Flugblatt, 1555

Beschreiben Sie dieses Flugblatt und erklären Sie seine Funktion.

Vorschlag für ein Referat: Informieren Sie sich, ob es in Ihrer Region ähnliche Flugblätter bzw. Hexenprozesse gegeben hat.

Der Prozess gegen Grete Dewengers

In Norddeutschland bekannt wurde das Verfahren gegen die Oldesloer Gretie Dwengers, die 1639 von einem Paul Poelß angeklagt worden war. Er hatte sie beschuldigt seine Frau krank gezaubert zu haben. Nach der Anklageerhebung wurde die Angeklagte verhaftet und verhört. Während des zweiten Verhörs wurde sie gefoltert. Sie gestand Vieh heilen zu können. Daraufhin ließ das Gericht ex officio Indizien ermitteln, worauf die Angeklagte in einem dritten Verhör – gütlich – vernommen wurde. Nachdem sie, wie es in der damaligen Quellensprache durchgängig heißt, „geleugnet" hatte, wandte sich der Rat der Stadt an die Rechtsfakultät zu Rostock mit einem Ratersuchen. Die Juristen antworteten am 21. 9., indem sie den bisherigen Verfahrensgang, wie er sich ihnen darstellte, tadelten: „Demnach erkennen und sprechen wir Dechand, Senior und andere Doctores der Juristenfakultät in der Üniversitet Rostogk nach fleißiger Verleß- und reifftlicher Erwegung ewren Berichts und geregter Acten darauf vor Recht, dass uf deß Paul Poelßen bloßes Anclagen alsovohrt mit scharffer Frag und anderweit repetirten Tortur wieder die Greten Dwengers beschehener Maßen zu verfahren sich nicht gebühret, sondern dass er, Paul Poelßen, seine Anclage zuforderst formblich anzustellen oder wofern man wieder die Greten Dwengers der bezichtigten Zauberey halber ex officio procediren wolle, alß dan auß den summarischen Inquisitionacten gewiße Articul zu verfertigen, sie die Grete Dwengers ihre Andtwordt und Bekandtnuß uf solche Articul singulariter singulis zu thuen ..."
Grete Dewengers war zum Zeitpunkt der Anklage 90 Jahre alt und ging an Krücken.

Dagmar Unverhau, deutsche Historikerin

Was würden Sie auf die Behauptung eines damaligen Rostocker Rechtsgelehrten antworten, dass eine Überprüfung der Anschuldigung stattgefunden habe?

Hexenglaube

Religionsgeschichtlich lässt sich der Hexenglaube aus dem Schamanismus* ableiten. Dazu kommt die Überlagerung durch das Christentum. Die alten heidnischen Vorstellungen werden mit dem Prinzip des Bösen verbunden; dadurch erklärt sich die enge Verbindung der Hexe mit dem Teufel. Als dritter Faktor ist die Gesetzgebung anzusehen und damit in Verbindung die Hexenverfolgung. Mit dem Wort Hexe ist die Vorstellung „durch Zauber schadendes Weib" verbunden. Der Begriff selbst wurde dem Inhalt nach von kirchlicher und staatlicher Gesetzgebung festgelegt. Der „Schadenzauber", der den Hexen angelastet wurde, richtete sich meistens gegen feindliche Personen oder Stämme. Zum Hexenglauben gehört die Vorstellung, dass das einmal heraufbeschworene Unglück nicht mehr abzuwenden sei, wenn nicht die den Zauber angeblich auslösende Person selbst zugrunde gehe. Der in der Antike und im alten Judentum weit verbreitete Zauberglaube setzte sich in der Alten Kirche durch und wurde kritiklos übernommen. Bei den Germanen traf sich der antike Zauberglaube mit ähnlichen Vorstellungen, die im Zusammenhang mit der Verehrung der „Mutter Erde" deren Priesterinnen besondere zauberische Fähigkeiten zuschrieben, was das Vorherrschen der Frauen im Hexenglauben erklärt. Die Identifizierung der heidnischen Götter mit den Dämonen kennt schon das Alte Testament, und auch für Paulus im Neuen Testament bedeutet Zauberei Verkehr mit den Dämonen. Jede zauberische Handlung war daher ein Abfall vom jüdischen bzw. christlichen Gott. Dies erklärt das Gebot, den Zauberer bzw. die Hexe zu töten (2. Mose 22,17). Die drei Elemente der mittelalterlichen Hexenvorstellung leiten sich aus der christlichen Antike ab: 1. schädigende Zauberei, 2. Geschlechtsverkehr mit den Dämonen, 3. Ketzerei (= Rückfall in den Götzendienst). Die Inquisition zog die Zauberprozesse vor ihr Forum, nachdem Johannes XXII. die Zauberer den Ketzern gleichgestellt hatte. Die Methoden des Inquisitionsverfahrens führten zu Massenprozessen, die von den weltlichen Richtern durchgeführt wurden. Schon zu Anfang des 16. Jahrhunderts stellten die Juristen de Ponzinibus (1525) und Alciatus (1530) den Hexenglauben infrage; sie konnten damit aber ebenso wenig wie der Arzt Wier (1563) und der Engländer Scot (1584) Änderungen bewirken. Erst 1630 konnte der Jesuit von Spee einige Fürsten dazu veranlassen die Hexenprozesse einzuschränken. 1691–1693 erschütterte der Holländer Bekker mit seinem Werk den Glauben an die Macht und Wirksamkeit des Teufels nachdrücklich und 1701 überwand schließlich Thomasius den Hexenglauben im Geiste des Rationalismus. Er gab den Anstoß zu dem preußischen Edikt von 1714, das die Hexenprozesse der Regierung und den obersten Justiz-Kollegien vorbehielt. Auch wo die Rechtsbücher das Verbrechen der Hexerei noch kannten, fanden im 18. Jahrhundert nur vereinzelt Prozesse statt. Der Hexenglaube, der im Zeitalter der Aufklärung auch im theologischen Raum aufgegeben wurde, blieb aber als volkstümliche Überzeugung bis in die Gegenwart erhalten.

*nach Engelbert Stiglmayr (*1927), österreichischer Ethnologe*

Hexen als Sündenböcke?

Der dänische Philosoph Karsten Sejr Jensen erklärt die Hexenverfolgung psychologisch.

Die Angst vor Beleidigung führte dazu, dass man die ganze Zeit die innerhalb der Gesellschaft geltenden Regeln achtete. Die Angst vor dem drohenden Wort und damit vor Zauberei bewirkte, dass man besonderen Wert darauf legte die religiösen Gebote einzuhalten, die ja das Rückgrat der Gesellschaft waren, so dass man keineswegs verdächtigt wurde eine Person zu sein, die Zauberei ausübte, da eine fromme Person über einen solchen Verdacht erhaben war. So bildeten beide Formen von Angst eine Einheit und verhinderten zugleich, dass die Aggressionen, die die Gesellschaft spalten konnten, freien Lauf nahmen. Denn alle Leute lernten auf diese Weise, es sich zweimal zu überlegen, ehe sie es riskierten, einen vernichtenden, demütigenden Beleidigungsprozess durchmachen zu müssen oder der Zauberei verdächtigt und dann vielleicht verbrannt zu werden.

Diese einheitsstiftende Funktion der Angst [...] wurde für die Gesellschaft nach der Reformation noch wichtiger, da es jetzt keine einheitliche christliche Kirche mehr gab; sie verlor auch nicht an Bedeutung, als die Gegenreformation eingeleitet wurde, als die Preise stiegen und die Situation sich verschlimmerte.

Man darf nun nicht schlussfolgern, dass dieser gesamte Prozess auf so bewusste Art und Weise verlaufen wäre, wie ich es geschildert habe. Die dargelegten Zusammenhänge entwickelten sich vielmehr für die Zeitgenossen durchaus unbewusst. Was entstand, war freilich ein circulus vitiosus[1]: Mit der Verstärkung der Kontrollen und mit der Erhöhung des innerlichen Schuldgefühls wuchs auch das Bedürfnis nach der Befreiung von den aufgestauten Aggressionen; das wirkte sich in einem größeren Bedürfnis nach solchen Sündenböcken wie Zauberern und Hexen aus. Aber mit dem Anstieg der Anzahl von Zaubereiprozessen wurden die Leute noch ängstlicher und sie empfanden dann ein noch größeres Bedürfnis nach Sündenböcken.

In meiner Untersuchung, wem in Dänemark die Rolle der Hexe auferlegt wurde, fand ich heraus, dass es vorwiegend Frauen waren. Das hing vor allen Dingen damit zusammen, dass in dem damals herrschenden stark patriarchalisch geprägten Gesellschaftsgefüge alles Weibliche als etwas Schwaches betrachtet wurde, was unterdrückt und verdrängt werden musste. Verstärkend kam hinzu, dass man damals häufig unbewusst Frauen mit allem verband, was als widernatürlich und schlecht angesehen wurde, was vom Guten und Rechten abwich und was durch Gottes Widersacher, den Teufel, vertreten wurde.

1 circulus vitiosus: Versuch, aus einer unangenehmen Situation herauszukommen, der aber in eine andere unangenehme Situation führt, und der daraus sich ergebende Kreis von gleichbleibend unangenehmen Situationen; Teufelskreis, Irrkreis

Karsten Sejr Jensen, dänischer Philosoph

- *Erklären Sie, was Jensen unter der einheitsstiftenden Funktion von Angst versteht.*
- *Vor der Inquisition sagten auch oft Kinder gegen ihre Mütter aus. Welche Gründe könnten dafür ausschlaggebend gewesen sein?*

Jeanne d'Arc: Ketzerin und Heilige

Jeanne d'Arc (1412–1431) stammte aus einem wohlhabenden Bauerngeschlecht in Domremy (Lothringen). Sie fühlte sich durch „Stimmen" des Erzengels Michael und zweier Heiligen zur Rettung von Frankreich berufen. Anfang 1429 verließ sie heimlich ihr Elternhaus, legte Männerkleidung an und erschien als Botin des Himmels vor dem an Thronrecht und Sieg zweifelnden „Dauphin" Karl VII. Nach theologischer Vorprüfung wurde sie einer Abteilung zugeordnet, die einen Transport in das benachbarte Orléans decken sollte. Die Befreiung der Stadt wirkte als Kriegswende. Jeanne d'Arc öffnete den Weg nach Reims, wo die dem englischen König zuvorkommende Königssalbung Karl VII. als König legitimierte. Geadelt, aber nach einem Fehlschlag auf Paris von Karl nicht weiter unterstützt, wurde sie im Mai 1430 von Burgundern vor Compiègne gefangen und an England verkauft, als die seit dem Schisma[1] die Glaubensprüfung wahrnehmende Universität Paris ihre Auslieferung forderte. Der Inquisitionsprozess fand vom 21. 2.–24. 5. 1431 in Rouen statt. Jeanne d'Arc verteidigte sich mit Unbefangenheit und Überlegenheit, lehnte die Kirche als Richter über das ab, was sie getan habe, widerrief aber im letzten Moment und wurde zu lebenslänglicher Haft verurteilt. Rechtswidrig wurden ihr ein Verteidiger, der Appell an den Papst und der Empfang der Sakramente verweigert. Als dazu die „Stimmen" ihr Verrat vorwarfen und die englische Wache sie belästigte, legte sie erneut Männertracht an und wurde am 30. 5. 1431 als rückfällige Ketzerin gebannt, darauf sofort ohne Nachurteil von den Engländern verbrannt. 1456 ließ Karl VII. Jeanne d'Arc rehabilitieren, 1920 wurde sie heilig gesprochen.

1 Schisma: Kirchenspaltung

*nach Albert Mirgeler (*1901), deutscher Soziologe*

- *Stellen Sie mit eigenen Worten den Widerspruch dar, der darin besteht, jemanden zuerst als Ketzerin zu verbrennen und dann als Heilige zu verehren.*
- *Wie erklären Sie sich diesen Widerspruch?*
- *Fächerübergreifende Zusammenarbeit mit Geschichte: Halten Sie ein Referat über das Leben der Jeanne d'Arc. Sie können zur Vorbereitung eine der Biografien lesen, z. B.: Herbert Nette, Jeanne d'Arc. Mit Selbstzeugnissen und Bilddokumenten, Rowohlt, Reinbek 1977.*
- *Was waren Ihrer Meinung nach die Ursachen für die Hexenverfolgungen in ganz Europa?*
- *Führen Sie eine Diskussion und begründen Sie Ihre Auffassung.*

In den „goldenen Westen“

Berlin Es gibt nichts mehr zu sehen, kein Kreuz, keine Blumen. Die Stelle, an der Chris Gueffroy vor zehn Jahren starb, ist heute Mauerbrachland. Über den sandigen Postenstreifen führen Spaziergänger ihre Hunde aus, auf dem Kontrollstreifen wächst Gestrüpp, manchmal winden sich schwarze Starkstromkabel aus dem Boden. Die Schrebergärtner der angrenzenden Kolonie „Silberlinde“ wollten nach der Wende offensichtlich nichts verkommen lassen. Sie benutzen den metallenen Grenzzaun – der in Berlin als letzte Barriere hinter der Mauer stand –, um ihre Gartenparzellen abzutrennen.

An diesem Metallzaun scheiterte in der Nacht vom 5. Februar die Flucht von Chris Gueffroy und seinem Freund Christian Gaudian. Ein selbst gebastelter Wurfanker hielt das Gewicht der Jungen nicht, das Seil löste sich vom Widerhaken. Chris versuchte noch, einem Freund mit einer Räuberleiter rüberzuhelfen, als die ersten Schüsse der Posten fielen. Inzwischen war der Grenzstreifen taghell ausgeleuchtet, so dass ein Wachmann alles beobachten konnte. Der stand „drüben“, in Neukölln (West-Berlin) lediglich wenige hundert Meter entfernt, nur durch den Zaun und einen schmalen Kanal getrennt.

Da wollten Chris und Christian hin – in den goldenen Westen. Ein Restaurant aufmachen, schließlich hatten beide Kellner gelernt. [...]

Die vier Grenzer, die für den Tod von Chris Gueffroy verantwortlich sind, waren etwa in seinem Alter. Auch sie schwärmten vom Westen. „Unsere Lieblingsbeschäftigung“, sagte der Grenzer Andreas Kühnpast später in einem Interview, „war auf den Kontrollturm steigen und mit dem Feldstecher das Leben im Westen beobachten, die Autos, die Schaufenster, die tollen Kleider.“ Damit kann Neukölln nicht gemeint sein. Denn dort, wo der Mauermord geschah, sieht der Westen trübe aus. Auf der anderen Seite des Ufers liegen genauso Schrebergärten, daneben stehen Fabrikanlagen, dahinter Betonblöcke. Doch weder die Soldaten noch die Flüchtlinge wollten ihr Westbild ändern.

Täter und Opfer, sie lagen im Alter, in den Träumen, in der Alltagserfahrung so nah beieinander. Warum dann aber der tödliche Schuss? Chris Gueffroy und sein Freund hätten problemlos ohne Waffe festgenommen werden können. Sie standen schon mit dem Rücken zum Zaun. Doch es begann stattdessen ein eisern eingeübtes mörderisches Spiel von Befehl und Gehorsam. Der Postenführer Mike Schmidt hatte zwar Hemmungen selber abzudrücken, aber brachte es doch fertig, seinem Soldaten Ingo Heinrich ein „Schieß doch“ zuzuschreien. „Der Befehl kam wie ein Reflex“, hat er später gesagt. Heinrich schoss. „Das war der Auftrag.“

Zwei Prozesse wurden nach der Wende gegen die Grenzer geführt. Der letzte Mauertote machte Eindruck, schon weil sein Sterbedatum so kurz vor der Maueröffnung liegt. Inzwischen sind zwei der Angeklagten freigesprochen, zwei bekamen Bewährungsstrafen. Karin Gueffroy war als Nebenklägerin an vielen Prozesstagen dabei, musste sich von den Verteidigern anhören, ihr Sohn sei selbstmordgefährdet gewesen. Schließlich habe in der Sperrzone niemand etwas zu suchen gehabt. Wie geht sie heute mit den Urteilen um? „Ich fand es nicht gerecht, aber ich kann damit leben“, sagte sie vor wenigen Tagen. Sie wird es wohl auch müssen.

Die Welt, 5. 2. 99

DDR-Grenzgesetz (1981)

§ 27
Die Anwendung der Schusswaffe ist gerechtfertigt, um die unmittelbar bevorstehende Ausführung oder die Fortsetzung einer Straftat zu verhindern.

Nach § 213 des DDR-StGB war Republikflucht, also die gewaltsame Überwindung der innerdeutschen Grenze, ein Verbrechen. Die Grenzsoldaten waren verpflichtet, von der Schusswaffe Gebrauch zu machen. Seit 1992 stehen einige von ihnen als „Mauermörder" vor Gericht.

- *Ist es gerechtfertigt, dass DDR-Soldaten Grenzverletzer wie Chris Gueffroy erschossen haben? Lesen Sie hierzu auch „Das Prinzip der Gesetzlichkeit" auf S. 75. Lässt sich das Rückwirkungsverbot anwenden? Berücksichtigen Sie auch die Problematik des Gewissens.*

- *Wie beurteilen Sie die Auffassung der Verteidiger, Chris sei selbstmordgefährdet gewesen. Schreiben Sie einen (fiktiven) Brief an seine Mutter, in dem Sie Stellung dazu nehmen.*

DDR-Vergangenheit bewältigen, aber wie?

Reguläre Gerichtsverfahren werden die Erwartungen, die sich mit dem Wort Vergangenheitsbewältigung verbinden, jedenfalls nicht erfüllen können. Es wird wahrscheinlich nur wenige Verurteilungen geben, und sie werden mit Sicherheit geringer ausfallen, als die Bevölkerung erwartet. Sie werden wohl sogar lächerlich gering ausfallen im Vergleich zu dem Unheil, das in vierzig Jahren DDR geschehen ist.
Weil nun das Strafrecht die erwünschten Ergebnisse nicht bringen wird, fordern manche, man solle doch klar erklären, dass man für die Verantwortlichen an der DDR-Misere ein politisches Strafrecht praktizieren wolle, das auch mit rückwirkenden Gesetzen arbeitet. Wir sehen doch, dass wir anders nicht zu dem gewünschten Ergebnis kommen. D. h.: Aus Angst vor einem Prozess, der rechtsstaatlich sein will, aber politisch urteilt, erklären wir, dass wir politisches Strafrecht praktizieren wollen. Als ob etwas damit gewonnen wäre, dass wir, statt das Verkehrte bloß zu tun, es außerdem noch wollen. Bis jetzt können wir noch sagen: Wir gehen mit euch nicht so um, wie ihr mit uns umgegangen seid oder umgehen wolltet. Dieser Stolz muss uns etwas wert sein. Andernfalls ist nämlich das Neue, das wir im Herbst 1989 wollten, bloß die Neuauflage von etwas Altem. Was in rechtsstaatlichen Verfahren nicht verurteilt werden kann, wird eben nicht verurteilt.

***Richard Schröder**, deutscher Theologe*

- *Vergleichen Sie die beiden Positionen: Wo sehen Sie Gemeinsamkeiten und Unterschiede?*

Verurteilen oder versöhnen?

Die staatliche Gemeinschaft ist eine Handlungs- und Wirkungseinheit von Menschen. Als solche ist sie den Gegebenheiten und Verfangenheiten des menschlichen Lebens nicht enthoben, vielmehr spiegeln diese sich auch auf der Ebene des organisierten Zusammenlebens wider. Wie sollte es anders sein? Jüngstes Beispiel ist der politische Umbruch, wie er sich in der Abwendung vom zusammengebrochenen totalitären Regime der ehemaligen DDR erweist.
Wie soll man damit verfahren? Nachträglich das geschehene Unrecht dieser Zeit aufarbeiten und verfolgen? Kann also die Herstellung des Rechtszustands, wie er vor der Herrschaft des totalitären Systems bestand, die einzige Antwort sein? Oder aber sind wir – entsprechend dem Verzicht auf die Einforderung des Rechts im einzelmenschlichen Leben – angewiesen auf eine politische Amnestie, eine zwar nicht totale, sondern begrenzte Amnestie? Das wäre ein auferlegtes Vergessen und Hinwegsehen über bestimmte Formen unrechten Handelns und der Verstrickung in das Unrechtssystem. Gehört dies zu einer befriedigenden, befriedenden Antwort?
Die Menschen im Westen sollten wissen, wenn nicht aus Einsicht, so wenigstens aus der – leidvollen – Erfahrung mit der NS-Zeit: Überlebenwollen im totalitären Regime ist keine Schande, auch wenn es dabei zu Anpassung und Mitläufertum kommt; es macht die Menschen nicht schon ehrlos. Ferner gilt es zu bedenken: Mit längerer Dauer eines solchen Regimes werden die Verstrickungen größer und intensiver, sofern die Kraft zum Widerstand fehlt. Das ist unvermeidlich. Reicht dies aber aus, um den Stab zu brechen? Widerstand ist kein allgemeines Moralprinzip, keine allgemein einforderbare Pflicht, sondern stets eine Tat weniger – auf volles eigenes Risiko, die gerade deswegen höchste Anerkennung verdient.
Wer über solche Verstrickungen hinwegsieht, wovon freilich vorsätzlich begangene Verbrechen ausgenommen sein sollen, kann durchaus die innere Aufarbeitung des Geschehenen bei den Beteiligten positiv beeinflussen. Noch weiter gefragt: Könnte daraus nicht eine ganz neue moralische Kraft entstehen, die die Grundlage einer Versöhnung ist, ohne die ein politisches Gemeinwesen nach einem solchen Umbruch gar nicht auskommt? Hierfür spricht vieles. Umso mehr liegt dann aber ein solches Hinwegsehen gerade im Interesse des Gemeinwohls. Es bedeutete auch nicht eine Verneinung der Gerechtigkeit, sondern nur (aber auch) ein Überschreiten der Gerechtigkeit im Blick auf Neuanfang und Versöhnung. Die Bereitschaft dazu muss eine allgemeine sein und auch die Betroffenen und Opfer des SED-Regimes einschließen. Es wäre ein Schritt in Richtung auf eine „Zivilisation der Liebe", von der Papst Johannes Paul XI. gesagt hat, dass es sie in unserer Zeit aufzurichten gelte.

Ernst Böckenförde, deutscher Jurist

- *Was bedeutet für Sie eine „Überschreitung der Gerechtigkeit"? Versetzen Sie sich in die Rolle der Mutter von Chris Gueffroy. Würden Sie auf das Prinzip „Zivilisation der Liebe" eingehen? Formulieren Sie schriftlich eine Antwort.*

Menschenrechte

§

Art. 1
Alle Menschen sind frei und gleich an Würde und Rechten geboren. Sie sind mit Vernunft und Gewissen begabt und sollen sich einander im Geiste der Brüderlichkeit begegnen.

Allgemeine Erklärung der Menschenrechte, UNO, 1948

§

Art. 1
Alle Völker haben das Recht auf Selbstbestimmung. Kraft dieses Rechts entscheiden sie frei über ihren politischen Status und gestalten in Freiheit ihre wirtschaftliche, soziale und kulturelle Entwicklung.

Internationaler Pakt über wirtschaftliche, soziale und kulturelle Rechte, UNO, 1966

§

Art. 6
Die Vertragsstaaten erkennen an, dass jedes Kind ein angeborenes Recht auf Leben hat.
Die Vertragsstaaten gewährleisten in größtmöglichem Umfang das Überleben und die Entwicklung des Kindes.

Konvention über die Rechte des Kindes, UNO, 1989

§

Art. 12
Mit Erreichung des Heiratsalters haben Männer und Frauen das Recht eine Ehe einzugehen und eine Familie nach den nationalen Gesetzen, die die Ausübung dieses Rechts regeln, zu gründen.

Konvention zum Schutze der Menschenrechte und Grundfreiheiten, Europarat, 1950

Eugène Delacroix, Die Freiheit führt das Volk an, 1830

- *Wie beurteilen Sie die in diesen Artikeln dargestellten Rechte und Pflichten? Würden Sie uneingeschränkt zustimmen? Begründen Sie Ihre Meinung.*

- *Erstellen Sie eine Wandzeitung zum Thema „Menschenrechte – Menschenpflichten".*

- *Fächerübergreifende Zusammenarbeit mit Geschichte: Halten Sie ein Referat über die Entstehung der „Allgemeinen Erklärung der Menschenrechte" der UNO (1948).*

- *Fächerübergreifende Zusammenarbeit mit Kunst: Beschreiben Sie das Bild und informieren Sie sich über die Allegorie der Freiheit. Sie können z. B. in folgendem Buch nachlesen: Rainer Schoch, Gerhard Bott, Freiheit – Gleichheit – Brüderlichkeit, Verlag des Germanischen Nationalmuseums, Nürnberg 1989, S. 656–667.*

Art. 32
Jede Person hat Verpflichtungen gegenüber ihrer Familie, ihrem Gemeinwesen und der Menschheit. Die Rechte jedes Einzelnen werden begrenzt durch die Rechte aller und durch die berechtigten Anforderungen des Allgemeinwohls in einer demokratischen Gesellschaft.

Amerikanische Konvention über Menschenrechte, USA, 1969

Art. 28
Jedes Individuum ist verpflichtet, seine Mitmenschen ohne Diskriminierung zu respektieren und zu achten und mit ihnen Beziehungen zu unterhalten, die auf die Förderung, den Schutz und die Verstärkung der gegenseitigen Achtung und Toleranz gerichtet sind.

1 OAU: Organisation für afrikanische Einheit

Banjul Charta der Menschenrechte und Rechte der Völker, OAU[1], 1981

Art. 29
Jedes Individuum hat [...] die Pflicht:
1. die harmonische Entwicklung der Familie zu bewahren und für den Zusammenhalt und die Achtung der Familie zu wirken; seine Eltern jederzeit zu achten und für ihren Unterhalt zu sorgen, wenn sie bedürftig sind;
2. seiner nationalen Gemeinschaft dadurch zu dienen, dass es seine körperlichen und geistigen Kräfte in ihren Dienst stellt;
3. die Sicherheit des Landes, dessen Staatsangehörigkeit es besitzt oder in dem es sich aufhält, nicht zu gefährden;
4. die soziale und nationale Solidarität zu bewahren und zu stärken, insbesondere, wenn letztere bedroht ist;
5. die nationale Unabhängigkeit und die territoriale Integrität seines Landes zu bewahren und zu stärken und im Rahmen der Gesetze einen Beitrag zur Verteidigung des Landes zu leisten;
6. unter vollem Einsatz seiner Fähigkeiten und Möglichkeiten zu arbeiten und die im Interesse der Gesellschaft gesetzlich auferlegten Steuern und Abgaben zu entrichten.

Banjul Charta der Menschenrechte und Rechte der Völker, OAU, 1981

- *Weshalb steht die Allegorie der Freiheit in diesem Bild im Mittelpunkt? Welchen Zusammenhang hat sie mit den Menschenrechten?*

- *Nach der „Allgemeinen Erklärung der Menschenrechte" von 1948 wurden viele weitere Konventionen vereinbart, aus einigen wird auf dieser Seite zitiert. Wie erklären Sie sich die Notwendigkeit der neuen Konventionen? Sie können diese Erklärungen nachlesen in dem Buch „Menschenrechte" von der Bundeszentrale für politische Bildung (vgl. S. 91 oben).*

Freiheit statt Willkür

Weshalb entstanden die Freiheitsrechte?

Menschenrechte kommen als politische Kampf- und rechtliche Sicherungsmittel des Einzelnen erst im 16. Jahrhundert auf. Ihre Entwicklung ist bis heute nicht abgeschlossen (vgl. S. 114/115). Verschiedene Anlässe führten zur verfassungsrechtlichen Ausprägung einzelner Menschenrechte. Den Anstoß gab das Christentum mit seiner Lehre von der Verantwortung jedes Menschen vor Gott. Verantwortung tragen kann nur eine Person, die sich in Freiheit für oder gegen das Gute entscheidet. Mittelalterliche Denker, besonders Thomas von Aquin*, bieten erste Ansatzpunkte für Freiheitsrechte, die alle Menschen naturhaft haben, damit sie ihre moralische Verantwortung erfüllen können. Als im Ausgang des Mittelalters die Überzeugung von einer erfassbaren lex naturae verblasste, suchte das aus allen überkommenen Ordnungen herausstrebende Individuum als Rechtssubjekt nach neuen Sicherungen seiner Freiheit innerhalb des Staates. Zunächst sind es nur die Stände, welche sich durch Vertrag mit dem Monarchen eine Freiheitssphäre verbürgen lassen. Ein solcher Vertrag ist z. B. die Magna Charta Libertatum von 1215, in der die englischen Barone dem König Johann gewisse Freiheiten abtrotzen (z. B. Schutz gegen willkürliche Inhaftierung). Es handelt sich noch nicht um Rechte aller Menschen, sondern um vertraglich eingeräumte Standesprivilegien.

*nach Wilhelm Wertenbruch (*1919), deutscher Jurist*

Eine Bitte an den König

Der folgende Textauszug stammt aus dem Stück „König Johann" von William Shakespeare. Es spielt in England von 1199–1216.*

KÖNIG: Verschiedne Gründe dieser zweiten Krönung
Trug ich euch vor und halte sie für stark,
Und stärkre noch, wenn meine Furcht sich mindert,
Vertrau ich euch: indessen fordert nur,
Was ihr verbessert wünscht, das übel steht,
Und merken sollt ihr bald, wie willig ich
Gesuche hören und gewähren will.

PEMBROKE: Ich dann – bestellt als dieser Männer Zunge,
Um aller Herzen Wünsche kundzutun,
Sowohl für mich als sie, allein vor allem
Für Eure Sicherheit, wofür sie sämtlich
Ihr best Bemühn verwenden – bitte herzlich
Um die Befreiung Arthurs, des Gefängnis
Des Missvergnügens murrnde Lippen reizt,
In diesen Schluss bedenklich auszubrechen:
Habt Ihr mit Recht, was Ihr in Ruh besitzt,
Warum sollt Eure Furcht – die, wie man sagt,
Des Unrechts Schritt begleiten – Euch bewegen,
So einzusperren Euren zarten Vetter,
In ungeschliffner Einfalt seine Tage
Zu dämpfen: Seiner Jugend zu verweigern
Der ritterlichen Übung reiche Zier?
Damit der Zeiten Feinde dies zum Vorwand
Nicht brauchen können, lasst uns Euch ersuchen,
Dass Ihr uns seine Freiheit bitten heißt –
Wobei wir nichts zu unserm Besten bitten,
Als nur, weil unser Wohl, auf Euch beruhend,
Für Euer Wohl es hält, ihn freizugeben.

***William Shakespeare** (1564–1616), englischer Schauspieler, Dichter und Dramatiker*

§ Magna Charta Libertatum (1215)

Art. 28
Kein Vogt und keiner Unserer sonstigen Amtsleute soll irgendjemandes Getreide oder sonstige Vorräte beschlagnahmen, ohne dafür sogleich Geld zu bieten oder vom Verkäufer Zahlungsaufschub bewilligt zu bekommen.

Art. 30
Keiner Unserer Vizegrafen oder Amtsleute oder irgendjemand sonst sollen irgendeines freien Mannes Pferde oder Wagen gegen den Willen des besagten freien Mannes zu Transportdiensten beschlagnahmen.

Art. 38
Kein Amtmann soll in Zukunft jemanden allein auf seine eigene Anklage hin und ohne die Beibringung glaubwürdiger Zeugen vor Gericht stellen.

Art. 39
Kein freier Mann soll ergriffen, gefangen genommen, aus seinem Besitz vertrieben, verbannt oder in irgendeiner Weise zugrunde gerichtet werden, noch wollen Wir gegen ihn vorgehen oder ihm nachstellen lassen, es sei denn aufgrund eines gesetzlichen Urteils seiner Standesgenossen und gemäß dem Gesetz des Landes.

Art. 40
Wir wollen niemandes Recht oder Gerechtigkeit verkaufen, verweigern oder verzögern.

- *Charakterisieren Sie das Verhältnis zwischen König und Untertanen.*
- *Wenn Sie wissen wollen, wie der König auf die Petition reagiert, können Sie in folgendem Buch weiterlesen: William Shakespeare, König Johann, in: Sämtliche Werke in einem Band, Bechtermünz Verlag, Eltville/Rhein 1988, S. 299–318.*
- *Fächerübergreifende Zusammenarbeit mit Geschichte: Halten Sie ein Referat über die Entstehung der Magna Charta Libertatum.*
- *Welche Rechte gewährt König Johann? Fassen Sie jeden Artikel mit einem Rechtsbegriff zusammen.*

Die Entwicklung der Menschenrechte

1948
Allgemeine Erklärung der Menschenrechte

Vor 1948

1215 Magna Charta Libertatum
1689 Bill of Rights
1791 Die Erklärung der Rechte des Menschen und Bürgers
1791 Die Erklärung der Rechte der Frau und Bürgerin

Vorbereitung

- Unabhängigkeit des Einzelnen von der Willkür des Staates
- Recht auf Leben und Überleben einschließlich des Rechts auf Eigentum
- Recht auf Freiheit
- Recht auf Gleichheit

Nach 1948

1953 Übereinkommen über die politischen Rechte der Frau
1960 Übereinkommen zur Gewährung der Unabhängigkeit der Länder und Völker
1989 Übereinkommen über die Rechte des Kindes

Erweiterung

- der Begriff Mensch wird spezifiziert: Frauen, Kinder und Völker
- Individualrechte werden ergänzt: kollektive Rechte von Völkern und kleineren ethnologischen Gemeinschaften

Stellen Sie in Arbeitsgruppen die wichtigsten Forderungen verschiedener Menschenrechtsdeklarationen zusammen und diskutieren Sie deren Berechtigung. Sie können diese Erklärungen nachlesen in folgendem Buch: Bundeszentrale für politische Bildung (Hrsg.), Menschenrechte. Dokumente und Deklarationen, Bonn 1995. Zu bestellen bei: Bundeszentrale für politische Bildung, Berliner Freiheit 7, 53111 Bonn, Tel. 02 28/51 50, Fax 02 28/51 51 13, E-Mail: ag4@bpb.de

Online Magna Charta

Im Internet finden Sie unter ***http://sem.lipsia.de/charta/d/chartad.htm#charta*** *eine so genannte Online Magna Charta. Ist eine solche „Charta" im Informationszeitalter Ihrer Meinung nach notwendig oder ist sie unangemessen?*

Charta der Informations- und Kommunikationsfreiheit

Art. 1
Die Gedanken sind frei. Die Freiheit, Gedanken, Ideen und Meinungen nicht nur selbst zu haben, sondern auch mit anderen Menschen auszutauschen und in Wort, Schrift und Bild zu verbreiten, ist ein Menschenrecht (Meinungsfreiheit). Es gilt unabhängig von Verfassungen, Menschenrechtskonventionen und UN-Charta weltweit.

Art. 2
Meinungsfreiheit setzt voraus sich frei und ungehindert aus allgemein zugänglichen Quellen informieren und seine Meinung im Gedankenaustausch mit anderen Menschen bilden zu können (Informations- und Kommunikationsfreiheit). Auch diese Freiheit ist ein Menschenrecht und gilt weltweit.

Art. 3
Mit der Erfindung des Buchdrucks, des Telefons, des Rundfunks, des Fernsehens und der Computernetzwerke wurden jeweils neue Möglichkeiten eröffnet Informationen und Meinungen schneller und weiter zu verbreiten als je zuvor. Telefon und Computernetzwerke erlauben darüber hinaus zeitgleichen Informations- und Meinungsaustausch auf Gegenseitigkeit (bilaterale und multilaterale interaktive Kommunikation in Echtzeit). Neue Dimensionen der Information und Kommunikation erfordern nicht nur eine Anpassung des nationalen Rechts durch neue Mediengesetze, sondern auch grundlegend neue, weltweit anerkannte Menschenrechte.

Art. 4
Die Freizügigkeit von Menschen, Informationen und Meinungen über Grenzen hinweg steht jedoch und stand bisher schon in ständigem Widerstreit mit Macht- und Marktinteressen. [...] Rundfunk- und Fernsehsendungen wurden und werden von Diktaturen mit Störsendern bekämpft. Und die weltweit freie Rede in den Computernetzwerken ängstigt Diktaturen und Konzerne. Die neuen Möglichkeiten der Information und Kommunikation müssen daher international nicht nur rechtlich, sondern auch faktisch vor der Marktmacht von Monopolen, Oligopolen und Kartellen und vor politischem Machtmissbrauch geschützt werden.

Art. 5
Im Informationszeitalter sollten die Grenzen durchlässiger, die Nationalstaaten weltoffener und die Computernetze grenzenlos werden. Die Vision vom freien und mündigen Weltbürger könnte zuerst in den Netzen Wirklichkeit werden. Erste Voraussetzung hierfür ist das Menschenrecht auf eine eigene, weltweit erreichbare private Mailbox für elektronische Post (RIGHT OF VIRTUAL HOME) [...].

Auf der Wartburg in Eisenach (Thüringen/Germany) am 4. Januar 1997 unterzeichnet.

Stimmen Sie den einzelnen Artikeln dieser „Charta" zu? Was würden Sie streichen, was würden Sie ergänzen? Begründen Sie Ihre Meinung.

Die Universalität der Menschenrechte

Alle Menschen werden frei geboren

Frei und doch in Ketten?

Die Universalität ist das Ergebnis einer ganz allmählichen Entwicklung. In der Geschichte der verschiedenen Deklarationen der Menschenrechte kann man wenigstens drei Phasen unterscheiden. Die Erklärungen entstehen zunächst in Form von philosophischen Theorien. Man muss sie also in ihrer ersten Phase in den Arbeiten der Philosophen aufspüren. Wenn wir nicht bis zur Idee der Stoiker von der Universalgesellschaft vernünftiger Menschen zurückgehen wollen, nach der der Weise kein Bürger eines bestimmten Staates dieser Erde ist, dann war es das moderne Naturrecht, in dem sich die Vorstellung herausbildete, der Mensch habe von Geburt an Rechte, die ihm niemand, nicht einmal der Staat, nehmen und die er auch selbst nicht veräußern kann (sollte er dies dennoch beispielsweise aus Not tun, so ist die Veräußerung ungültig). Der Vater des modernen Naturrechts ist John Locke. Nach Locke ist der wahrhafte Zustand des Menschen nicht sein gesellschaftlicher, sondern sein natürlicher, d. h. der Naturzustand, in dem die Menschen frei und gleich sind. Die Gesellschaft ist danach ein Kunstprodukt mit dem ausschließlichen Ziel, die größtmögliche Ausweitung der Freiheit und Gleichheit des Naturzustands zu gewährleisten. Obwohl die Idee des Naturzustands inzwischen aufgegeben wurde, findet sich doch in den ersten Worten der Menschenrechtsdeklaration ein Echo davon: „Alle Menschen werden frei geboren, mit gleicher Würde und gleichen Rechten.“ Dies ist nur eine andere Formulierung, um auszudrücken, dass die Menschen von Natur aus frei und gleich sind. Und wie könnte man sich nicht an die berühmte Formulierung Rousseaus im Gesellschaftsvertrag erinnern: „Der Mensch wird frei geboren und liegt dennoch in Ketten?“ Die „Allgemeine Erklärung der Menschenrechte“ bewahrt ein Echo davon, denn tatsächlich werden die Menschen eben nicht frei und gleich geboren. Sie sind frei und gleich von Geburt in einer idealtypischen, naturrechtlichen Sicht, wie es den Naturrechtlern vorschwebte, wenn sie vom Naturzustand sprachen. Freiheit und Gleichheit der Menschen sind keine Tatsache, sondern ein zu verfolgendes Ideal, nichts Existierendes, sondern ein Wert, eine Verpflichtung [...].

Konkretion contra Universalität?

Naturrechtliche Theorien werden erstmals durch die Menschenrechtserklärung der Vereinigten Staaten von Amerika und – nur einen Wimpernschlag danach – durch die Französische Revolution aufgegriffen und zur Grundlage einer neuen Staatsauffassung gemacht. Der neue Staat ist nicht mehr absolut, sondern begrenzt, kein Selbstzweck, sondern Mittel zur Erreichung von Zielen, die bereits vor seiner Errichtung und unabhängig von ihr formuliert wurden. Die Forderung nach Menschenrechten gilt nicht mehr als nobles Verlangen, sondern bildet vielmehr den Ausgangspunkt für die Errichtung eines Rechtssystems im eigentlichen Sinne des Wortes, nämlich eines Systems von positiven und tatsächlichen Rechten. Der zweite Schritt in der Geschichte der Menschenrechtsdeklarationen besteht also im Übergang von der Theorie zur Praxis, vom Recht als reinem Denkgegenstand zum angewandten Recht. In diesem Übergang gewinnen die Menschenrechte an Konkretion, aber sie verlieren an Universalität. Die Rechte sind von nun an geschützt, d. h., es sind wirklich positive Rechte, aber ihr Geltungsbereich ist begrenzt auf das Territorium des Staates, der sie anerkennt. Obwohl in den feierlichen Formulierungen die Unterscheidung zwischen Menschenrechten und Bürgerrechten aufrechterhalten bleibt, handelt es sich tatsächlich nicht mehr um Menschenrechte, sondern um Bürgerrechte, oder zumindest um Menschenrechte, die nur für die Bürger des jeweiligen Staates gelten.

Menschenrechte für Weltbürger?

Mit der Erklärung von 1948 beginnt eine dritte und letzte Phase, in der die Forderung nach Menschenrechten zugleich universal und positiv ist. Universal in dem Sinne, als die in ihnen enthaltenen Rechte nicht mehr nur für die Bürger eines bestimmten Staates, sondern für alle Menschen gelten. Und positiv, weil diese Erklärung einen Prozess in Gang setzte, an dessen Ende über eine Proklamation oder nur unspezifisch anerkannte Menschenrechtsideale hinaus wirkungsvolle Garantien gegen die Staaten stehen sollten, die sie verletzen. Am Ende dieses Prozesses werden die Bürgerrechte tatsächlich im positiven Sinn zu Menschenrechten geworden sein. Zumindest werden die Rechte des Bürgers eines bestimmten Staates keine Grenzen mehr haben, weil sie für die ganze Menschheit gelten. Mit anderen Worten, es werden Menschenrechte im Sinne von Rechten eines Weltbürgers sein.

Man könnte den Prozess, der in die „Allgemeine Erklärung der Menschenrechte“ mündet, auch auf diese Weise beschreiben und sich dabei der traditionellen Kategorien des Naturrechts und des positiven Rechts bedienen: Die Menschenrechte entstehen als universale Naturrechte, sie entwickeln sich weiter zu spezifischen positiven Rechten und realisieren sich schließlich als universale positive Rechte. Die „Allgemeine Erklärung der Menschenrechte“ enthält in nuce[1] die Synthese einer dialektischen Bewegung, die mit der abstrakten Universalität der Naturrechte beginnt und über die konkrete Besonderheit der positiven Rechte der einzelnen Staaten bei konkreten universalen und positiven Rechten zum Abschluss kommt.

Wenn ich sage, sie „enthält in nuce“, dann will ich die Aufmerksamkeit auf die Tatsache lenken, dass die „Allgemeine Erklärung der Menschenrechte“ nur der Beginn eines langen Prozesses ist, dessen Abschluss wir noch gar nicht erahnen können. Im Übrigen ist häufiger darauf hingewiesen worden, dass die Erklärung selbst die Normen, die sie proklamiert, nicht juristisch auffasst, sondern als „ein von allen Völkern und Nationen anzustrebendes gemeinsames Ideal“. Ein Bezug auf juristische Normen bleibt hypothetisch. In der Präambel der Erklärung heißt es, es sei „unabdingbar, dass die Menschenrechte durch juristische Normen geschützt werden, wenn man vermeiden will, dass der Mensch letzten Endes zur Rebellion gegen die Tyrannei und Unterdrückung gezwungen wird“.

1 in nuce: im Kern

Noberto Bobbio *(∗1909), italienischer Philosoph*

- *Beschreiben Sie die drei Phasen der Menschenrechtsentwicklung mit Ihren eigenen Worten.*
- *Wie begründet Bobbio, dass Menschenrechte zugleich universell und positiv sind?*
- *Warum werden Menschenrechte zu Weltbürgerrechten? Stimmen Sie Bobbio zu? Begründen Sie Ihre Meinung.*

Verschiedene Typen von Menschenrechten

Zum Begriff der „Menschenrechte" gehören: Vorstaatliche, einem jeden Menschen als Menschen zustehende Rechte; Rechte, welche sich also nicht staatlicher Verleihung, aber auch nicht dem Gewohnheitsrecht verdanken. Ihre Herkunft und die Rechtsträgerschaft werden in diesem Begriff betont [...]. Drei „Typen" von Menschenrechten sind zu unterscheiden, ohne dass über der Unterscheidung ihre innere Verknüpfung vergessen werden darf.

Die *Abwehrrechte* bezwecken den Schutz des Einzelnen, aber auch von Institutionen – etwa Religionsgemeinschaften – gegenüber dem Staat. Sie schützen einen vom Staat [...] betret- und gestaltbaren Raum und untersagen ihm Zutritt und Gestaltung. Diese Rechte wollen dem Rechtsträger Freiheiten und Grundgüter gewährleisten.

Es ist ihre Aufgabe, den Anspruch der Menschen auf Gestaltung ihres Gemeinwesens durchzusetzen. Diese *Gestaltungsrechte* sind keine Verlängerung der Abwehrrechte in dem Sinne, dass es nur darum ginge, den Bedroher gänzlich in den eigenen Griff zu bekommen. Die Gestaltungsrechte sind vielmehr Ausfluss des Selbstbestimmungsrechts des Menschen und verwirklichen seinen Anspruch auf eine von ihm gestaltete politische Umwelt. Ihre Bezeichnung als Partizipationsrechte ist irreführend.

Die *Leistungs-* oder auch *Versorgungsrechte* besorgen es, dass die Menschen ein menschenwürdiges Leben in den Sphären Wirtschaft und Kultur führen, Hilfe zur Selbsthilfe erhalten und so überhaupt oft erst die Abwehrrechte und Gestaltungsrechte wahrnehmen können. Diese kosten ebenso Geld wie die Leistungsrechte. Alle drei Typen können finanziell sehr aufwendig sein.

Als *kollektive Menschenrechte* bezeichnet man jene Rechte, welche nicht dem Individuum, sondern einer Gesamtheit, wie einem Volk, einer Minderheit, einem Stamm etc., zustehen. Inhaltlich gesehen handelt es sich um das Recht auf Frieden, auf Entwicklung, auf eine geschützte Umwelt und auf Teilhabe am gemeinsamen Erbe der Menschheit. Wenn Kollektive, wie Familien oder Gemeinden, Forderungen stellen, ist zu sehen, ob sie sich nach innen oder nach außen richten. In beiden Fällen können Abwehrrechte einzelner Mitglieder verletzt und Minderheiten übergangen sein.

Zwischen diesen drei erstgenannten „Typen" gibt es keinen gleichsam natürlichen Vorrang oder eine feste Reihenfolge. Der Mensch bedarf fast immer der Hilfe, auch von seiten seines Staates. Nötig sind ihm Freiräume um seiner Entfaltung willen.

Norbert Brieskorn *(*1946), deutscher Philosoph*

- *Welche Aufgaben haben Abwehrrechte? Spielen diese Rechte auch in der Bundesrepublik Deutschland noch eine wichtige Rolle? Begründen Sie Ihre Meinung.*

- *Wie beurteilen Sie kollektive Menschenrechte? Sind Sie auch der Meinung, dass Menschenrechte nur jedem Einzelnen zustehen oder widersprechen Sie dieser These?*

Murschetz, Globalisierung

- *Notieren Sie einige Stichworte zum Thema „Globalisierung und Menschenrechte". Wie könnte das Thema „Menschenrechte" in die Karikatur eingefügt werden? Entwerfen Sie ein oder mehrere Bildelemente.*

Die Würde des Menschen ist unantastbar

In einer Diskussion mit zehnjährigen Schülerinnen und Schülern über die Frage, ob jemand einen Baum fällen darf, wenn er mehr Licht auf der Terrasse braucht, äußerte Kolja die Ansicht, dass auch ein Baum Würde besitzt und deshalb nicht ohne weiteres gefällt werden darf. Was würden Sie Kolja darauf antworten?

Die Menschenwürde als normativer Rahmen

Die wohl zentrale Bestimmung zur Menschenwürde in internationalen Dokumenten liegt in Art. 1 der Allgemeinen Erklärung vor: „Alle Menschen sind frei und gleich an Würde und Rechten geboren. Sie sind mit Vernunft und Gewissen begabt und sollen einander im Geiste der Brüderlichkeit begegnen." Bei den Verhandlungen über die Allgemeine Erklärung waren der Ort und die Formulierung dieses Artikels umstritten, Guatemala und andere Staaten sahen in Satz 1 eine bloße Konstatierung von Fakten und schlugen deshalb eine Aufnahme in die Präambel vor. Insbesondere René Cassin[1] machte jedoch deutlich, dass es sich bei diesem Grundsatzartikel um einen normativen Rahmen für alle nachfolgenden Menschenrechte handele und deshalb Art. 1 der richtige Ort sei. Die Generalversammlung folgte diesem Argument.

1 René Cassin: französischer Verhandlungsführer bei der Ausarbeitung der UN-Menschenrechtserklärung von 1948

*Klaus Diche (*1953), deutscher Philosophieprofessor*

Können Sie erklären, warum die Generalversammlung dem Argument von Cassin gefolgt ist?

Fassen Sie mit Ihren eigenen Worten zusammen, wie Margalit den Begriff Würde im Unterschied zur Selbstachtung definiert.

Was verstehen Sie unter demütigenden Gesten? Nennen Sie Beispiele. Lesen Sie noch einmal den ersten Arbeitsauftrag auf dieser Seite und überlegen Sie, ob der Begriff der Demütigung auch mit einem Baum in Verbindung gebracht werden kann.

> Vielleicht besteht die einzige Würde des Menschen in seiner Fähigkeit sich achten zu können.
> *George Santayana, 1863 –1952, amerikanischer Philosoph*

Würde und Selbstachtung

Würde ist in gewisser Weise mit Stolz vergleichbar. Stolz ist ein Ausdruck unseres Selbstwertgefühls, Würde ein Ausdruck der Achtung, die Menschen aufgrund ihres Menschseins sich selbst entgegenbringen. Würde verkörpert gleichsam den äußeren Aspekt der Selbstachtung. Selbstachtung ist jene Haltung, die Menschen ihrem eigenen Menschsein gegenüber einnehmen, und Würde ist die Summe aller Verhaltensweisen, die bezeugen, dass ein Mensch sich selbst tatsächlich achtet. Würde tritt dadurch zutage, dass Menschen sich würdig verhalten, also auf eine Weise, welche die Selbstachtung zum Ausdruck bringt, die sie verspüren. Man kann Selbstachtung haben ohne Würde zu besitzen. Selbstachtung erweist sich negativ, Würde positiv. Anders gesagt: Selbstachtung offenbart sich gewöhnlich dann, wenn die Ehre eines Menschen verletzt, wenn er gedemütigt wird. Wie er sich unter solchen Umständen verhält, ist ein Indikator[1] für seine Selbstachtung. Ein Mensch, der Würde besitzt, bekundet hingegen seine Selbstachtung durch positive Handlungen, die mehr als bloße Reaktionen auf Provokationen sind; auf diese Weise signalisiert er, dass er wie ein Löwe kämpfen wird, falls jemand versuchen sollte ihm seine Selbstachtung zu nehmen.
Ich habe die Verletzung der Menschenrechte als ein eindrückliches Beispiel für Demütigung angeführt. Demütigung geht aber über die Verletzung von Rechten weit hinaus; sie ist beispielsweise auch das Ergebnis erniedrigender Gesten, welche nicht zwangsläufig mit Rechten verbunden sind. Damit ergibt sich für unsere Diskussion ein neuer Aspekt: Demütigende Gesten verletzen die Würde eines Menschen, während die Verletzung seiner Rechte seine Selbstachtung herabsetzt. Würde lässt sich mithin als Verkörperung oder Abbild der Selbstachtung begreifen.

1 Indikator: Umstand oder Merkmal, das als beweiskräftiges Anzeichen oder als Hinweis auf etwas anderes dient

Avishai Margalit *(*1939), israelischer Philosoph*

Was ist der praktische Imperativ?

Nun sage ich: Der Mensch, und überhaupt jedes vernünftige Wesen, existiert als Zweck an sich selbst, nicht bloß als Mittel zum beliebigen Gebrauche für diesen oder jenen Willen, sondern muss in allen seinen, sowohl auf sich selbst, als auch auf andere vernünftige Wesen gerichteten Handlungen jederzeit zugleich als Zweck betrachtet werden.
So stellt sich notwendig der Mensch sein eigenes Dasein vor; so fern ist es also ein subjektives Prinzip menschlicher Handlungen. So stellt sich aber auch jedes andere vernünftige Wesen sein Dasein, zufolge eben desselben Vernunftgrundes, der auch für mich gilt, vor; also ist es zugleich ein objektives Prinzip, woraus, als einem obersten praktischen Grunde, alle Gesetze des Willens müssen abgeleitet werden können. Der praktische Imperativ wird also folgender sein: Handle so, dass du die Menschheit sowohl in deiner Person als in der Person eines andern, jederzeit zugleich als Zweck, niemals bloß als Mittel brauchtest.
Person ist dasjenige Subjekt, dessen Handlungen einer Zurechnung fähig sind. Die moralische Persönlichkeit ist also nichts anderes, als die Freiheit eines vernünftigen Wesens unter moralischen Gesetzen [...], woraus dann folgt, dass eine Person keinen anderen Gesetzen als denen, die sie (entweder allein oder wenigstens zugleich mit anderen) sich selbst gibt, unterworfen ist.

Immanuel Kant *(1724–1804), deutscher Philosoph*

Kant versteht unter der Würde des Menschen, dass dieser „Zweck an sich" (Z. 2) sei. Erläutern Sie diese Aussage.

Entwerfen Sie ein Begriffsnetz zum Begriff der Würde. Übernehmen Sie wichtige Begriffe aus den beiden Texten. Trifft der Begriff der Würde nur auf Menschen zu? Was würden Kant und Margalit antworten?

Menschenwürde als Basis der Grundrechte

Die Grundrechte
Grundgesetz für die Bundesrepublik Deutschland, Artikel 1–19

Schutz der **1** Menschenwürde

Freiheit der Person	2	3	Gleichheit vor dem Gesetz
Glaubens- und Gewissensfreiheit	4	5	Freie Meinungsäußerung
Schutz der Ehe und Familie	6	7	Elternrechte, staatliche Schulaufsicht
Versammlungsfreiheit	8	9	Vereinigungsfreiheit
Brief- und Postgeheimnis	10	11	Recht der Freizügigkeit
Freie Berufswahl	12	13	Unverletzlichkeit der Wohnung
Gewährleistung des Eigentums	14	15	Überführung in Gemeineigentum
Staatsangehörigkeit	16	16a	Asylrecht
Petitionsrecht	17	18	Verwirkung der Grundrechte
Rechtsweggarantie	19		
Widerstandsrecht	20	101	Anspruch auf den gesetzlichen Richter
Gleicher Zugang zu öffentlichen Ämtern	33	103	Anspruch auf rechtliches Gehör vor Gericht
Wahlrecht	38	104	Schutz vor willkürlicher Verhaftung

An erster Stelle steht in Art. 1 im Grundgesetz die Menschenwürde. Warum wird es allen anderen Grundrechten vorangestellt?

Klassifizieren Sie schriftlich die 25 Grundrechte nach den Kriterien Individual-, Sozial- und Partizipationsrechte (vgl. S. 91).

Ein Begriffsspiel: Was bedeutet dieses Recht?

Bilden Sie kleine Gruppen. Schreiben Sie die 25 Grundrechte aus der Grafik auf kleine Kärtchen und legen Sie diese vermischt auf einen Haufen. Der erste Spieler zieht eine Karte und charakterisiert mit eigenen Worten das darauf enthaltene Recht. Die anderen Mitspieler erraten, um welches Grundrecht es sich handelt. Wer es zuerst herausgefunden hat, legt die Karte ab und zieht eine neue Karte. Dann beginnt das Spiel von vorn. Gewonnen hat am Schluss derjenige, welcher die meisten Karten abgelegt und damit die meisten Grundrechte erraten hat.

Vergleichen Sie anschließend die entsprechenden Artikel im Grundgesetz und überlegen Sie gemeinsam, ob sich diese von Ihren Beschreibungen, die Sie im Spiel formuliert haben, unterscheiden.

Diskutieren Sie abschließend darüber, ob wichtige Grundrechte im GG fehlen. Formulieren Sie ggf. weitere Grundrechte.

Fachübergreifende Zusammenarbeit mit Geschichte: Halten Sie ein Referat über die Entstehung des Grundgesetzes.

Der Überwinder

Sie verhafteten ihn
sie knebelten ihn
sie verbanden ihm die Augen
sie fesselten ihn
sie quälten ihn

Und als der Wind sich drehte
ließ er sie holen
und schlug ihnen vor
an seiner Seite
eine neue Gemeinschaft aufzubauen

Auf dem Fundament
der Liebe

Sergio Veseley, chilenischer Dichter

Dieses Gedicht stammt von dem chilenischen Dichter Sergio Veseley, der politischer Gefangener des Pinochet-Regimes war. Geben Sie dem Gedicht eine neue Überschrift und überlegen Sie, was es mit dem Prinzip der Menschenwürde zu tun hat. Lesen Sie hierzu auch S. 105.

Informieren Sie sich über die politischen Zustände unter dem Pinochet-Regime.

Menschenrechte für Frauen

Frauen ab 35 dürfen Auto fahren

Berlin/Riad Während des irakischen Überfalls auf Kuwait vor acht Jahren versuchten 50 saudische Frauen in einem Auto-Konvoi durch Riad zu fahren.
Die Demonstrantinnen wollten die Anwesenheit amerikanischer Soldatinnen in dem streng religiösen Land nutzen, um mehr Rechte und Bewegungsfreiheit für Saudi-Arabiens Frauen zu fordern. Doch die engagierten Frauen wurden verhaftet und von den religiösen Eiferern öffentlich beschimpft – einige verloren sogar ihren Arbeitsplatz.
Das bis dato inoffizielle Fahrverbot für Frauen wurde beschlossen. Die harte Reaktion im November 1990 galt als Zugeständnis von König Fahd an die streng Konservativen, die immer offener die Verwestlichung des Landes beklagten.
Jetzt aber sollen saudische Frauen zum ersten Mal seit der Staatsgründung im Jahr 1932 selbst ein Auto fahren dürfen.
Die offizielle Ankündigung wird im Dezember erwartet, die neue Regelung soll ab Frühjahr nächsten Jahres gelten. Beabsichtigt sei, Frauen das Autofahren von sieben Uhr morgens bis sieben Uhr abends zu erlauben, sofern der Ehemann dies seiner Frau vorher schriftlich erlaubt habe.
Diese Erlaubnis müsse die Ehefrau dann immer mit sich führen.
Die neue Regelung gelte aber nur für verheiratete Frauen ab 35 Jahren.

Die Welt, 20. 11. 1998

- *Wie beurteilen Sie die Regelung der saudischen Regierung? Begründen Sie Ihre Meinung.*
- *Diskutieren Sie, ob das Fahrverbot im Widerspruch zu den Bestimmungen des Übereinkommens über die politischen Rechte der Frau steht.*

§ UN-Konvention über die politischen Rechte der Frau (1953)

Art. 1
Frauen sind bei allen Wahlen unter den gleichen Bedingungen wie Männer ohne irgendeine Zurücksetzung stimmberechtigt.

Art. 2
Frauen sind zu allen öffentlich gewählten Körperschaften, die aufgrund des inländischen Rechts geschaffen wurden, unter den gleichen Bedingungen wie Männer ohne irgendeine Zurücksetzung wählbar.

Art. 3
Frauen sind berechtigt, öffentliche Ämter zu bekleiden und alle öffentlichen Funktionen auszuüben, die aufgrund des inländischen Rechts geschaffen wurden, und zwar unter den gleichen Bedingungen wie Männer ohne irgendeine Zurücksetzung.

- *Lesen Sie das Übereinkommen über die politischen Rechte der Frauen. Gibt es Rechte, die Sie ergänzen würden? Müsste es für die verschiedenen Nationen, Kulturkreise und Kontinente unterschiedliche Artikel geben? Schreiben Sie eine eigene Konvention über die politischen Rechte der Frauen.*
- *Vergleichen Sie die Auszüge dieser beiden Konventionen. Wodurch unterscheiden sie sich?*
- *Was ist Ihrer Meinung nach in Art. 5 damit gemeint, dass die sozialen und kulturellen Verhaltensmuster von Mann und Frau verändert werden sollen?*
- *Welche Gründe gibt es, die stereotype Rollenverteilung von Mann und Frau zu durchbrechen? Vergleichen Sie dazu auch die kritischen Karikaturen von Loriot auf S. 42.*

§ UN-Konvention zur Beseitigung der Diskriminierung der Frau (1979)

Art. 1
In diesem Übereinkommen bezeichnet der Ausdruck „Diskriminierung der Frau" jede mit dem Geschlecht begründete Unterscheidung, Ausschließung oder Beschränkung, die zur Folge oder zum Ziel hat, dass die auf die Gleichberechtigung von Mann und Frau gegründete Anerkennung, Inanspruchnahme oder Ausübung der Menschenrechte und Grundfreiheiten durch die Frau – ungeachtet ihres Familienstands – im politischen, wirtschaftlichen, sozialen, kulturellen, staatsbürgerlichen oder jedem sonstigen Bereich beeinträchtigt oder vereitelt wird.

Art. 5
Die Vertragsstaaten treffen alle geeigneten Maßnahmen,
a. um einen Wandel in den sozialen und kulturellen Verhaltensmustern von Mann und Frau zu bewirken, um so zur Beseitigung von Vorurteilen sowie von herkömmlichen und allen sonstigen auf der Vorstellung von der Unterlegenheit oder Überlegenheit des einen oder anderen Geschlechts oder der stereotypen Rollenverteilung von Mann und Frau beruhenden Praktiken zu gelangen;
b. um sicherzustellen, dass die Erziehung in der Familie zu einem richtigen Verständnis der Mutterschaft als einer sozialen Aufgabe und zur Anerkennung der gemeinsamen Verantwortung von Mann und Frau für die Erziehung und Entwicklung ihrer Kinder beiträgt, wobei davon ausgegangen wird, dass das Interesse der Kinder in allen Fällen vorrangig zu berücksichtigen ist.

Art. 6
Die Vertragsstaaten treffen alle geeigneten Maßnahmen einschließlich gesetzgeberischer Maßnahmen zur Abschaffung jeder Form des Frauenhandels und der Ausbeutung der Prostitution von Frauen.

Wir sind entschlossen!

Die ersten Menschenrechtserklärungen für Frauen stammen aus den Jahren 1791 (Déclaration des Droits de la Femme et de la Citoyenne) und 1790 (A Vindication of the Rights of Men). Sie wurden von Olympe de Gouges (Paris) und Mary Wollstonecraft (London) verfasst (vgl. S. 40–43). Beide Erklärungen enthalten die Forderung nach der Gleichberechtigung von Mann und Frau in Bezug auf bürgerliche und politische Rechte, nach gleichem Zugang von Männern und Frauen zu allen Berufen, nach Berufsausbildung für Mädchen, nach dem Recht auf Scheidung auf Wunsch eines der beiden Ehepartner und nach aktivem und passivem Wahlrecht für Frauen. In Deutschland setzte sich Louise Otto-Peters in zahlreichen Artikeln und Gedichten für die Rechte der Frauen ein und verbreitete die Ideen von de Gouges und Wollstonecraft. Gemeinsam mit Auguste Schmidt gründete sie 1865 den „Allgemeinen Deutschen Frauenverein" in Leipzig und gab die Vereinszeitung „Neue Bahnen" heraus. Sie organisierte Bildungsseminare über Erwerbsarbeit für Frauen und initiierte eine Kindergartenbewegung.

Gleiche Rechte für Arbeiterinnen?

Kämpften Männer und Frauen im 19. Jahrhundert zusammen um soziale Gerechtigkeit im Arbeitsleben? Zu dieser Frage erschien 1848 in der Leipziger Arbeiterzeitung ein Leserbrief von Louise Otto.

Adresse eines Mädchens an den hochverehrten Herrn Minister Oberländer, an die durch ihn berufene Arbeitercommission und an alle Arbeiter:

... die Geschichte aller Zeit hat es gelehrt und die heutige ganz besonders, dass diejenigen, welche selbst an ihre Rechte zu denken vergessen, auch vergessen wurden. Darum will ich Sie an meine armen Schwestern, an die armen Arbeiterinnen mahnen! Meine Herren, wenn Sie sich mit der großen Aufgabe unserer Zeit, mit der Organisation der Arbeit beschäftigen, so wollen Sie nicht vergessen, dass es nicht genug ist, wenn Sie die Arbeit für die Männer organisieren, sondern dass Sie dieselbe auch für die Frauen organisieren müssen ... Nun kann man zwar sagen, wenn die Männer künftig besser bezahlt werden als jetzt, so können sie auch besser für ihre Frauen sorgen und diese sich der Pflege ihrer Kinder widmen, statt für andere zu arbeiten. Einmal, fürchte ich, wird das Los der arbeitenden Klasse nicht gleich in diesem Maße verbessert werden können, und dann bleibt immer noch die große Schar der Witwen und Waisen, auch der erwachsenen Mädchen überhaupt, selbst wenn wir die Gattinnen und Mütter ausnehmen. Ferner heißt dies aber auch, die eine Hälfte der Menschen für Unmündige und Kinder zu erklären und von den anderen ganz und gar abhängig zu machen ... Im Namen der Moralität, im Namen des Vaterlands, im Namen der Humanität fordere ich Sie auf:

Vergessen Sie bei der Organisation der Arbeit die Frauen nicht!

Leipziger Arbeiter-Zeitung, 20.5.1845

Louise Otto-Peters (1819–1895), deutsche Frauenrechtlerin

Déclaration des Droits de la Femme et de la Citoyenne (1791)

Art. 2
Ziel und Zweck jedes politischen Zusammenschlusses ist der Schutz der natürlichen und unveräußerlichen Rechte sowohl der Frau als auch des Mannes. Diese Rechte sind: Freiheit, Sicherheit, das Recht auf Eigentum und besonders das Recht auf Widerstand gegen Unterdrückung.

- *Projektvorschlag: In der folgenden Dokumentation können Sie sich über die wichtigsten Forderungen in der „Déclaration des Droits de la Femme et de la Citoyenne" informieren: Johanna Ludwig, Katharina Midell (Hrsg.), „... der Menschheit Hälfte blieb noch ohne Recht", Leipziger Universitätsverlag, Leipzig 1998. Zu bestellen bei: Louise Otto-Peters-Gesellschaft e.V., Fritz-Siemon-Str. 26/011, 04347 Leipzig. Stellen Sie zusammen, welche Frauen sich in Deutschland an der Frauenbewegung des Vormärz (1848) beteiligten, was sie forderten und wie sie ihre Forderungen begründet haben. Das Ergebnis können Sie auf einer Wandzeitung präsentieren.*

- *Begründen Sie aus dem Text von Louise Otto-Peters, weshalb es für Frauen wichtig ist, das Recht zur selbstständigen Erwerbsarbeit zu haben.*

- *Informieren Sie sich über die heutige Situation der Frauen in Deutschland in folgendem Heft, das Sie kostenlos bei der Bundeszentrale für politische Bildung bestellen können: Informationen zur politischen Bildung, Frauen in Deutschland, 1. Quartal 1997, Nr. 254. Den Text finden Sie auch im Internet unter* ***http://www.bpb.de/info-franzis/html/i_255.html***

- *Vorschlag für ein Referat: Welche Rechte haben sich die Frauen in Deutschland in den letzten 160 Jahren erkämpft? Sie können folgendes Buch als Grundlage nehmen, das ebenfalls bei der Bundeszentrale für politische Bildung (Bestellnummer 1057) erhältlich ist: Rosemarie Nave-Herz, Die Geschichte der Frauenbewegung in Deutschland, Leske + Budrich, Opladen 1997.*

- *Sind Frauen heute in Europa im Beruf gleichberechtigt? Diskutieren Sie in einer Pro-und-Contra-Diskussion und begründen Sie Ihre Meinung.*

- *Auf der Weltfrauenkonferenz der UNO* 1995 in Peking wurde u. a. gefordert Frauenprojekte in Afrika, Asien und Lateinamerika zu fördern. Informieren Sie sich im Internet unter* ***http://www.igc.org/beijing/un/un.html*** *über diese Konferenz. Überlegen Sie anschließend in Arbeitsgruppen, wie Sie von Europa aus dazu beitragen könnten, und entwerfen Sie ein Strategiepapier.*

Auch Kinder haben spezielle Rechte

Hard of the matter

One's first reaction on hearing that a 15-year-old girl is to be forced to have a heart transplant is one of horror and dismay. It is a sad and unusual case with the power to shock, because the girl is only a few years away from being deemed[1] an adult. As Mr Justice Johnson allowed, she is intelligent. She cited[2] reasons for objecting which a reasonable person might well find persuasive. She was disinclined[3] to receive drugs every day for the rest of her life. She did not want someone else's heart inside her. She might also have been made aware that about 50 or 60 per cent of patients survive 10 years which means, she easily have deduced, that 40 to 50 per cent do not.
Yet the judge was surely right to allow the doctors to save her life.

The Daily Telegraph, 16. 7. 1999

1 deem: halten für, betrachten als
2 cite: (als Beispiel oder Beweis) anführen
3 disinclined: abgeneigt

Girl who had her father arrested

A Girl of 15 who had her father arrested when he tried to prevent her going out has been placed in care for a second time after refusing to abide by his house rules.
Georgina Brundle, daughter of the Tory leader of St. Edmundsbury council in Suffolk, is living with foster parents[1] unter the guidance of social services.
Georgina, who ist dating a man 10 years her senior, was taken into care two weeks ago after calling police when her father tried to restrain[2] her by the wrists to prevent her leaving the family home in Bury St Edmunds. She accused him of assault[3]. He is being investigated by police and social services over the incident. Her father Mike, 52, who was held for six hours after his arrest, said: „She has been taken into care mainly because when she was invited to come home she didn'nt come home at the times agreed and stayed out all night."

The Daily Telegraph, 10. 8. 1999

1 foster parents: Pflegeeltern
2 restrain: zurückhalten
3 assault: Angriff, Überfall

Kinderarbeit ist verboten

ap/rtr **Genf** – Die Internationale Arbeitsorganisation (ILO) hat in Genf einstimmig eine Konvention zur Abschaffung von Kinderarbeit verabschiedet. Damit sollen vor allem Kindersklaventum, Zwangsarbeit, Prostitution, Pornographie und Arbeit in Bergwerken unterbunden werden. Die zu den Vereinten Nationen gehörende ILO schätzt, dass in den Entwicklungsländern etwa 250 Millionen Kinder im Alter von fünf bis 14 Jahren arbeiten. Das Abkommen tritt in Kraft, wenn mindestens zwei der 174 ILO-Mitgliedsstaaten es ratifiziert[1] haben. Die Konvention verbietet auch die Zwangseinziehung von Kindern zum Einsatz in bewaffneten Konflikten. In Deutschland leisten nach Darstellung des Kinderschutzbundes mehr als 400 000 Schüler verbotene Arbeiten. Der Geschäftsführer des Deutschen Kinderschutzbundes nannte die Baubranche, Großmärkte und Gaststätten. 40 % der 14- bis 16-Jährigen gingen arbeiten, die Hälfte von ihnen leisteten verbotene Kinderarbeit.

Hamburger Abendblatt, 18. 6. 1999

1 ratifizieren: Als gesetzgebende Körperschaft einen völkerrechtlichen Vertrag in Kraft setzen.

§

UN-Konvention über die Rechte des Kindes (1989)

Art. 6
(1) Die Vertragsstaaten erkennen an, dass jedem Kind von Natur aus das Recht auf Leben zusteht.
(2) Sie stellen das Überleben und die Entwicklung des Kindes im größtmöglichen Maß sicher.

§

UN-Konvention über die Rechte des Kindes (1989)

Art. 16
(1) Kein Kind darf willkürlichen oder rechtswidrigen Eingriffen in sein Privatleben, seine Familie, seine Wohnung oder seinen Schriftverkehr oder rechtswidrigen Beeinträchtigungen seiner Ehre oder seines Rufs ausgesetzt werden.
(2) Das Kind hat Anspruch auf rechtlichen Schutz gegen solche Eingriffe oder Beeinträchtigungen.

§

UN-Konvention über die Rechte des Kindes (1989)

Art. 32
(1) Die Vertragsstaaten erkennen das Recht des Kindes an, vor wirtschaftlicher Ausbeutung und vor der Heranziehung zu einer Arbeit geschützt zu werden, die gefährlich sein, die Erziehung des Kindes behindern oder für die Gesundheit des Kindes oder seine geistige, seelische, moralische oder soziale Entwicklung schädlich sein könnte.
(2) Die Vertragsstaaten treffen Gesetzgebungs-, Verwaltungs-, Sozial- und Bildungsmaßnahmen, um die Durchführung dieses Artikels sicherzustellen. Zu diesem Zweck und unter Berücksichtigung der einschlägigen Bestimmungen anderer internationaler Übereinkünfte werden die Vertragsstaaten insbesondere
a) ein oder mehrere Mindestalter für die Zulassung zur Arbeit festlegen;
b) eine angemessene Regelung der Arbeitszeit und der Arbeitsbedingungen vorsehen;
c) angemessene Strafen oder andere Sanktionen zur wirksamen Durchsetzung dieses Artikels vorsehen.

Übersetzen Sie in Arbeitsgruppen die beiden Artikel aus dem Daily Telegraph. Formulieren Sie dann mit eigenen Worten das Problem jedes Artikels. Diskutieren Sie anschließend, wie Sie als Richterin oder als Richter entschieden hätten, und prüfen Sie, ob eine Verletzung der angeführten Kinderrechte vorliegt.

Sind Sie der Auffassung, dass Jobben von Schülerinnen und Schülern eine Verletzung von Art. 32 der UN-Kinderrechtskonvention darstellt? Beschreiben Sie Arbeiten und Arbeitsweisen, bei denen Ihrer Meinung nach eine Verletzung dieses Artikels zutreffen würde, und führen Sie eine Pro-und-Contra-Diskussion.

Save Children

Als am 20. 11. 1989 die *Konvention über die Rechte des Kindes* von der Generalversammlung der Vereinten Nationen angenommen wurde, mussten sich Politikerinnen und Politiker nichts Neues ausdenken. Denn kurz nach dem Ersten Weltkrieg bemühte sich bereits die Engländerin Eglantyne Jebb*, Geld für hungernde und verwundete Kinder zu sammeln. Sie gründete den *Save the Children Fund*, der allen leidenden Kindern unabhängig von ihrer Nationalität, ihrer Rasse oder Hautfarbe die nötige Hilfe zukommen lassen sollte. Die Grundlage dieses Hilfsfonds bildete die Satzung *Children's Charta*, die Eglantyne Jebb 1924 dem Völkerbund mit den Worten schickte: „Ich bin davon überzeugt, dass wir auf bestimmte Rechte der Kinder Anspruch erheben und für die allumfassende Anerkennung dieser Rechte arbeiten sollten." Der Völkerbund verabschiedete diese Charta 1924.

Nach der Auflösung des Völkerbundes wurde 1946 UNICEF gegründet mit dem Ziel, im Sinne der Charta von Eglantyne Jebb Kindern und Jugendlichen in den kriegsverwüsteten Staaten Europas zu helfen. Parallel zu den Hilfsaktionen entstand nach der Verabschiedung der „Allgemeinen Erklärung der Menschenrechte" 1948 erneut die Idee, Kindern und Jugendlichen spezielle Menschenrechte zu gewähren, die ihrem Schutz und ihren Bedürfnissen nach individueller Entwicklung und Wohlergehen Rechnung tragen. Am 20. 11. 1959 nahm die Generalversammlung der Vereinten Nationen eine *Deklaration der Rechte des Kindes* an und erklärte den 20. 11. zum „Tag der Kinderrechte". Diese wurden von verschiedenen Staaten ergänzt, so dass nach längerer Diskussion am 20. 11. 1989 die *Konvention über die Rechte des Kindes* mit 54 Artikeln verabschiedet wurde. Sie wurde von über 160 Staaten ratifiziert.

Eglantyne Jebb half notleidenden Kindern in aller Welt. Warum wollte sie, dass deren grundlegende Rechte anerkannt werden? Diskutieren Sie darüber und sammeln Sie Argumente.*

Der 20. 11. ist der Tag der Kinderrechte. Erarbeiten Sie in Gruppen Vorschläge, wie dieser Tag international zur Verbreitung der Kinderrechte genutzt werden könnte. Sie können sich hierfür Material von UNICEF besorgen (vgl. Adressen, S. 124).

Im Deutschen Bundestag gibt es eine Kinderbeauftragte. Informieren Sie sich über ihre Aufgaben und über die Aufgaben des Kinderschutzbundes in Ihrer eigenen Stadt.

Albanische Jungen in Priština, 1999

Was symbolisieren die Gegenstände, die die Jungen in den Händen halten?

„Sie können nicht früh genug lernen sich gegen die Serben zu verteidigen." Wie beurteilen Sie diese Aussage? Begründen Sie Ihre Meinung.

Lesen Sie die UNO-Konvention über die Rechte des Kindes im Internet unter **http://www.khr.de/khruno.htm** *oder die Zusammenfassung in Ethik 9/10, S. 263ff. Vergleichen Sie die Lebenssituation von Kindern im Krieg mit den einzelnen Artikeln dieser Konvention.*

Wie viel Rechte brauchen Minderheiten?

Hans-Georg Rauch, Die Minderheit

- *Beschreiben Sie und interpretieren Sie die Karikatur.*
- *Definieren Sie den Begriff „Minderheit".*
- *Fächerübergreifende Zusammenarbeit mit Geschichte und Politik: Halten Sie Referate über Minderheiten in Geschichte und Gegenwart. Welche Unterschiede gibt es und was sind die Ursachen dafür?*

Gegenwärtig gibt es in den 186 Staaten der Welt ca. 3 500 verschiedene Ethnien[1] mit eigenen Traditionen, eigener Sprache und Kultur. Sie können nicht alle ihren eigenen Staat gründen und unterliegen dem Anpassungsdruck der jeweils dominanten Zivilisation. Die UNO hat zur Unterstützung dieser ethnischen Gruppen einen internationalen Pakt verabschiedet.*

1 Ethnie: Menschengruppe mit einheitlicher Kultur

§ Internationaler Pakt der UNO über bürgerliche und politische Rechte (1966)

Art. 1
(1) Alle Völker haben das Recht auf Selbstbestimmung. Kraft dieses Rechts entscheiden sie frei über ihren politischen Status und gestalten in Freiheit ihre wirtschaftliche, soziale und kulturelle Entwicklung.
(2) Alle Völker können für ihre eigenen Zwecke frei über ihre natürlichen Reichtümer und Mittel verfügen, unbeschadet aller Verpflichtungen, die aus der internationalen wirtschaftlichen Zusammenarbeit auf der Grundlage des gegenseitigen Wohles sowie aus dem Völkerrecht erwachsen. In keinem Fall darf ein Volk seiner eigenen Existenzmittel beraubt werden.

Art. 2
(1) Jeder Vertragsstaat verpflichtet sich, die in diesem Pakt anerkannten Rechte zu achten und sie allen in seinem Gebiet befindlichen und seiner Herrschaftsgewalt unterstehenden Personen ohne Unterschied wie insbesondere der Rasse, der Hautfarbe, des Geschlechts, der Sprache, der Religion, der politischen oder sonstigen Anschauung, der nationalen oder sozialen Herkunft, des Vermögens, der Geburt oder des sonstigen Status zu gewährleisten.

Art. 13
Ein Ausländer, der sich rechtmäßig im Hoheitsgebiet eines Vertragsstaates aufhält, kann aus diesem nur aufgrund einer rechtmäßig ergangenen Entscheidung ausgewiesen werden, und es ist ihm, sofern nicht zwingende Gründe der nationalen Sicherheit entgegenstehen, Gelegenheit zu geben, die gegen seine Ausweisung sprechenden Gründe vorzubringen und diese Entscheidung durch die zuständige Behörde oder durch eine oder mehrere von dieser Behörde besonders bestimmte Personen nachprüfen und sich dabei vertreten zu lassen.

Art. 27
In Staaten mit ethnischen, religiösen oder sprachlichen Minderheiten darf Angehörigen solcher Minderheiten nicht das Recht vorenthalten werden, gemeinsam mit anderen Angehörigen ihrer Gruppe ihr eigenes kulturelles Leben zu pflegen, ihre eigene Religion zu bekennen und auszuüben oder sich ihrer eigenen Sprache zu bedienen.

Sozial gleichwertig werden

Die türkische Soziologin Kürsat-Ahlers reflektiert ihre Erfahrungen in Deutschland und fragt, was der Gleichberechtigung von Minderheiten entgegensteht und wie dies geändert werden kann.

Die Bedrohung, die von Fremden für den Bestand des eigenen Systems der verinnerlichten Selbstzwänge und Zivilisationsleistungen für das Wir-Gefühl und Wir-Ideal ausgeht, veranlasst offensichtlich die Gesellschaften mit starken inneren Homogenisierungszwängen[1] dazu, die fremden Gruppen zu einer schnelleren Anpassung – zum Verschwinden als wahrnehmbare, sich unterscheidende Sie-Gruppe – zu drängen. Die Bedrohung des Wir-Gefühls und der Wir-Identität wird wiederum aus der Sicht der Minderheit – wie umgekehrt auch der Mehrheit – als eine Kränkung wahrgenommen.
Sich-Anpassen bedeutet immer Nachahmen, Nachäffen und Nachrennen. Es ist wie ein Marathonlauf der Selbsterniedrigung. Jede Anpassung ist eine Selbstaufopferung. Jede Anpassung bedeutet ein Stück weiteren Persönlichkeits- und Selbstwertverlustes. Der Druck der Gesellschaft auf den Fremden impliziert immer, dass seine Kultur als minderwertiger betrachtet wird. Jede Anpassung, d. h. jedes diesem gesellschaftlichen Druck Nachgeben, löst schmerzliche soziale Minderwertigkeitsgefühle und eine Empfindung von Selbstverleumdung aus. Auf Identität zu beharren ist ein natürlicher Schutzmechanismus, der umso stärker wird, je mehr Angst da ist sich zu verändern. Ich habe mich häufig bei der Argumentation ertappt: „So bin ich, und so will ich bleiben", als ich diese bedrohliche Angst empfand, dass mein neues, verändertes Ich, also die neu gelernten und gewonnenen Bestandteile, den Anforderungen und Maßstäben meiner Umwelt vielleicht nicht gerecht werden könnten. Der Mut sich zu verändern und sich anzupassen, entsteht nur dann, wenn man glaubt, dass man trotz der ungleichen Bedingungen – der neu Lernende hat nie gleiche Voraussetzungen – sozial konkurrenzfähig und gleichwertig werden kann. Das Vertrauen in diese Voraussetzung hängt in erster Linie von der Toleranz der Umwelt gegenüber dem ängstlich Lernenden ab.

1 Homogenisierung: Vermischung von prinzipiell verschiedenen Elementen oder Teilen

*Elcin Kürsat-Ahlers (*1949), türkische Soziologin*

- *Wie beurteilen Sie die Kritik von Elcin Kürsat-Ahlers an der deutschen Gesellschaft? Führen Sie eine Diskussion.*
- *Stellen Minderheiten eine Bedrohung des Wir-Gefühls der Mehrheit dar? Begründen Sie Ihre Meinung.*
- *Was verstehen Sie unter Anpassungsdruck? Ist die politische Forderung, dass Migrantinnen und Migranten deutsche Sprachkenntnisse nachweisen sollen, eine Art Anpassungsdruck?*
- *Stellen Sie sich vor, Sie würden als Mitglieder der deutschen Minderheit in einem anderen Land leben. Welche Rechte würden Sie für sich in Anspruch nehmen wollen? Erarbeiten Sie einen Katalog mit Vorschlägen.*

Bewahren Sie sich Ihre Selbstachtung!

Raymonda Tawil lebte in Palästina und setzte sich für die Gründung eines einheitlichen Staates ein – eines Staates, in dem Moslems, Christen und Juden mit gleichen Rechten und gleichen Pflichten zusammenleben. Da sie wusste, dass dies in absehbarer Zeit nicht durchzusetzen sein würde, plädierte sie für einen Palästinenser-Staat neben Israel und bemühte sich um eine friedliche Lösung des Nahostkonflikts.

Als Araberin in Israel, als Palästinenserin in Jordanien, als Frau in einer patriarchalischen Gesellschaft, als Bürgerin eines okkupierten Landes, als Befürworterin einer gleichberechtigten Koexistenz der Völker setzte sie sich vielen Anfeindungen und Entfremdungen aus. Am 12. 8. 1976 wurde ihr vom Militärgouverneur von Ramallah Folgendes mitgeteilt: „Gemäß § 86 der Sicherheitsbestimmungen ordne ich kraft meines Amtes hiermit an, dass Frau Raymonda Habib Jerais Tawil, Personalausweis-Nummer 99770512 aus Ramallah, wohnhaft Mario-Hanna-Str. 26, mit Wirkung vom 12. 8. 1976, zehn Uhr, der Sonderüberwachung unterliegt, bis andere Anweisung gegeben wird. Solange sie der Sonderüberwachung unterliegt, hat sich die oben genannte Raymonda Habib Jerais Tawil innerhalb des Hauses in Ramallah aufzuhalten, in welchem sie wohnt, und zwar zu jeder Tages- und Nachtzeit. Gezeichnet: Oberst Ya'akov Katz, Militärgouverneur. 12. 8. 1976."

In ihrem Buch „Mein Gefängnis hat viele Mauern" berichtet sie über diese Zeit.

Selbst jetzt, da ich unter Hausarrest stehe, gibt es Kreise, die mich und meine Handlungen missbilligen. „Wieso stehen Sie bloß unter Hausarrest? Warum sind Sie nicht im Gefängnis? Sie müssen bei den Israelis einen ziemlichen Stein im Brett haben, dass sie Sie so bevorzugt behandeln ..." Ich koche vor Wut bei der Unterstellung, dass ich bei den Israelis so etwas wie eine privilegierte Stellung einnehme.

Eines Tages geleite ich einige Gäste hinaus; als sie das Haus verlassen, gehe ich mit ihnen bis ans Gartentor. Genau in diesem Augenblick fährt Major Maurice von der Militärregierung Ramallah zufällig vorbei. Als er mich draußen sieht, bekommt er einen Wutanfall. Er wendet sich an den Polizisten und schreit: „Sie darf nicht aus dem Haus! Ich wünsche nicht, dass sie die Sonne sieht!"

Ich darf nicht einmal in den Garten und an den Blumen riechen. Sie stehen in voller Blüte, und der Garten ist wunderschön. Aber es scheint, dass ich, wenn ich in den Garten gehe, die Sicherheit des Staates Israel gefährde. [...]

Ein tiefes Gefühl der Bitterkeit erfüllt mich. Mit welchem Recht will dieser Mann mir verbieten, die Sonne zu sehen? Gehört denn auch die Sonne den Israelis? Aber ich bewahre mir den klaren Kopf, ich lasse mich nicht von meiner Wut überwältigen: Meine Erbitterung richtet sich gegen die israelische Armee, gegen die israelische Besatzung, gegen Männer wie Major Maurice. Aber ich hege keine Feindschaft gegen Israelis allgemein. Die israelischen Behörden versuchen mich zu brechen; sie versuchen es – mit Zuckerbrot und Peitsche. Die Peitsche ist mein Hausarrest, das abgeschnittene Telefon, das Verbot, mein Gesicht im Freien zu zeigen, die immer wiederkehrenden Gerüchte über bevorstehende schwere Strafen. Es gibt aber auch Zuckerbrot. Unter meinen Gästen sind viele Israelis – Liberale und Linke zumeist. Sie sind alle bemüht zu helfen, sie bieten Rat und Unterstützung an. Aber die Ratschläge differieren, je nach der Persönlichkeit des Ratgebers und seinen Auffassungen. Selbst Mitglieder derselben Partei äußern vollkommen entgegengesetzte Ansichten. Da ist z. B. Eliezer Be'eri von der „Mapam", ein „Arabien-Experte" seiner Partei. Wir sind alte Bekannte – und Gegner. Wir haben uns bei vielen Gelegenheiten getroffen, meistens bei Debatten und Streitgesprächen, bei denen wir stets scharf aneinander gerieten. Seit ich Hausarrest habe, ist Eliezer einige Male zu Besuch gekommen. Einmal kommt er mit einer Idee, wie meine Freilassung zu bewerkstelligen sei: Er rät mir, den israelischen Behörden einen offiziellen Brief zu schreiben, in dem ich erkläre, dass ich mich keiner Handlung schuldig gemacht habe, die dem Staate Israel abträglich ist, und dass ich mich auch in Zukunft nicht anders verhalten werde. Ein solcher Brief, so versichert er mir, wird die Behörden veranlassen mich freizulassen. „Was?", schreie ich empört. Entschuldigen? Um Gnade bitten? Mich erniedrigen? Niemals!"

Gleich liegen wir wieder in wütendem Streit, als er mir Extremismus vorwirft. Bevor er geht, warnt er mich nochmals, wenn ich den Brief nicht schriebe, würde ich für lange Zeit eingesperrt bleiben.

Das ist das Zuckerbrot.

Die israelischen Behörden brauchen diesen Brief, um mich in Misskredit zu bringen, um mich zu demütigen und mich mit dem Beweis meiner Kapitulation als politischen Gegner von irgendeinem Gewicht auszulöschen.

Kurz darauf wieder ein Besuch von der „Mapam": Mordechai Bentow und Latif Dori. Ich erzähle ihnen von Be'eris Vorschlag. Latif zögert keinen Augenblick. „Schreiben Sie auf keinen Fall einen solchen Brief!", fleht er mich an. „Was auch geschieht – schreiben Sie ihnen keinen Brief. Das ist eine Falle!"

Bentow reagiert anders: Er gerät in Wut, als er mich sagen hört, ich würde lieber sterben, als einen Brief schreiben und um Gnade bitten. Aber ich erwidere: „Ich bin Palästinenserin! Ich habe das Recht, Widerstand gegen die Besatzung zu leisten!" Be'eri, Bentow und Dori – alle drei sind Mitglieder der „Mapam". Avneri und Zichroni erfahren von dem vorgeschlagenen Bittbrief. Beide lehnen es scharf ab mir zur Abfassung dieses Briefes zu raten.

Dr. Israel Schahak, israelischer Vorkämpfer für die Menschenrechte, der sich mit seinen Handlungen und Äußerungen bei seinen eigenen Landsleuten höchst unbeliebt gemacht hat, kommt mich besuchen. Auch er rät mir davon ab, irgendeinen Brief an die israelischen Behörden zu schreiben. „Sie wollen alle Palästinenser zum Schweigen bringen. In Beirut werden die Palästinenser physisch vernichtet. In Ihrem Falle wenden sie die psychische Vernichtung an. Bewahren Sie sich Ihre Selbstachtung, bitten Sie nicht um Milde."

Raymonda Tawil, palästinensische Politikerin

- *Was hätten Sie Raymonda Tawil geraten? Vergleichen Sie hierzu auch den Text „Würde und Selbstachtung" auf S. 94.*

- *Vorschlag für fächerübergreifende Zusammenarbeit mit Politik bzw. Sozialkunde: Informieren Sie sich über den Prozess der Friedensverhandlungen zwischen Israel und Palästina. Worin besteht das Kernproblem zwischen beiden Staaten?*

Was ist ziviler Ungehorsam?

Zum „großen" Widerstand gehört ziviler Ungehorsam. Dieser kann aus zivilcouragiertem Handeln heraus wachsen; er fordert noch mehr Mut und „Tapferkeit des Herzens" als Zivilcourage. Im zivilen Ungehorsam widerstehen Bürgerinnen und Bürger staatlichen Entscheidungen, weil sie diese für ethisch unerlaubt halten. Sie begehen eine symbolische Regelverletzung und wollen damit an die Einsichtsfähigkeit der Mehrheit appellieren. Die bewusste symbolische Übertretung geschieht gewaltfrei. Bestehende Ordnungen werden vorsätzlich nicht beachtet, um darauf aufmerksam zu machen, dass die Regierenden ein höherrangiges Gut missachten, z. B. Würde und Leben des Menschen. Wer zivilen Ungehorsam leistet, bekennt sich zu seiner die Rechtsnorm verletzenden Tat und nimmt die Strafe in Kauf.

Heute brauchten wir viele Menschen, die aus ihrer Gewissensentscheidung heraus an ihrer Stelle das Zusammenleben menschlicher gestalten – und die sich mit zivilem Mut öffentlich einmischen. Sie könnten den umfassenden Bedrohungen und den gesellschaftlichen Ungerechtigkeiten humane Lebensmöglichkeiten entgegensetzen. Es sieht allerdings so aus, als ginge die Erde am Gehorsam ihrer Bewohner zugrunde. Die Mehrzahl stimmt schweigend der Verantwortungslosigkeit zu, mit der die Welt zerstört wird.

Weltweite Bedrohungen wirken sich für Teile der Menschheit bereits unmittelbar in ihrem täglichen Leben aus. An dieser Stelle kann der Einzelne mit dem „Widerstandsrecht der alltäglichen praktischen Vernunft" beginnen: Dafür eintreten, dass Autoabgase nicht weiterhin die Luft zum Atmen vergiften und krank machen dürfen; Initiativen unterstützen, damit das Trinkwasser wieder trinkbar wird: Nicht weiterhin als selbstverständlich hinnehmen, dass jährlich Hunderttausende vom Straßenverkehr übereilt und verletzt, zehntausend Menschen getötet werden; erkennen, dass ein erbarmungsloses Leistungsprinzip und der tägliche Rivalitätskrieg in Beruf und Ausbildung Erwachsene und Kinder schädigen und dass wir überall den Wettbewerb durch Zusammenarbeit überwinden müssen; dagegen Einspruch erheben, dass Bürgerinnen und Bürger durch atomare Anlagen bedroht werden; nicht länger dulden, dass rücksichtslose wirtschaftliche Interessen dazu führen, Boden, Pflanzen und Atmosphäre zu zerstören.

Es geht bei der Zivilcourage darum frühzeitig den vielfältigen Bedrohungen gegenüber wachsam zu sein und für menschliche Lebensbedingungen einzutreten. Dadurch werden die politisch Verantwortlichen gezwungen über ihr Handeln nachzudenken, sich sachkundig zu machen und sorgfältig zu rechtfertigen, was sie tun. Bereits jetzt haben sie in vielen Fällen Vorhaben korrigieren oder aufgeben müssen, weil sich Menschen aus den sozialen Bewegungen dagegen gewehrt haben.

*Kurt Singer (*1929), deutscher Sozialwissenschaftler*

- *Worin besteht das Wesen des zivilen Ungehorsams?*
- *Zeichnen Sie ein Begriffsnetz und unterscheiden Sie zivilen Ungehorsam von Zivilcourage. Beurteilen Sie anschließend das Handeln von Raymonda Tawil. Lesen Sie hierzu auch noch einmal S. 12/13. Hat sie das Recht auf Widerstand?*

Kameras auf der Krankenbahre: Journalisten demonstrieren in Hebron nach Schüssen israelischer Soldaten auf einen Reporter.

- *Überlegen Sie, ob das Handeln dieser Journalisten ziviler Ungehorsam oder Zivilcourage ist.*

Wenn Menschenrechte verletzt werden

Pablo Picasso

Nächtliches Klopfen an der Tür

Es war kurz vor Mitternacht: Bum! Bum! Bum! Bum! Innerlich wusste ich Bescheid und ging, um die Tür zu öffnen. Mehr als zehn Polizisten, einige in Zivil und einige in Uniform, blockierten den Eingang. Sie sagten nichts und auch ich sagte nichts. „Papa, was ist passiert?", fragte meine Tochter schlaftrunken. „Überhaupt nichts, sei ein gutes Mädchen und schlaf", antwortete ich schnell.

So beschrieb Xu Wenli, ein Aktivist der „Mauer der Demokratie"-Bewegung, seine Festnahme im April 1981. Xu musste zwölf Jahre warten, bis zum Mai 1993, ehe er wieder nach Hause kam. [...] Als „Konterrevolutionär" wurde Xu Wenli zu 15 Jahren Haft verurteilt. Seine Leiden in Pekings berüchtigtem Gefängnis „Nummer eins" sind gut dokumentiert und geben einen Einblick in die Torturen, die Tausende politischer Häftlinge in Chinas Gulag[1] bis auf den heutigen Tag erdulden. So wurde Xu 1985 zur Strafe für das heimliche Schreiben eines Berichts aus seiner Zelle geholt und in eine „fensterlose, feuchte Gruft" gesperrt, berichtet die Menschenrechtsorganisation Asiawatch. „Die Zelle war so klein, dass Xu darin nicht einmal aufrecht stehen konnte. Sie wimmelte von Wanzen und allerlei Insekten, und es gab darin kein Bett, nur eine Matte auf dem Betonboden. Das Essen bestand ausschließlich aus Maismehlklößen, Salz und Wasser. Mehr als dreieinhalb Jahre lang war Xu in diesem Loch lebendig begraben, ohne es ein einziges Mal verlassen zu dürfen."

1 Gulag: Kurzwort aus dem russ. *Glawnoje **U**prawlenije **Lag**erej*, Hauptverwaltung des Straflagersystems in der UdSSR (1930–1955)

ZEIT-Punkte 2/1993

Druck statt Dialog?

Wir fragten Wei, warum er kürzlich in seiner Rede vor der UN-Menschenrechtskommission in Genf weiter äußersten Druck auf China gefordert habe, obgleich seine beiden vorzeitigen Entlassungen doch eher zu beweisen schienen, dass Peking bemüht ist, mit dem Westen auf gutem Fuß zu stehen. Druck sei sicher nötig, aber gleichzeitig müsse Bereitschaft zum Verhandeln deutlich werden, argumentierten wir. Wie Kennedy gesagt habe: „Rüsten und reden."
Wei sieht das anders: „Wir brauchen heute ausländische Hilfe nötiger denn je – wäre der Westen, vor allem Deutschland und Frankreich, härter aufgetreten, wären wir heute viel weiter, aber die denken ja nur ans Geschäft."
Unsere Antwort: Die Alternative, entweder Härte und Abschottung oder Verhandeln, ist falsch; allein sinnvoll sei es, beides gleichzeitig zu praktizieren. Dies leuchtet ihm nicht ein; auch nicht der Zusatz, nur auf diese Weise hätten wir Deutsche im Kampf mit dem Kommunismus die Wiedervereinigung geschafft.
Weis Einwand: Willy Brandt, der geglaubt habe, man könne mit Kommunisten vernünftig argumentieren, hatte Unrecht. Entscheidend war damals der Druck von außen, „denn Druck ist wichtiger als Dialog". „Ihr konntet nur Erfolg haben", so meint er, „weil Russland sich verändert hatte." Richtig, aber Russland hat sich erst verändert, als Gorbatschow die Welt mit neuen Augen ansah und Verhandlungen vorschlug.

*Marion Gräfin Dönhoff (*1909), deutsche Journalistin und Herausgeberin der ZEIT*

DIE ZEIT, 23. 4. 1998

Wie beurteilen Sie die Position Weis? Heißt die Alternative Druck ***oder*** *Dialog? Begründen Sie Ihre Meinung.*

Der Sacharow-Preis des Europäischen Parlaments

Nicht allein der diesjährige Preisträger Ibrahim Rugova wurde in Straßburg beglückwünscht. Auch der Preis selbst feierte Geburtstag: Seit nunmehr zehn Jahren verleiht das EP den mit 15 000 Euro dotierten Sacharow-Preis im Rahmen einer feierlichen Sitzung. Der Untertitel „Preis für geistige Freiheit" unterstreicht den hohen Anspruch dieser Auszeichnung, mit der hervorragende Leistungen zum Schutz und zur Durchsetzung der Menschenrechte und Demokratie gewürdigt werden. Mit dem Sacharow-Preis bringt das EP zum Ausdruck, dass zu den elementaren Freiheitsrechten nicht nur das Recht auf Leben und Unversehrtheit gehört, sondern auch das Recht auf Nichtdiskriminierung aus rassischen und religiösen Gründen sowie auf Meinungs- und Informationsfreiheit. Gerade letzteres hat sich bei einem Blick in die Geschichte als eines der stärksten Bollwerke gegen Unterdrückung erwiesen und als Gradmesser einer wirklich demokratischen und freien Gesellschaft.

Forum Europa, 12/1998

Vorschlag für ein Referat oder eine Facharbeit: Wer war Andrej Sacharow und warum wurde dieser Preis nach ihm benannt? Erste Informationen finden Sie unter ***http://geschichte.2me.net/bio/cethegus/s/sacharow.html,*** *als Grundlage für die Weiterarbeit können Sie folgendes Buch nehmen: Andrej Sacharow, Mein Leben, Piper, München 1991.*

Dürfen wir Menschenrechte mit Gewalt erzwingen?

Natürlich gehen die USA und die Mitgliedsstaaten der Europäischen Union, die die politische Verantwortung tragen, von einer gemeinsamen Position aus. Nach dem Scheitern der Verhandlungen von Rambouillet führen sie die angedrohte militärische Strafaktion gegen Jugoslawien mit dem erklärten Ziel durch, liberale Regelungen für die Autonomie des Kosovo innerhalb Serbiens durchzusetzen. Im Rahmen des klassischen Völkerrechts hätte das als Einmischung in die inneren Angelegenheiten eines souveränen Staates, d. h. als Verletzung des Interventionsverbots gegolten. Unter Prämissen der Menschenrechtspolitik soll dieser Eingriff nun als eine bewaffnete, aber von der Völkergemeinschaft (auch ohne UN-Mandat stillschweigend) autorisierte Frieden schaffende Mission verstanden werden. Nach dieser westlichen Interpretation könnte der Kosovo-Krieg einen Sprung auf dem Wege des klassischen Völkerrechts der Staaten zum kosmopolitischen[1] Recht einer Weltbürgergesellschaft bedeuten. […]

Von Mord, Terror und Vertreibung waren im Kosovo schon in den Monaten vor dem Beginn der Luftangriffe etwa 300 000 Personen betroffen. Inzwischen liefern die erschütternden Bilder von den Vertriebenentrecks auf den Routen nach Mazedonien, Montenegro und Albanien die Evidenzen[2] für eine von längerer Hand geplante ethnische[3] Säuberung. Dass die Flüchtenden auch wieder als Geiseln zurückgehalten werden, macht die Sache nicht besser. [Auch wenn] Milošević den Luftkrieg der Nato benutzt, um seine elende Praxis bis zum bitteren Ende zu forcieren, können die niederdrückenden Szenen aus den Flüchtlingslagern den kausalen Zusammenhang nicht verkehren. Es war schließlich das Ziel der Verhandlungen, einen mörderischen Ethnonationalismus zu stoppen.

1 Kosmopolitismus: Weltbürgertum
2 Evidenz: Deutlichkeit; vollständige, überwiegende Gewissheit; einleuchtende Erkenntnis
3 ethnisch: einer sprachlich und kulturell einheitlichen Volksgruppe angehörend

*Jürgen Habermas (*1929), deutscher Philosoph*

DIE ZEIT, 29. 4. 1999

Sollten Menschenrechtsverletzungen als Kriterium für einen gewaltsamen internationalen Einsatz dienen? Führen Sie eine Pro-und-Contra-Diskussion und begründen Sie Ihre Meinung. Lesen Sie hierzu auch S. 52/53.

Sehen Sie eine Möglichkeit, Menschenrechte als positives Recht (vgl. S. 16–19) in eine weltweit anerkannte demokratische Rechtsordnung zu implementieren? Erarbeiten Sie Vorschläge in Arbeitsgruppen.

Genauso schlimm wie der Schmerz ist die menschliche Erniedrigung während der Folter.
Sergio Veseley, chilenischer Dichter

Interpretieren Sie diesen Satz in einem kurzen Essay auf der Grundlage der Informationen der Zeitungsartikel.

Der internationale Menschenrechtsschutz

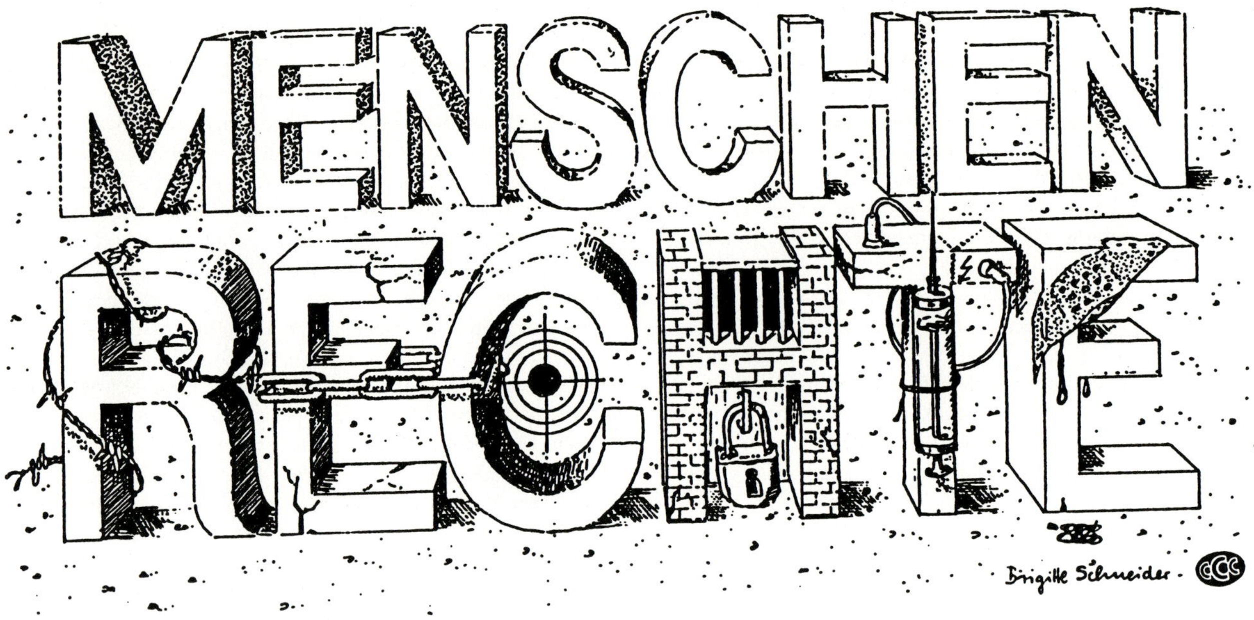

Beschreiben Sie und interpretieren Sie diese Karikatur.

Suchen Sie weitere Beispiele zu den politischen Einflussmöglichkeiten und entwerfen Sie ein ähnliches Schema mit Vorschlägen für eigene Aktivitäten.

Der politische Menschenrechtsschutz

UNO und einzelne Staaten

Militärische Intervention
z. B. im Golf-Krieg

Wirtschaftssanktionen
z. B. gegen den Irak und Rest-Jugoslawien

Diplomatische Aktivitäten
z. B. Verhandlungen zur Beendigung des Kosovo-Konflikts

Kürzung oder Nichtgewährung von Entwicklungshilfe
z. B. Nigeria nach der Ermordung von Ken-Saro-Wiwa

Einflussnahme über die Medien
u. a. Berichte über Menschenrechtsverletzungen, z. B. in China

internationale Konferenzen
z. B. internationale Menschenrechtskonferenz in Wien 1993

Der juristische Menschenrechtsschutz

Die UNO* hat bisher sechs Konventionen zum Schutz der Menschenrechte beschlossen, deren Einhaltung u. a. durch die Prüfung von Staatenberichten sowie Staaten- und Individualbeschwerden kontrolliert werden kann. Die vier wichtigsten sind der Zivilpakt (1966), der Sozialpakt (1966), die Konvention gegen Rassendiskriminierung (1966) und die Anti-Folter-Konvention (1984). Hinzu kommen die Konventionen zu den Frauenrechten (1953) und Kinderrechten (1989), vgl. S. 96–99. Wenn Sie diese Konventionen nachlesen wollen, finden Sie auf S. 91 die Literaturangabe.

Der Zivilpakt

Die Entstehung des Zivilpakts (Internationaler Pakt über bürgerliche und politische Rechte) und seines Zwillings, des Sozialpakts, spiegelt den menschenrechtspolitischen Wertekonflikt zwischen den westlich-liberalen Staaten und dem [ehemaligen] kommunistischen Block (sowie der Dritten Welt) wider. […]

Unter dem Zivilpakt wurde ein 18-köpfiger Menschenrechtsausschuss (MRA) geschaffen. Gemäß Art. 40 hat er die Berichte zu prüfen, die von allen Staaten ein Jahr nach dem Inkrafttreten der Konvention für sie erstmalig vorgelegt werden müssen, danach auf Aufforderung durch den Ausschuss. Für die Fälligkeit der Folgeberichte hat der MRA als Intervall fünf Jahre festgesetzt, doch hat er seit 1991 auch außerhalb der üblichen Periodizität einige Staaten zur Berichterstattung aufgefordert, wenn er auf Menschenrechtsverletzungen aufmerksam geworden war. Art. 41 sieht vor, dass Staaten eine Unterwerfungserklärung hinsichtlich Staatenbeschwerden abgeben können, was allerdings nur 40 der (Stand 1. 1. 1998) 140 Konventionsmitgliedsstaaten getan haben. Die Unterwerfung unter die Individualbeschwerde ist im Zivilpakt selbst nicht vorgesehen, sondern bedarf der Ratifikation des Ersten Fakultativprotokolls zum Zivilpakt (93 Mitglieder zum 1. 1. 1998). Seit 1994 ist auch ein Zweites Fakultativprotokoll zum Zivilpakt in Kraft, das die Abschaffung der Todesstrafe zum Ziel hat. Dieses maßgeblich von der Bundesrepublik auf den Weg gebrachte Instrument hatte am 1. 1. 1998 gerade 31 Mitglieder. Die Prüfung einer Beschwerde durch den MRA dauert meist mehrere Jahre, und die Umsetzung seiner „Urteile" kann nicht international erzwungen werden, sondern bedarf der freiwilligen Erfüllung durch den betroffenen Staat.

Der Sozialpakt

Der Sozialpakt (Internationaler Pakt über wirtschaftliche, soziale und kulturelle Rechte), der zum 1. 1. 1998 137 Mitgliedsstaaten hatte, erscheint im Vergleich zum Zivilpakt weniger als eine Menschenrechts- denn als eine Staatenpflichtskonvention. Während der Zivilpakt in Sätzen wie „Jeder Mensch hat dieses oder jenes Recht" oder „Kein Mensch darf in der Ausübung dieses oder jenes Rechts beeinträchtigt werden" formuliert ist, wird der Sozialpakt von der Formel „Die Mitgliedsstaaten verpflichten sich, dieses oder jenes Recht bestmöglich zu verwirklichen" gekennzeichnet – wobei der einschränkende Zusatz „entsprechend ihren Möglichkeiten" häufig sogar noch hinzutritt. Auch das Schutzsystem des Sozialpakts ist wesentlich schwächer als jenes des Zivilpakts. Er kennt keine Verfahren außer der Berichtspflicht der Mitgliedsstaaten, die nach Art. 17 Ziff. 1 innerhalb eines Jahres nach Beitritt zu erfüllen ist. 1988 wurde die Frist für die Vorlage von Erstberichten durch Beschluss des Wirtschafts- und Sozialrats (WSR) auf zwei Jahre verdoppelt und die Periodizität der Folgeberichte auf fünf Jahre festgesetzt.

Konvention gegen Rassendiskriminierung

Das internationale Übereinkommen zur Beseitigung jeder Form von Rassendiskriminierung wurde 1966 verabschiedet und trat bereits 1969 in Kraft. Der durch sie geschaffene 18-köpfige Expertenausschuss war gewissermaßen das Modell für den MRA unter dem Zivilpakt. Ende Januar 1998 hatte die Konvention 150 Mitgliedsstaaten. Auch die Konvention gegen Rassendiskriminierung sieht Staatenberichte, Staatenbeschwerde und Individualbeschwerde vor. Die Berichtspflicht nach Art. 9 ist innerhalb eines Jahres nach Beitritt, danach alle zwei Jahre und auf Aufforderung durch den Ausschuss zu erfüllen. Die Unterwerfung unter die Staatenbeschwerde ist im Gegensatz zu allen anderen Konventionssystemen für alle Mitgliedsstaaten obligatorisch. Allerdings ist sie auch unter dieser Konvention noch nie benutzt worden. Die Zulässigkeit der Individualbeschwerde bedarf gemäß Art. 14 der Konvention einer entsprechenden Erklärung des betreffenden Mitgliedsstaates.

Die Anti-Folter-Konvention

Das Übereinkommen gegen Folter und andere grausame, unmenschliche oder erniedrigende Behandlung oder Bestrafung – 1984 verabschiedet und 1987 in Kraft getreten – kennt alle drei Verfahrenstypen: die Berichtspflicht nach Art. 19 (innerhalb eines Jahres nach Beitritt, danach alle vier Jahre und auf Aufforderung durch den Ausschuss), die Staatenbeschwerde nach Art. 21 sowie die Individualbeschwerde nach Art. 22. Beide Beschwerdeverfahren bedürfen einer Unterwerfungserklärung. Von den (zum 5. 12. 1997) 105 Mitgliedsstaaten haben sich 41 der Staatenbeschwerde und 39 der Individualbeschwerde unterworfen.

Eine herausragende Bestimmung der Anti-Folter-Konvention stellt ihr Art. 20 dar, der dem Ausschuss die Kompetenz einräumt, neben Petitionen von Betroffenen auch vertrauliche Informationen (einschließlich solcher von Nichtregierungsorganisationen, NGOs) über systematische Folter in einzelnen Mitgliedsstaaten entgegenzunehmen und zu prüfen; sie hat so den drei üblichen Konventionsverfahren gewissermaßen ein viertes hinzugefügt. Zwar können Staaten gemäß Art. 28 erklären, dass sie diese Kompetenz des Ausschusses bezüglich Informationen, die sie selbst betreffen, nicht anerkennen. Doch macht die Notwendigkeit einer Nichtunterwerfung die Unterwerfung unter dieses Verfahren zur Regel. Lediglich elf Staaten haben bislang ihre Nichtunterwerfung unter Art. 20 erklärt.

Die Bestimmung des Art. 20 hebt die Anti-Folter-Konvention aus den anderen Konventionssystemen heraus, doch kann für ihre Effektivität für Beschwerde führende Personen dasselbe gelten wie für den Zivilpakt: langwierige Prüfungsverfahren, die mit Ausschuss-„Urteilen" ohne Erfüllungsgarantie schließen. Da in Europa seit 1987 mit dem Europäischen Übereinkommen für die Abschaffung der Folter ein effektiveres Verfahren zur Verfügung steht, ist zumindest für die Bürger und Bürgerinnen der Mitgliedsstaaten dieser Konvention ein besserer Schutz vor Folter gewährleistet. Außerhalb Europas gilt wie schon für den Zivilpakt, dass die Anti-Folter-Konvention der UNO* „besser als nichts" ist. Auch zur Anti-Folter-Konvention ist zudem gegenwärtig ein Fakultativprotokoll in Arbeit, welches gleich dem Protokoll Nr. 2 zur Europäischen Konvention gegen die Folter in jenen Staaten, die ihm beitreten, unangemeldete Kontrollbesuche in Haftanstalten durch einen zehnköpfigen Unterausschuss des Anti-Folter-Komitees ermöglichen soll.

Henning Boeckle, deutscher Politikwissenschaftler

- *Vergleichen Sie diese Konventionen und beschreiben Sie Gemeinsamkeiten und Unterschiede.*
- *Diskutieren Sie darüber, ob die genannten Konventionen einen wirksamen Schutz gegen Menschenrechtsverletzungen garantieren, und erarbeiten Sie weitere Vorschläge, insbesondere auch für die Verbesserung der Kontrollmöglichkeiten der UNO*.*
- *Entwerfen Sie in Anlehnung an die abgebildete Karikatur eine eigene Zeichnung, die zum Ausdruck bringt, dass die UNO die Einhaltung der Menschenrechte kontrolliert. Versehen Sie die einzelnen Buchstaben mit entsprechenden Bildelementen.*

Menschenpflichten und Weltethos

Goldene Regeln der Menschlichkeit

Was du dir selbst nicht wünschst,
das tue auch anderen Menschen nicht an.
Konfuzius *(ca. 551–489 v. Chr.)*

Keiner von euch ist ein Gläubiger, solange er nicht seinem Bruder wünscht, was er sich selbst wünscht.
Hadithe von an-Nawawi, Islam

Alles, was ihr von anderen erwartet,
das tut auch ihnen.
Matthäus 7,12

Man soll sich gegenüber anderen nicht in einer Weise benehmen, die für einen selbst unangenehm ist; das ist das Wesen der Moral.
Mahâbhârata, Hinduismus

Überlegen Sie, warum wir in allen großen Religionen und Traditionen der philosophischen Ethik diese verpflichtende Regel finden, unabhängig von Kulturkreisen und Gesellschaftsordnungen. Begründen Sie Ihre Meinung.

Was würden Sie auf die Frage antworten: „Eure goldene Regel fördert die Humanität, aber was hilft sie den hungernden Menschen in Afrika und Asien?" Stellen Sie eine Liste mit Argumenten zusammen.

Die Prinzipien eines Weltethos

Die Frage nach einem „Weltethos" geht zurück auf die Programmschrift „Projekt Weltethos", die Hans Küng 1990 vorgelegt hat. Hier wird programmatisch die Idee entwickelt, dass die Religionen der Welt nur dann einen Beitrag zum Frieden der Menschheit leisten können, wenn sie sich auf das ihnen jetzt schon Gemeinsame im Ethos besinnen: auf einen Grundkonsens bezüglich bestehender verbindender Werte, unverrückbarer Maßstäbe und persönlicher Grundhaltungen. Zum ersten Mal in der Geschichte der Religionen hat der Council des Parlaments der Weltreligionen, das vom 28. 8.–4. 9. 1993 in Chicago unter Beteiligung von 6500 Menschen tagte, eine Erklärung zu einem Weltethos ausgearbeitet. In dieser Erklärung wird auch auf die Goldene Regel Bezug genommen.

Es gibt ein Prinzip, die Goldene Regel, die seit Jahrtausenden in vielen religiösen und ethischen Traditionen der Menschheit zu finden ist und sich bewährt hat: Was du nicht willst, das man dir tut, das füg auch keinem anderen zu. Oder positiv: Was du willst, das man dir tut, das tue auch den anderen! […]
Dieses Prinzip schließt ganz konkrete Maßstäbe ein, an die wir Menschen uns halten sollen. Aus ihm ergeben sich vier umfassende uralte Richtlinien, die sich in den meisten Religionen dieser Welt finden.

1. Verpflichtung auf eine Kultur der Gewaltlosigkeit und der Ehrfurcht vor allem Leben
A. Aus den großen alten religiösen und ethischen Traditionen der Menschheit vernehmen wir die Weisung: Du sollst nicht töten! Oder positiv: Hab Ehrfurcht vor dem Leben! Besinnen wir uns also neu auf die Konsequenzen dieser uralten Weisung: Jeder Mensch hat das Recht auf Leben, körperliche Unversehrtheit und freie Entfaltung der Persönlichkeit, soweit er nicht die Rechte anderer verletzt. […]

2. Verpflichtung auf eine Kultur der Solidarität und eine gerechte Wirtschaftsordnung
A. Aus den großen alten religiösen und ethischen Traditionen der Menschheit vernehmen wir die Weisung: Du sollst nicht stehlen! Oder positiv: Handle gerecht und fair! Besinnen wir uns also wieder neu auf die Konsequenzen dieser uralten Weisung: Kein Mensch hat das Recht, einen anderen Menschen – in welcher Form auch immer – zu bestehlen oder sich an dessen Eigentum oder am Gemeinschaftseigentum zu vergreifen. Umgekehrt aber hat auch kein Mensch das Recht, sein Eigentum ohne Rücksicht auf die Bedürfnisse der Gesellschaft und der Erde zu gebrauchen. […]

3. Verpflichtung auf eine Kultur der Toleranz und ein Leben in Wahrhaftigkeit
A. Aus den großen alten religiösen und ethischen Traditionen der Menschheit aber vernehmen wir die Weisung: Du sollst nicht lügen! Oder positiv: Rede und handle wahrhaftig! Besinnen wir uns also wieder neu auf die Konsequenzen dieser uralten Weisung: Kein Mensch und keine Institution, kein Staat und auch keine Kirche oder Religionsgemeinschaft haben das Recht den Menschen die Unwahrheit zu sagen.
B. Dies gilt besonders:
– Für die Massenmedien, denen zu Recht die Freiheit der Berichterstattung zur Wahrheitsfindung garantiert ist und denen damit in jeder Gesellschaft ein Wächteramt zukommt: Sie stehen nicht über der Moral, sondern bleiben in Sachlichkeit und Fairness der Menschenwürde, den Menschenrechten und den Grundwerten verpflichtet. Sie haben kein Recht auf Verletzung der Privatsphäre von Menschen, auf Verzerrung der Wirklichkeit und auf Manipulation der öffentlichen Meinung. […]
– Für die Politiker und die politischen Parteien: Wenn sie ihr Volk ins Angesicht belügen, wenn sie sich der Manipulation von Wahrheit, der Bestechlichkeit oder einer rücksichtslosen Machtpolitik im Inneren wie im Äußeren schuldig machen, haben sie ihre Glaubwürdigkeit verspielt und verdienen den Verlust ihrer Ämter und ihrer Wähler. Umgekehrt sollte die öffentliche Meinung diejenigen Politiker unterstützen, die es wagen dem Volk jederzeit die Wahrheit zu sagen. […]

4. Verpflichtung auf eine Kultur der Gleichberechtigung und die Partnerschaft von Mann und Frau
A. Aus den großen alten religiösen und ethischen Traditionen der Menschheit aber vernehmen wir die Weisung: Du sollst

nicht Unzucht treiben! Oder positiv: Achtet und liebet einander! Besinnen wir uns also wieder neu auf die Konsequenzen dieser uralten Weisung: Kein Mensch hat das Recht, einen anderen zum bloßen Objekt seiner Sexualität zu erniedrigen, ihn in sexuelle Abhängigkeit zu bringen oder darin zu halten. […]
F. Wahrhaft Mensch sein heißt im Geiste unserer großen religiösen und ethischen Traditionen das Folgende:
– statt patriarchaler Beherrschung oder Entwürdigung, die Ausdruck von Gewalt sind und oft Gegengewalt erzeugen, gegenseitige Achtung, Verständnis, Partnerschaftlichkeit;
– statt jeglicher Form von sexueller Besitzgier oder sexuellem Missbrauch gegenseitige Rücksicht, Toleranz, Versöhnungsbereitschaft, Liebe.

Diese Deklaration wurde von Vertretern der folgenden Religionen, religiösen Gemeinschaften und religiösen Strömungen unterschrieben: Bahai, Brahma Kumaris, Buddhismus (u. a. S. H. Der XIV. Dalai Lama), Christentum (u. a. Martti Ahtisaari, Carl Friedrich v. Weizsäcker, Hans Küng), Eingeborenen-Religionen, Hinduismus, Jainismus, Judentum, Islam, Neu-Heiden, Sikhs, Taoisten, Theosophen, Zoroastrier, Interreligiöse Organisationen.

Fassen Sie in Arbeitsgruppen die Prinzipien des Weltethos zusammen und nehmen Sie Stellung dazu. Wo stimmen Sie zu, was lehnen Sie ab, was würden Sie ergänzen? Begründen Sie Ihre Meinung. Den vollständigen Text dieser Erklärung finden Sie unter ***http://www.uni-tuebingen.de/stiftung-weltethos***

Ziehen Sie einen Vergleich zu den Prinzipien der Gerechtigkeit von John Rawls (vgl. S. 46). Stellen die Prinzipien des Weltethos eine Ergänzung dar? Begründen Sie Ihre Meinung.*

Fächerübergreifende Zusammenarbeit mit Religion: Halten Sie ein Referat über das „Projekt Weltethos". Sie können folgendes Buch als Grundlage nehmen: Hans Küng, Projekt Weltethos, Piper, München 1990.

Pflicht als Anspruch der Vernunft

Hans Küng reflektiert in seinem Buch „Weltethos für Weltpolitik und Weltwirtschaft" die Bedeutung der Pflicht für das menschliche Selbstverständnis.

Wir sahen in einem historischen Rückblick, dass die Pflichten Jahrtausende vor den Rechten formuliert wurden. Aber 200 Jahre nach der Revolution von 1789 leben wir in einer Gesellschaft, in der Einzelne und Gruppen ständig Rechte gegen andere geltend machen, ohne für sich selber irgendwelche Pflichten zu erkennen. Kaum jemand kann hierzulande ein Haus oder eine Straße bauen, kaum eine Behörde ein Gesetz oder eine Vorschrift erlassen, ohne dass nicht sogleich Rechte dagegen geltend gemacht werden. Zahllose Ansprüche können heutzutage als Rechte insbesondere dem Staat gegenüber vorgebracht werden. Leben wir doch in einer Anspruchsgesellschaft, die sich oft auch als „Rechtsanspruchsgesellschaft", ja „Rechtsstreitgesellschaft" präsentiert und den Staat – so hat man die Bundesrepublik Deutschland genannt – zu einem „Justizstaat" macht. […] Allen voran allerdings die USA, wo ein Drittel aller Rechtsanwälte weltweit praktiziert; dort verbrauchen die Kosten der Schadensersatzregelung ca. 3 % des gesamten Bruttosozialprodukts. Ob sich also nicht vielleicht gerade in unseren überentwickelten Rechtsstaaten bei allem berechtigten Insistieren auf Rechten eine neue Konzentration auf die Pflichten nahe legt?
Natürlich ist mir bekannt, dass der Begriff Pflicht arg missbraucht worden ist. Von totalitären, autoritären, hierarchischen Ideologien aller Art wurde die „Pflicht" (gegenüber Vorgesetzten, dem Führer, dem Volk, der Partei, dem Papst …) eingehämmert; furchtbare Verbrechen wurden aus „Pflicht" oder aufgrund eines den Gehorsam aus göttlicher Autorität absichernden „Eides" begangen. „Pflicht ist Pflicht!" und „Befehl ist Befehl!", beides darf nie wieder zur Parole werden; blinder Gehorsam, ob in Staat oder Kirche, ist unsittlich. Aber alle Missbräuche sollten uns nicht hindern, den Begriff der Pflicht differenziert aufzunehmen, einen Begriff, der seit Cicero (De officiis) und dem Mailänder Bischof Ambrosius (De officiis ministrorum) eine lange Geschichte hat und durch Immanuel Kant zu einem Schlüsselbegriff der Moderne geworden ist.
Es lässt sich ja nicht übersehen, dass gerade die Pflicht – dies war der Leitgedanke von Kant – das Vernunftwesen Mensch auszeichnet gegenüber dem Tier, das nur Neigungen, Instinkten, Trieben oder äußerem Zwang und Dressur folgt. Doch ist der Mensch eben nicht nur ein Vernunftwesen, das ganz selbstverständlich seiner Vernunft folgt und ergo keine Pflicht brauchte. Vernunft- und Triebwesen zugleich, hat der Mensch die Möglichkeit, die Chance und das Risiko sich in Freiheit entscheiden zu können und seiner Vernunft gemäß zu handeln. In diesem Sinn, modern-immanent verstanden, ist die Pflicht ein Anspruch der Vernunft, der verbindlich ist und doch auf Freiheit zielt. Das schließt freilich andere, „externe" Instanzen (Gott, positives Gesetz) nicht grundsätzlich aus, da eine in Theonomie[1] begründete Autonomie[2] des Menschen keine Heteronomie[3], keine Fremdbestimmung bedeuten muss.
Es ist zudem wichtig zu sehen, dass die Pflicht zwar moralisch nötigt, aber nicht physisch zwingt. Sie folgt, wenn man schon einmal von äußeren Autoritäten absieht, aus der eben nicht rein technischen oder ökonomischen, sondern ethischen Vernunft, die den Menschen zu moralischem Handeln anhält und nötigt.

1 Theonomie: Unterordnung unter Gottes Gesetz als die Überhöhung von Autonomie und Heteronomie
2 Autonomie: Selbstständigkeit, Unabhängigkeit
3 Heteronomie: Abhängigkeit von anderer als der eigenen sittlichen Gesetzlichkeit

Hans Küng *(*1928), schweizerischer Theologe*

Was kritisiert Hans Küng an der modernen Rechtsanspruchsgesellschaft? Können Sie ihm aufgrund Ihrer eigenen Erfahrungen zustimmen? Führen Sie eine Diskussion.

Pflicht soll moralisch nötigen,
jedoch nicht physisch zwingen.

Interpretieren Sie diese Aussage.

Warum Menschenpflichten?

1996 trafen sich in Wien ehemalige Staatspräsidenten aus aller Welt, um unter dem Vorsitz von Altbundeskanzler Helmut Schmidt in einem InterAction Council globale ethische Standards zu erarbeiten.

Die Allgemeine Erklärung der Menschenpflichten des InterAction Council (1997)

Den Vereinten Nationen und der Weltöffentlichkeit zur Diskussion vorgelegt.

Präambel
Da die Anerkennung der allen Mitgliedern der menschlichen Familie innewohnenden Würde und der gleichen und unveräußerlichen Rechte die Grundlage für Freiheit, Gerechtigkeit und Frieden in der Welt ist und Pflichten oder Verantwortlichkeiten (responsibilities) einschließt, […]
da alle Menschen nach bestem Wissen und Vermögen eine Verantwortung haben, sowohl vor Ort als auch global eine bessere Gesellschaftsordnung zu fördern, ein Ziel, das mit Gesetzen, Vorschriften und Konventionen allein nicht erreicht werden kann, da menschliche Bestrebungen für Fortschritt und Verbesserung nur verwirklicht werden können durch übereinstimmende Werte und Maßstäbe, die jederzeit für alle Menschen und Institutionen gelten,
deshalb verkündet
die Generalversammlung der Vereinten Nationen
diese Allgemeine Erklärung der Menschenpflichten. […]

Fundamentale Prinzipien für Humanität
Art. 2
Keine Person soll unmenschliches Verhalten, welcher Art auch immer, unterstützen, vielmehr haben alle Menschen die Pflicht, sich für die Würde und die Selbstachtung aller anderen Menschen einzusetzen.

Art. 4
Alle Menschen, begabt mit Vernunft und Gewissen, müssen im Geist der Solidarität Verantwortung übernehmen gegenüber jeden und allen, Familien und Gemeinschaften, Rassen, Nationen und Religionen: Was du nicht willst, das man dir tut, das füg auch keinem andern zu. […]

Gewaltlosigkeit und Achtung vor dem Leben
Art. 7
Jede Person ist unendlich kostbar und muss unbedingt geschützt werden. Schutz verlangen auch die Tiere und die natürliche Umwelt. Alle Menschen haben die Pflicht, Luft, Wasser und Boden um der gegenwärtigen Bewohner und der zukünftigen Generationen willen zu schützen.

Gerechtigkeit und Solidarität
Art. 8
Jede Person hat die Pflicht, sich integer, ehrlich und fair zu verhalten. Keine Person oder Gruppe soll irgendeine andere Person oder Gruppe ihres Besitzes berauben oder ihn willkürlich wegnehmen.

Art. 10
Alle Menschen haben die Pflicht, ihre Fähigkeiten durch Fleiß und Anstrengung zu entwickeln; sie sollen gleichen Zugang zu Ausbildung und sinnvoller Arbeit haben. Jeder soll den Bedürftigen, Benachteiligten, Behinderten und den Opfern von Diskriminierung Unterstützung zukommen lassen.

Art. 11
Alles Eigentum und aller Reichtum müssen in Übereinstimmung mit der Gerechtigkeit und zum Fortschritt der Menschheit verantwortungsvoll verwendet werden. Wirtschaftliche und politische Macht darf nicht als Mittel zur Herrschaft eingesetzt werden, sondern im Dienst wirtschaftlicher Gerechtigkeit und sozialer Ordnung.

Wahrhaftigkeit und Toleranz
Art. 12
Jeder Mensch hat die Pflicht wahrhaftig zu reden und zu handeln. Niemand, wie hoch oder mächtig auch immer, darf lügen. Das Recht auf Privatsphäre und auf persönliche oder berufliche Vertraulichkeit muss respektiert werden. Niemand ist verpflichtet, die volle Wahrheit jedem zu jeder Zeit zu sagen.

Art. 13
Keine Politiker, Beamten, Wirtschaftsführer, Wissenschaftler, Schriftsteller oder Künstler sind von allgemeinen ethischen Maßstäben entbunden, noch sind es Ärzte, Juristen und andere Berufe, die Klienten gegenüber besondere Pflichten haben. Berufsspezifische oder andersartige Ethikkodizes sollen den Vorrang allgemeiner Maßstäbe wie etwa Wahrhaftigkeit und Fairness widerspiegeln.

Art. 14
Die Freiheit der Medien die Öffentlichkeit zu informieren und gesellschaftliche Einrichtungen wie Regierungsmaßnahmen zu kritisieren – was für eine gerechte Gesellschaft wesentlich ist –, muss mit Verantwortung und Umsicht gebraucht werden. Die Freiheit der Medien bringt eine besondere Verantwortung für genaue und wahrheitsgemäße Berichterstattung mit sich. Sensationsberichte, welche die menschliche Person oder die Würde erniedrigen, müssen stets vermieden werden.

Gegenseitige Achtung und Partnerschaft
Art. 16
Alle Männer und alle Frauen haben die Pflicht, einander Achtung und Verständnis in ihrer Partnerschaft zu zeigen. Niemand soll eine andere Person sexueller Ausbeutung oder Abhängigkeit unterwerfen. Vielmehr sollen Geschlechtspartner die Verantwortung für die Sorge um das Wohlergehen des anderen wahrnehmen.

Die Mitglieder des InterAction Council

Welchen dieser Artikel würden Sie zustimmen, welche würden Sie ablehnen, was würden Sie ergänzen? Begründen Sie Ihre Meinung. Den vollständigen Text finden Sie unter ***http://www.archiv.zeit.de/daten/pages//prambel.txt.19971003.html***

Vergleichen Sie die Erklärung der Menschenpflichten mit der Erklärung zum Weltethos. Welche Gemeinsamkeiten und welche Unterschiede gibt es?

Vorschlag für ein Referat: Stellen Sie die Entwicklung der „Allgemeinen Erklärung der Menschenpflichten" dar. Sie können folgendes Buch als Grundlage nehmen: Helmut Schmidt, Allgemeine Erklärung der Menschenpflichten, Piper, München 1997.

Pflichten

Pflichten sind bestimmte, dem Menschen auferlegte Handlungen, die sich von den je verschiedenen mitmenschlichen Bindungen ergeben. In der Philosophie wird der Begriff der Pflicht oft zum Verpflichtetsein als solchem, dem Grundbegriff der ethischen Tradition, die das Gute als eine an den Menschen gestellte Forderung auffasst. Die Pflichtethik ist synonym mit der deontologischen Ethik (das Richtige, das was gefordert wird) und ist zu unterscheiden von der teleologischen Ethik (Ziel, Zweck), die das Gute als das wahre Ziel des menschlichen Strebens ansieht.

Knud E. Løgstrup (*1905), dänischer Theologieprofessor

Was ist das doppelte Prinzip von Rechten und Pflichten?

Auch bei uns in Deutschland stehen heute Rechte in höherem Kurs als Pflichten. Ansprüche werden vielfältig mit überlauter Stimme erhoben, Verantwortung jedes Einzelnen dagegen wird in vielen Bereichen unserer Gesellschaft kaum gelehrt und daher auch kaum wahrgenommen. Viele Politiker, viele Wirtschaftsmanager werden ihrer Verantwortung nicht gerecht, ebenso viele Universitäten oder Fernsehkanäle. Eine weitgehende permissive[1] Erziehung orientiert sich allzu einseitig an den Grundrechten, von Grundpflichten ist kaum die Rede. Rücksichtslos egoistische „Selbstverwirklichung" erscheint als Ideal, Gemeinwohl dagegen eher als bloße Phrase.
Erziehung zum Bewusstsein ethischer Pflichten und zu persönlicher Verantwortung tut unserer Gesellschaft not. Wir müssen zu diesem Zweck keineswegs unsere Gesetze oder gar unser Grundgesetz ergänzen. Wohl aber müssen unsere Schulen und Hochschulen, unsere Kirchen, unsere politischen Parteien, unsere Unternehmen und Gewerkschaften erkennen: Die Verfolgung von Rechten ohne eigenes Pflichtbewusstsein kann ins Chaos führen. Verantwortungsbewusstsein gegenüber Pflichten setzt aber voraus, dass ich meine Pflichten erkenne; deshalb muss die allgemeine Erziehung zur Kritikbereitschaft die kritische Fähigkeit zur Erkenntnis meiner eigenen Pflichten einschließen. Der alte römische Grundsatz „Salus populi suprema lex[2]" bleibt dafür eine gute Orientierung.
Die Diskussion des Entwurfs für eine allgemeine Erklärung der Menschenverantwortung wird im Westen mindestens zwei Haupteinwände zutage fördern. Zum einen werden so genannte Realpolitiker sagen, es handele sich um Idealismus, der weder Aussicht auf allseitige Akzeptanz noch auf tatsächliche Befolgung habe. Zum anderen werden engagierte Verfechter der Menschenrechte sagen, wenn der Entwurf zur Erklärung der menschlichen Verantwortlichkeit als Zwilling oder Pendant zur Menschenrechtserklärung angesehen werde, dann bestehe die Gefahr, dass die Menschenrechte auf die Ebene bloßer Moral transponiert[3] würden. In Asien dagegen werden manche sagen, zwar komme der Entwurf wesentlichen Prinzipien asiatischer kultureller Traditionen entgegen und sei deshalb zu begrüßen; aber seine ausdrückliche Anlehnung an die Menschenrechtserklärung sei überflüssig, abträglich und deshalb abzulehnen.
Mahatma Gandhi* hat sieben „Soziale Sünden" aufgezählt, an der Spitze standen „politics without principles" und „commerce without morality". Wer will dem widersprechen? Jüngst hat die „Financial Times" in einer Besprechung des Entwurfs zur Erklärung der menschlichen Verantwortlichkeit geschrieben: „Richtig: Wir brauchen allgemeine Regeln guten Geschäftsbenehmens [...]. Eine Universal Declaration of Business Responsibilities könnte zum allgemeinen Nutzen in die Gehirne der Unternehmensvorstände durchsickern." Auch dieser Ansatz könnte fruchtbar werden, wenn tatsächlich der Entwurf zur Erklärung menschlicher Verantwortlichkeit eine weltweite Diskussion auslöst. Er wird jedenfalls in der UN und deshalb in den Regierungen zur Diskussion stehen.
Darüber hinaus würde eine öffentliche Diskussion dazu beitragen, dass wir uns wieder an die Grundeinsicht erinnern, nach der wir Bürger nicht nur Rechte zur Abwehr fremder Willkür haben, sondern ebenso Pflichten und Verantwortlichkeit gegenüber unseren Mitmenschen. Keine Demokratie und keine offene Gesellschaft kann auf die Dauer Bestand haben ohne das doppelte Prinzip von Rechten und Pflichten.
Die an der wirtschaftlichen Globalisierung beteiligten Nationen, Staaten und ihre Regierungen müssen sich gemeinsam zu einem minimalen ethischen Kodex durchringen, andernfalls könnte das neue Jahrhundert genauso konfliktreich verlaufen wie das jetzt zu Ende kommende. Aber dieses Mal blieben die Konflikte nicht auf Teile von Kontinenten beschränkt, sondern es könnte tatsächlich ein weltweiter Konflikt zwischen verschiedenen Grundüberzeugungen entstehen, wobei sich die Konfliktparteien auf überkommene religiöse und kulturelle Interpretationen stützen würden. Wer den drohenden Zusammenstoß zwischen den Kulturen vermeiden will, der braucht dazu keineswegs allein wirtschaftliches und militärisches Potenzial, sondern er braucht eine Moral, die auch von allen anderen anerkannt werden kann.

1 permissiv: die Einhaltung bestimmter Verhaltensnormen nur locker kontrollieren
2 Salus populi suprema lex: das Wohl des Volkes ist oberstes Gesetz
3 transponieren: ein Musikstück in eine andere Tonart übertragen

Helmut Schmidt *(*1918), Altbundeskanzler der Bundesrepublik Deutschland*

Wie begründet Helmut Schmidt die Notwendigkeit von Menschenpflichten?

Diskutieren Sie über die von Schmidt genannten Haupteinwände gegenüber Menschenpflichten. Wo stimmen Sie zu, was lehnen Sie ab? Begründen Sie Ihre Meinung.

Andere Kulturen – andere Menschenrechte?

Formulieren Sie in einer zweiten Sprechblase eine Antwort auf diese Aussage. Was würde passieren, wenn diese Behauptung zuträfe? Diskutieren Sie über die möglichen Konsequenzen im Plenum.

Das Recht auf Selbstbestimmung der Völker

Die Wurzeln des Selbstbestimmungsrechts liegen in den revolutionären Umbrüchen des ausgehenden 18. Jahrhunderts in den USA und Frankreich, als die Befreiung von der Monarchie in einem doppelten Sinne verwirklicht wurde. Zum einen ging es um die Befreiung von der kolonialen Abhängigkeit unter der englischen Krone, zum anderen um die Emanzipation des Volkes von der königlichen Herrschaft, d. h. die Ablösung der monarchischen Souveränität durch die Volkssouveränität mittels des Selbstbestimmungsrechts des Volkes.
Diese neue Souveränität umfasste während der Französischen Revolution anfangs auch ein Interventionsrecht zugunsten jener Völker, die die alten Verfassungen mit ihren Feudallasten und Privilegien abschaffen wollten – aber nur dann, wenn das unterdrückte Volk beginnt seine Ketten zu zerbrechen, wie der Konvent schon bald hinzufügte.
In der Verfassung von 1793 allerdings verankerte er dann das Prinzip der Nichtintervention, welches sich erst im späten 20. Jahrhundert voll als Rechtsprinzip durchsetzen sollte. US-Präsident Wilson räumte in seiner Baltimore-Rede vom April 1918, in der er die berühmten 14 Punkte darlegte, dem Selbstbestimmungsrecht einen prominenten Platz ein: Es sei das freie Selbstbestimmungsrecht der Nationen, auf dem die ganze Welt beruhe. […]
Die Völker mussten sich das Recht auf Selbstbestimmung im wahrsten Sinne des Wortes selbst erkämpfen, denn seine Anerkennung als verbindliches Recht war nur das Ergebnis der Dekolonisation. Auf der Bandung-Konferenz von 1955 wurde das Recht auf Selbstbestimmung gefordert und dann durch den algerischen Befreiungskrieg auf die Tagesordnung der UNO*-Generalversammlung gesetzt. Auf ihrer 15. Sitzung im Dezember 1960 verabschiedete die Versammlung mit überwältigender Mehrheit (89 Staaten ohne Gegenstimme bei neun Enthaltungen) die wegweisende Resolution-1514 (XV) „Über die Gewährung der Unabhängigkeit an die kolonialen Länder und Völker", welche den Befreiungskampf auf der Basis des Selbstbestimmungsrechts der Völker zum ersten Mal in einem offiziellen Dokument der UNO rechtfertigte.

Henning Boeckle, deutscher Politikwissenschaftler

Worin sehen Sie die Ursachen, dass sich die Völker das Recht auf Selbstbestimmung hart erkämpfen mussten? Beziehen Sie auch die Karikatur in ihre Diskussion mit ein.

Identität nur in Gemeinschaft?

Auch wenn man die Grundlage schon früher findet, ist die Idee der Menschenrechte die Errungenschaft der Aufklärung. Im Mittelpunkt steht die Würde des Einzelnen: Wer Mensch ist, hat Ansprüche auf Rechte. Betont wird dabei das Individuum und nicht die Gesellschaft: Geachtet werden soll die einzelne Person als solche „… nicht aufgrund ihrer Beziehungen zu anderen". Selbst wenn die Menschenrechte, da sie sich etwa in Bezug auf Ehe und Familie, Gewerkschaften und andere mehr nur innerhalb einer Gemeinschaft verwirklichen lassen, eine Gemeinschaftsdimension haben, so geht es auch dort immer um die Selbstverwirklichung des Einzelnen. Das Stichwort, das diesem Denken zugrunde liegt, lässt sich seit Immanuel Kant* mit dem Begriff „Autonomie" zum Ausdruck bringen. Das Individuum ist in Afrika in die Gemeinschaft eingebettet, jedoch als ein einmaliges und unaustauschbares Wesen, das unersetzliche Aufgaben innerhalb dieser Gemeinschaft hat. Der Einzelne muss sippensolidarisch handeln, aber gleichzeitig soll er seine Identität bewahren […]. Die negro-afrikanische Interaktion will deutlich machen, dass die einzelne Person ein unvollendetes Wesen ist, das grundsätzlich auf die Gemeinschaft angewiesen ist.

***Bénézet Bujo** (*1940), kongolesischer Philosoph*

§ Banjul Charta der Menschenrechte und Rechte der Völker (1981)

Art. 22
(1) Alle Völker haben ein Recht auf ihre wirtschaftliche, soziale und kulturelle Entwicklung unter gebührender Berücksichtigung ihrer Freiheit und Identität sowie ein Recht auf gleichmäßige Beteiligung an dem gemeinsamen Erbe der Menschheit.
(2) Die Staaten sind, einzeln oder gemeinsam, verpflichtet, die Ausübung des Rechts auf Entwicklung sicherzustellen.

Fassen Sie den Text von Bujo in wenigen Sätzen zusammen.

Vergleichen Sie die Aussagen Bujos mit der Universalität der individuellen Freiheitsrechte. Lesen Sie hierzu „Die Universalität der Menschenrechte" auf S. 92/93.

Vorschlag für ein Referat: Der Begriff der Autonomie bei Immanuel Kant.*

Vorschlag für eine Facharbeit: Die unterschiedlichen Interpretationen der Menschenrechte in den verschiedenen Kulturen.

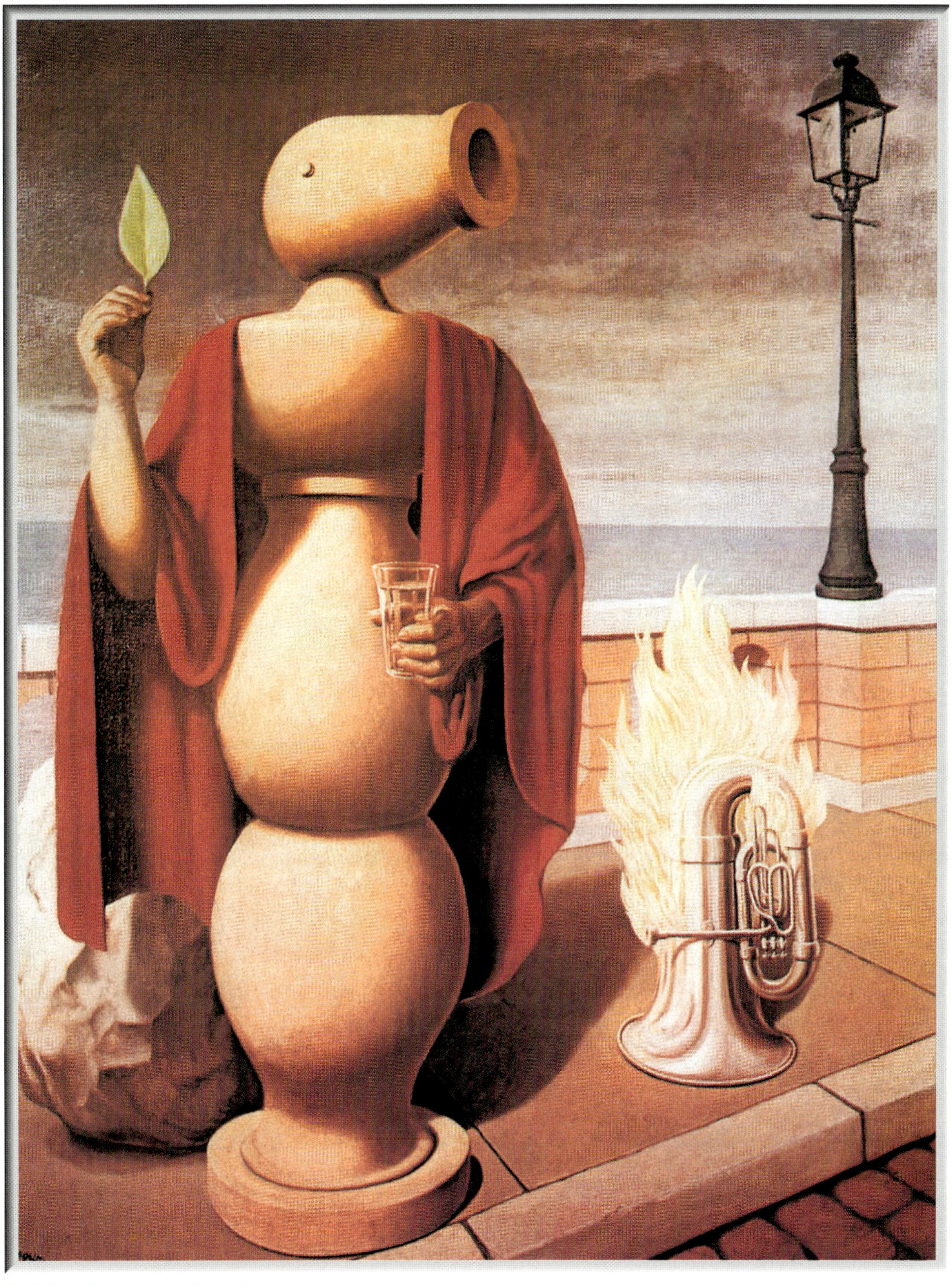

René Magritte, Die Menschenrechte, 1948

- *Beschreiben Sie die Elemente und die Farben des Bildes.*
- *Welcher Zusammenhang besteht zwischen den einzelnen Bildelementen? Interpretieren Sie die Aussage des Bildes auch unter Berücksichtigung der Farben.*
- *Warum sind die Menschenrechte auf dem Bild von Magritte gesichtslos? Schauen Sie sich die einzelnen Bildelemente genau an und versuchen Sie ihre Funktion zu interpretieren. Verbinden Sie die Aussage des Bildes mit den Texten von Boeckle und Bujo*.*

Die afrikanische Sicht der Menschenrechte

Die Rolle der Gemeinschaften stärken

Die von der UNO verabschiedete „Allgemeine Erklärung der Menschenrechte" (AEMR, 1948) basiert im Wesentlichen auf einer mehr als 800-jährigen europäischen Tradition der Menschenrechtsentwicklung. Dabei stand besonders die Frage im Mittelpunkt, welche Rechte der E i n z e l n e braucht, um vor staatlicher Willkür geschützt zu werden. Obwohl die meisten afrikanischen Staaten die AEMR unterzeichnet haben, betonen sie jedoch immer wieder, dass in ihrer von Stammestraditionen geprägten Gesellschaft die Rolle des Individuums nur im Zusammenhang mit der Gemeinschaft gesehen werden kann, welche die Existenzgrundlage des Einzelnen sichert (vgl. S. 112). Deshalb könnten wichtige Artikel der AEMR, wie z. B. das Recht auf Eigentum des Einzelnen (Art. 17) oder das Recht auf Eheschließung (Art. 16) nur im Zusammenhang mit der Gemeinschaft realisiert werden. Damit der gemeinschaftliche Bezug der Menschenrechte, auch kollektive Menschenrechte genannt (vgl. S. 91), in Afrika stärker zur Geltung kommt, wurde 1981 die „Banjul Charta der Menschenrechte und Rechte der Völker" von den Mitgliedsstaaten der Organisation für Afrikanische Einheit (OAU) verabschiedet. Sie enthält neben dem besonders hervorgehobenen Selbstbestimmungsrecht der afrikanischen Völker, das eine Abrechnung mit der ehemaligen europäischen Sklavenhandels- und Kolonialpolitik darstellt, folgende Artikel in Bezug auf Familie und Eigentum; ein spezieller Artikel zur Eheschließung fehlt.*

Banjul Charta der Menschenrechte und Rechte der Völker (1981)

Art. 18

(1) Die Familie ist die natürliche Einheit und Basis der Gesellschaft. Der Staat muss sie schützen und für ihre körperliche und seelische Gesundheit sorgen.

(2) Der Staat ist verpflichtet die Familie als Bewahrerin der Sittlichkeit und der in der Gemeinschaft anerkannten traditionellen Werte zu unterstützen.

(3) Der Staat muss sicherstellen, dass jede Diskriminierung der Frauen beseitigt wird und die Rechte der Frau und des Kindes geschützt werden, wie sie in internationalen Deklarationen und Konventionen festgelegt sind.

(4) Alte und Behinderte haben gleichermaßen ein Recht auf besondere Schutzmaßnahmen gemäß ihren körperlichen und seelischen Bedürfnissen.

Art. 27

(1) Jedes Individuum hat Pflichten gegenüber seiner Familie und der Gesellschaft, gegenüber dem Staat und anderen gesetzlich anerkannten Gemeinschaften sowie gegenüber der internationalen Gemeinschaft.

(2) Jedes Individuum übt seine Rechte und Freiheiten unter Berücksichtigung der Rechte anderer, der kollektiven Sicherheit, der Sittlichkeit und des Gemeinwohls aus.

Art. 29

Jede Person hat darüber hinaus die Pflicht:

1. die harmonische Entwicklung der Familie zu bewahren und für den Zusammenhalt und die Achtung der Familie zu wirken; seine Eltern jederzeit zu achten und für ihren Unterhalt zu sorgen, wenn sie bedürftig sind;
2. ihrer nationalen Gemeinschaft dadurch zu dienen, dass sie seine körperlichen und geistigen Kräfte in ihren Dienst stellt;
3. die Sicherheit des Landes, dessen Staatsangehörigkeit sie besitzt oder in dem sie sich aufhält nicht zu gefährden;
4. die soziale und nationale Solidarität zu bewahren und zu stärken, insbesondere wenn letztere bedroht ist;
5. die nationale Unabhängigkeit und die territoriale Integrität seines Landes zu bewahren und [...] einen Beitrag zur Verteidigung des Landes zu leisten;
6. unter vollem Einsatz seiner Fähigkeiten [...] zu arbeiten und [...] Steuern [...] zu entrichten.

Der kongolesische Philosoph Bénézet Bujo erklärt, inwiefern sich sein afrikanisches Verständnis von Ehe und Familie von dem der westlich geprägten Kulturen unterscheidet.

Die Ehe in der Gemeinschaft

Ein weiteres Beispiel möchte ich Art. 16 Abs. 2 der „Allgemeinen Menschenrechtserklärung" entnehmen, wo es heißt: „Eine Ehe soll nur bei freier und wirksamer Einwilligung der künftigen Ehegatten geschlossen werden." Dass dieser Text das westliche Ehemodell vor Augen hat, ist nicht zu bestreiten. Ist die Ehe im Westen eine individuelle Angelegenheit, die allein die beiden Partner betrifft, so ist das afrikanische Modell hauptsächlich gemeinschaftsbezogen. Die Ehe ist dort nämlich kein Vertrag zwischen Partnern, sondern sie ist ein Bund zwischen zwei Gemeinschaften, die beiderseits sowohl die diesseitige als auch die jenseitige Gemeinschaft umfassen. Die Ehe ist zum Überleben der ganzen Familien bestimmt, und sie muss dies durch die Weitergabe des Lebens verwirklichen. Das Ganze aber kommt der Sippengemeinschaft insgesamt zugute. Wer heiratet, muss also wissen, dass er bzw. sie nicht nur sich selbst gehört, sondern auch der Sippengemeinschaft. Die Verantwortung, die durch die Ehe übernommen wird, betrifft nicht allein die beiden Ehekandidaten, sondern ebenso die zweidimensionale Gemeinschaft von Diesseits und Jenseits. Alle in dieser Gemeinschaft haben am „Ehediskurs" teilzunehmen. Folglich wird die Ehe nicht einzig durch den Konsens der beiden Betroffenen gültig, sondern sie wird erst durch eine gemeinsame Verständigung mit der Sippengemeinschaft einschließlich der Ahnen möglich.

Bénézet Bujo *(*1940), kongolesischer Philosoph*

Calixthe Beyala, eine Schriftstellerin aus Kamerun, stellt dar, wie sie die Rolle der Frau in der afrikanischen Ehe erlebt hat.

ER ist es, der profitiert

Meine Mutter wusste, dass sie ausgebeutet wurde, alle Lasten zu tragen hatte und für alle Misserfolge die Verantwortung erhielt. Ihr war völlig klar, dass die Schuhe, die Kleider, der Haarschmuck und die anderen Dinge des Lebens kein Geschenk waren, sondern eine Bezahlung. Meine Mutter wusste genau, dass sie hart arbeitete. Sie war allerdings eine Arbeiterin, die unter dem Marktpreis bezahlt wurde. Sie hat zwölf Kin-

der geboren und jedes Kind zwei Jahre lang gestillt. Das sind 24 Jahre verlorene Jahre für ein paar Komplimente, Liebkosungen und Kleider, welche die Zeit nicht aufwiegen.
In der Regel musste meine Mutter die Mahlzeiten zubereiten, die Feuerstelle betreuen und die Klagen ihres Mannes ertragen. Und wenn er Kummer hatte, musste sie ihn aufrichten. Meine Mutter war es, die für ihn den Weg gegraben hat und selbst begraben wurde. Denn ER ist es, der davon profitiert hat. Nun ja, meine Mutter hat den Haushalt bewältigt, einen großen Haushalt, der sie manchmal überrollt hat. Dann wurde sie launisch, streitsüchtig, vernichtend. In solchen Augenblicken habe ich mich zurückgezogen und die Zähne zusammengebissen. Solche Augenblicke hatten allerdings auch etwas Komisches. Denn manchmal musste ich über ihre Verzweiflung lachen, eine herzzerreißende Dramatik. Allerdings ohne jedes künstliche Pathos, das schwöre ich. Und alle Welt hat dann vor ihr gezittert. Für meine Mutter gab es allerdings auch Tage, wo der Geist der Toten wiederkehrte und ihr abgetöteter Geist wach wurde. Leider waren diese Augenblicke der Klarheit nur Augenblicke. Sehr schnell wurden sie von den Traditionen wieder verschlungen.

Calixthe Beyala *(∗1961), Schriftstellerin aus Kamerun*

- *Welches Bild ihrer Mutter zeichnet Calixthe Beyala?*
- *Interpretieren Sie den Satz: „Augenblicke der Klarheit werden von den Traditionen verschlungen" (Z. 21–23).*
- *Fächerübergreifende Zusammenarbeit mit Französisch: Lesen Sie folgendes Buch und beschreiben Sie die dargestellte Rolle der Frau im afrikanischen Gesellschaftsleben: Calixthe Beyala, Lettre d'une Africaine à ses soeurs occidentales, Spengler, Paris 1995, ISBN 2-909997-36-7.*

Banjul Charta der Menschenrechte und Rechte der Völker (1981)

Art. 14
Das Recht auf Eigentum wird gewährleistet. Ein Eingriff ist nur im öffentlichen Interesse oder im Interesse des Gemeinwohls und in Übereinstimmung mit den einschlägigen Gesetzen zulässig.

Allgemeine Erklärung der Menschenrechte (1948)

Art. 17
Jeder Mensch hat allein oder in Gemeinschaft mit anderen das Recht auf Eigentum. Niemand darf willkürlich seines Eigentums beraubt werden.

- *Wodurch unterscheidet sich das hier dargestellte Verständnis von Eigentum von Art. 17 der AEMR?*
- *Wie bewerten Sie dieses Verständnis des Eigentums von Bujo? Begründen Sie Ihre Meinung.*

Die Erziehung in der Gemeinschaft

Ein weiteres Beispiel betrifft das Familienleben in Afrika. Was bedeuten hier „Privatleben" oder „Privatsphäre"? Kann und darf eine Familie sich so absondern, dass andere Mitglieder der Gemeinschaft als „Fremdlinge" betrachtet werden können? Auch hier möchte ich einen Satz aus der „Allgemeinen Erklärung der Menschenrechte" zitieren, wo es in Art. 26 Abs. 3 heißt: „In erster Linie haben die Eltern das Recht die Art der Erziehung zu bestimmen, die ihre Kinder genießen sollen." Nach dieser Auffassung käme die afrikanische Erziehungsmethode einer Einmischung in die Privatangelegenheit gleich. In Afrika aber gehören die Kinder nicht nur den Eltern, sondern der ganzen Sippengemeinschaft. Die Erziehungsmethode ist also schon durch die Ahnen und Ältesten festgelegt. Darüber hinaus ist es die Aufgabe jedes Angehörigen für eine gute Erziehung zu sorgen. So darf jedes Großfamilienmitglied das Kind genauso belohnen oder bestrafen wie dessen eigene Eltern. Beim Unterlassen dieser Aufgabe kann jedes Familienmitglied zur Rechenschaft gezogen werden. Mit anderen Worten: Nicht die Familie im engeren Sinn (Kernfamilie), sondern der ganze Clan ist die Schule, die für Erziehung sorgt.

Bénézet Bujo *(∗1940), kongolesischer Philosoph*

- *Vergleichen Sie das hier dargestellte afrikanische Verständnis von Kindererziehung und Eheschließung mit dem Verständnis in der europäischen Tradition und Gegenwart. Lesen Sie auch S. 40–43, 66.*
- *Vorschlag für ein Referat oder eine Facharbeit: Ein Vergleich zwischen afrikanischer und westlicher Moral. Bénézet Bujo, Wider den Universalanspruch westlicher Moral. Grundlagen afrikanischer Ethik, Herder, Freiburg 2000.*

Eigentum darf nicht von Lebenskraft getrennt werden

Bekanntlich beruht das Eigentumsproblem im Westen auf einer langen Tradition, die das Naturrecht zur Grundlage ihrer Reflexion gemacht hat. So berufen sich auch viele kirchliche Verlautbarungen auf diese Tradition. Es ist keine Frage, dass die Soziallehre der Kirche die gemeinschaftliche Dimension des Eigentums und das Teilen sehr betont. Dennoch wird in der afrikanischen Welt der Akzent etwas anders gesetzt. Es geht nicht nur um Teilen, sondern das Eigentum ist nie privat. Der Einzelne verwaltet das Eigentum letzten Endes im Namen der gesamten Gemeinschaft. So wie er das Leben nicht für sich privatisieren darf, ist es ihm verwehrt, mit dem Eigentum nach Gutdünken zu verfahren, ist Besitztum doch nicht von der Lebenskraft zu trennen. Eine der Konsequenzen dieser Einstellung zum Eigentum ist, dass in manchen Gegenden der Einzelne erst die Verwandtschaft zu Rate ziehen soll, bevor er sein Besitztum zu anderem Zweck bestimmt, als man dies bisher gewohnt war. Fehlt die Zustimmung der Großfamilie, dann darf er beispielsweise ein Haus oder andere Gegenstände nicht verkaufen oder vermieten, da er damit die Lebenskraft der Gemeinschaft vermindern würde. Hingegen könnte ein Häuptling den Einzelnen enteignen, falls er einen als schwerwiegend empfundenen Fehler beginge.

Bénézet Bujo *(∗1940), kongolesischer Philosoph*

Sicherheit nicht nur militärisch definieren

Die UNO soll die Menschenrechte schützen, aber kann sie das wirklich? Sind ihre Strukturen nicht überholt und müssten verändert werden, damit sie effektiver arbeiten kann? Richard von Weizsäcker leitete eine Kommission zur Reform der UNO.*

Allen Mängeln zum Trotz waren die Vereinten Nationen seit ihrer Gründung als einziges universelles Forum der Völker immer wieder gänzlich unentbehrlich. Stets zum Gespräch miteinander gezwungen zu sein, und sei es auch noch so kontrovers und heftig, erwies sich zumal während der Höhepunkte des Kalten Krieges oft als entscheidende Hilfe. Immerhin gab es eine von der UNO betriebene innovative Fortentwicklung des internationalen Rechts. Dies gilt z. B. für die Einrichtung der Blauhelm-Missionen, die nicht auf die UN-Charta zurückgeht; vielmehr wurde sie in der Praxis entwickelt, hat in vielen Fällen genützt und wird in Zukunft erst recht einer der wichtigsten Ansatzpunkte für notwendige Reformen sein. Zur Zeit gibt es 16 UN-Friedensmissionen mit ungefähr 15 000 Blauhelmsoldaten auf vier Kontinenten. […]

Solchen Verdiensten und Erfolgen stehen zweifellos Fehlleistungen und Rückschläge gegenüber, die in keiner Weise verkleinert werden dürfen. Ihre neben der Friedenssicherung wichtigste Aufgabe, nämlich „den sozialen Fortschritt und einen besseren Lebensstandard in größerer Freiheit zu fördern", konnte die UNO bisher nicht erfüllen. Der Abstand zwischen Arm und Reich hat sich seit 1960 nicht etwa verringert, sondern ungefähr verdoppelt. Das reichste Fünftel der Menschheit verfügt heute über mehr als vier Fünftel des Weltsozialprodukts. Für das ärmste Fünftel bleiben gerade einmal 1,4 %.
Der ökologisch unhaltbare Lebensstil vor allem der großen Industriegesellschaften hat sich nur unwesentlich verändert. Noch immer fehlt in den reichen Ländern des Nordens die Einsicht, dass Armut und Umweltzerstörung im Süden kein fernes, uns entrücktes, sondern ein gemeinsames globales Problem darstellen. Die großen Mächte des Sicherheitsrates und die Mitglieder der G 7 lenken über Weltbank, Internationalen Währungsfonds und Welthandelsorganisation die Weltwirtschaft zu wenig im Dienste der Überwindung der globalen Unterentwicklung, dagegen immer wieder einmal zum eigenen Nutzen. […]
Am dringenden Reformbedarf der Vereinten Nationen kann im Ernst nicht gezweifelt werden. Aber sind sie überhaupt reformierbar? Diese Frage richtet sich zuerst und zuletzt an die Regierungen der UN-Mitglieder. Unaufhörlich ist es „die UNO", die überall und öffentlich für ihre Schwächen verantwortlich gemacht wird. So wird es als ein scheinbar überzeugendes Symbol für ihr Versagen betrachtet, wenn im Fernsehen UN-Soldaten zwischen allen Fronten unter Beschuss geraten. Aber nicht die UNO als Organisation ist dafür verantwortlich. Wer sich an die Desaster von Ruanda und Srebreniza erinnert, sollte nicht vergessen, dass dort UNO-Soldaten unter viel zu schlecht ausgehandelten Bedingungen zum Schutz der Zivilbevölkerung eingesetzt wurden und schließlich wegen Fehlens aller notwendigen Vorbedingungen den Massakern buchstäblich zusehen mussten.
Gewiss gibt es Mängel in der Organisation der UNO. Aber letzten Endes ist sie die falsche Adresse für unsere Klagen. Es hängt an den Mitgliedsländern, vor allen den mächtigen unter ihnen, und, das darf gerade in bewährter deutscher Freundschaft gegenüber den Vereinigten Staaten nicht verschwiegen werden, in erster Linie an den Vereinigten Staaten von Amerika, den Willen zu einer handlungsfähigen Weltorganisation zu finden und in die Tat umzusetzen.
Zwei Jahre lang hat eine zwölfköpfige, weltweit zusammengesetzte Kommission getagt, um Vorschläge für die Reform der UNO zu machen. Sie stand unter der gemeinsamen Leitung des früheren pakistanischen Premierministers Moeen Qureshi und mir. Die Vorschläge standen auf der Tagesordnung der 50. Ordentlichen Generalversammlung der UNO.
Nur wenige Gedanken davon möchte ich hier zusammenfassen. Das Wichtigste ist und bleibt Sicherheit nicht mehr allein militärisch zu definieren. Auch die wirtschaftlichen, sozialen, kulturellen und ökologischen Ursachen von Konflikten müssen an der Wurzel behandelt werden. Neben dem Sicherheitsrat sollte langfristig ein Wirtschaftsrat und ein Sozialrat treten, untereinander mit vergleichbaren Befugnissen, je mit ungefähr 23 Mitgliedern, aber mit einem deutlich veränderten System von Vetorechten und Mehrheitserfordernissen bei Abstimmungen. Ziel der Reform ist, die menschliche Sicherheit in einem umfassenden, nicht nur militärischen Sinn zu begreifen. Dazu ist sowohl die Mitwirkung der verantwortlichen Regierungen in den Räten als auch die Einbeziehung der „civil society", der nichtstaatlichen Gruppen und Akteure erforderlich.

*Richard von Weizsäcker (*1920), Altbundespräsident der Bundesrepublik Deutschland*

- *Diskutieren Sie von Weizsäckers Überlegungen zur Reform der UNO und unterbreiten Sie eigene Vorschläge.*

- *Gedankenexperiment: Stellen Sie sich vor, Sie würden von der UNO beauftragt, Sofortmaßnahmen zur Verringerung des Abstands zwischen Arm und Reich auszuarbeiten. Womit würden Sie beginnen? Entwerfen Sie einen Katalog mit zehn Maßnahmen und vergleichen Sie diese im Plenum.*

Richard von Weizsäcker

Richard Freiherr von Weizsäcker wurde 1920 in Stuttgart geboren und wuchs in Berlin auf. Er studierte an den Universitäten Oxford, Grenoble und Göttingen Jura und Geschichte. Von 1950–1966 arbeitete er in der privaten Wirtschaft bei Mannesmann, Waldthausen & Co. (Privatbank) und C. H. Boehringer Sohn. 1964 wurde er Präsident des Evangelischen Kirchentages, 1967 Mitglied der Synode und des Rates der Evangelischen Kirche in Deutschland. Nachdem er von 1969–1981 Mitglied des Deutschen Bundestages gewesen war, wurde er 1981 zum Regierenden Bürgermeister von Berlin gewählt. Von 1984–1994 war er Bundespräsident der Bundesrepublik Deutschland. 1993 wurde er zum Co-Vorsitzenden der „Unabhängigen Arbeitsgruppe zur Zukunft der Vereinten Nationen" gewählt. Seine Erinnerungen hat er in dem Buch „Vier Zeiten", Siedler, Berlin 1997, zusammengefasst. Die Reden aus seiner Amtszeit sind über das Bundespresseamt zu erhalten.

Europäische Grundrechte?

Soll das vereinte Europa nicht ein Projekt politischer Eliten bleiben, so bedarf das politische Handeln einer breiten Beteiligung der Bürger. Nur über eine aktive Bürgerschaft [...] kann der politische Raum Europas ausgestaltet werden. Die Frage ist nur, wie entsteht, wächst und gedeiht so etwas wie eine aktive Bürgerschaft auf europäischer Ebene? Wie entwickelt sich eine europäische Identität? Wie lernen Bürgerinnen und Bürger europäisch zu denken?
Zunehmend wird die Integrationskraft einer europäischen Verfassung, insbesondere einer Grundrechtscharta beschworen. Doch wissen wir nur zu gut, dass ein solches Dokument für sich allein noch keine Loyalität schafft, die aus Menschen aktive Staatsbürger und Staatsbürgerinnen macht. Lassen wir dahingestellt, ob für eine Verfassung die Rückführbarkeit auf ein Volk begriffsnotwendig ist. Denn demokratische Legitimation ist auch als eine vermittelte denkbar. So gewinnen die europäischen Rechtsakte gegenwärtig ihre Legitimation durch die Staatsvölker über die nationalen Parlamente.
Die Summe der EU-Staatsvölker ergibt allerdings noch kein europäisches Staatsvolk. Vor allem schafft die über die Parlamente vermittelte Legitimation noch nicht den Humus einer europäischen Öffentlichkeit. Denn Demokratie – so treffend Dieter Grimm – erschöpft sich nicht im Parlamentarismus. Soll die in der Demokratie erwartete Herstellung einer gerechten Sozialordnung glücken, so muss die parlamentarische Debatte durch die öffentliche Auseinandersetzung zwischen unterschiedlichen Meinungen und Interessen unterfüttert werden.
In der Demokratie bedarf es der ständigen Wechselbeziehung zwischen den öffentlichen Gewalten und den Bürgern und Bürgerinnen. Denn deren Urteilsfähigkeit ist das Lebenselixier der demokratischen Regierungsform.
Die Medien fungieren hier als Bindeglied. Sie halten die ständige politische Diskussion in Rede und Gegenrede in Gang. Die Presse, so das Bundesverfassungsgericht, fasst die in der Gesellschaft und ihren Gruppen unaufhörlich sich neu bildenden Meinungen und Forderungen kritisch zusammen, stellt sie zur Erörterung und trägt sie an die handelnden Staatsorgane heran, die auf diese Weise ihre Entscheidungen auch in Einzelfragen der Tagespolitik ständig am Maßstab der im Volke tatsächlich vertretenen Meinungen messen können, ein zugegebenermaßen recht idealisiertes Bild.
Weder haben wir bisher ein europäisches Publikum, sprich Bürgerschaft, noch europäische Medien. Gewiss wird in Rundfunk, Presse und Fernsehen auch über europäische Themen berichtet und zu diesen Stellung bezogen. Doch geschieht das überwiegend in nationaler Sichtweise. Auch sind die Adressaten das nationale Staatsvolk und nicht etwa europäisch denkende Bürgerinnen und Bürger. Diesen spezifisch supranationalen Blickwinkel gilt es in allen gesellschaftlichen Bereichen erst noch zu entwickeln.

Jutta Limbach *(∗1934), Präsidentin des Bundesverfassungsgerichts der Bundesrepublik Deutschland*

Bürger-Sein in einer überstaatlichen Gemeinschaft

Ich bin für ein politisches System, dessen Grundlage der Bürger ist mit all seinen grundlegenden Bürger- und Menschenrechten in ihrer universalen Gültigkeit, also auch in ihrer allgemeinen Gleichheit (aufgrund dessen kein Angehöriger dieser oder jener Rasse, dieses oder jenes Volkes, Geschlechts oder religiösen Bekenntnisses mit anderen Grundrechten als andere ausgestattet sein darf), ich bin also für das, was man Bürgergesellschaft nennt.
Dieses Bürgerprinzip wird heute häufig als Widerspruch zum nationalen Prinzip gesehen, als ob es die Schicht unseres Zuhauses übersehe oder unterdrücke, die von unserer nationalen Zugehörigkeit gebildet wird. Ich glaube, dies ist ein grobes Missverständnis. Ich bin für das Bürgerprinzip, gerade weil es dem Menschen am besten ermöglicht, sich mit sich selbst zu identifizieren und sich selbst in allen seinen Schichten der Zugehörigkeit zu seinem Zuhause zu verwirklichen, Freude an allem zu haben, was zu seiner Lebenswelt gehört, nicht nur an einem Teil davon. Einen Staat auf einem anderen als dem Bürgerprinzip zu begründen, z. B. auf einem ideologischen, nationalen oder religiösen, bedeutet eine bestimmte Schicht unseres Zuhauses über andere zu erheben, uns also als Menschen einzuschränken, unsere Lebenswelt zu beschneiden. Die meisten Kriege oder Revolutionen sind aus einer derartig eindimensionalen Konzeption des Staats entstanden. Ein Staat, der im Gegenteil auf dem Bürgerprinzip begründet ist und der den Menschen und seine Lebenswelt in seiner ganzen Breite und Schichtung respektiert, ist von seinem Wesen selbst her ein friedliebender und menschlicher Staat.
Die Bürgergesellschaft, die auf der Universalität der Menschenrechte begründet ist, ermöglicht es uns am besten, uns als alles das zu verwirklichen, was wir sind, also nicht nur als Angehörige unseres Volks, sondern auch als Angehörige unserer Familie, unserer Gemeinde, unserer Region, unserer Kirche, unseres Berufsverbands, unserer politischen Partei, unseres Staats, unserer überstaatlichen Gemeinschaft und das alles, weil sie uns vor allem als Angehörige des Menschengeschlechts versteht, also als Menschen, als konkrete menschliche Wesen, deren individuelles Sein seinen primären, natürlichen und zugleich universalen Ausdruck in ihrem Status als Bürger findet, in ihrem Bürger-Sein im weitesten und tiefsten Sinne des Worts.
Die Souveränität der Gemeinde, der Region, des Volkes, des Staats, jegliche höhere Souveränität hat nur dann Sinn, wenn sie von der in der Tat einzigen originalen Souveränität abgeleitet ist, nämlich von der Souveränität des Menschen, die ihren politischen Ausdruck in der Souveränität des Bürgers findet.

Václav Havel *(∗1936), Präsident der Tschechischen Republik*

- *Fassen Sie die Aussagen dieser beiden Texte in wenigen Sätzen zusammen.*
- *Wo stimmen Sie zu, was lehnen Sie ab? Begründen Sie Ihre Meinung.*
- *Wie könnte der supranationale Blickwinkel einer europäischen Bürgergemeinschaft aussehen? Schreiben Sie einen Essay.*

Grundrechte für Europas Jugend

Zusammen etwas Neues machen

Solange die Politik über die Köpfe der Jugendlichen hinweg über deren Belange entscheidet, solange kann man kein Interesse oder Engagement von uns erwarten. Warum soll ich für diesen Staat etwas machen, wenn meine Meinung eh nichts zählt. Die Politiker müssen sich auf uns einstellen, d. h., sie müssen uns näher kommen, echtes Interesse zeigen. Danach müssten sich allerdings auch die Jugendlichen engagieren und zusammen etwas Neues entwickeln, was mehreren nutzt.

Julia, 18 Jahre

Mich würde es freuen, wenn es nur noch ein Europa gäbe, alles ein Land wäre, und es auch keine Ausländer mehr gäbe; alle wären dann Brüder und Schwestern. Man müsste die ganze Erde zusammenschütten und neu aufbauen. Wenn alle Ausländer Deutschland für ein Jahr verlassen würden, würden die Deutschen sehen, wer hier die Drecksarbeit macht, und sie wieder zurückrufen.

Marion, 18 Jahre

Europas Jugendliche haben doch überhaupt nichts zu melden. Die Politik in der Europäischen Union wird doch von der Europäischen Kommission in Brüssel gemacht. Und wer interessiert sich dort denn für die Bedürfnisse von Jugendlichen? Die Mitgliedsstaaten in der EU erkennen ja noch nicht einmal gegenseitig die Berufs- und Schulabschlüsse an.

Florian, 19 Jahre

Gut finde ich, dass es in vielen europäischen Staaten ein kommunales Wahlrecht für Ausländerinnen und Ausländer gibt. Dann kriegen immer mehr Leute das Gefühl, sie können etwas regeln oder durchsetzen, auch wenn sie nicht die Staatsangehörigkeit des Landes besitzen, in dem sie leben und arbeiten.

Karsten, 22 Jahre

Europäische Bürgerrechte

Gegenwärtig gehören im Jahr 2000 der Europäischen Union 15 Mitgliedsstaaten an. In den nächsten Jahren sollen jedoch weitere Staaten, vor allem aus Osteuropa, hinzukommen. Dann werden fast 500 Millionen Menschen in den Grenzen der Europäischen Union leben. Aus diesem Grund haben führende europäische Politiker und Politikerinnen, wie z. B. die Präsidentin des Europäischen Parlaments Nicole Fontaine aus Frankreich oder der Präsident der Europäischen Kommission Romano Prodi aus Italien, eine Grundrechtscharta für alle Bürgerinnen und Bürger Europas gefordert.
Diese Charta wurde von einem Konvent, dem Vertreterinnen und Vertreter aller Mitgliedsstaaten der Europäischen Union angehörten, unter der Leitung des ehemaligen Bundespräsidenten Roman Herzog ausgearbeitet. Sie umfasst 54 Grundrechte, die auf dem Gipfeltreffen des Europäischen Rats am 9. 12. 2000 in Nizza proklamiert wurden. Damit jedoch die Anerkennung dieser Grundrechte nicht nur dem Selbstbindungswillen der einzelnen Mitgliedsstaaten unterliegt, müssen sie für die Bürgerinnen und Bürger Europas einklagbar sein und somit Rechtsverbindlichkeit erlangen. Deshalb sollte die EU-Charta der Grundrechte Bestandteil einer europäischen Verfassung werden.

- *Informieren Sie sich über die Diskussion europäischer Grundrechte in: EU-Kommission (Hrsg.), Eine europäische Charta der Grundrechte, Europäische Gespräche, Heft 2, 1999.*
  Zu bestellen bei: Europäische Kommission, Vertretung Deutschland, Unter den Linden 78, 10117 Berlin.
- *Wie bewerten Sie diese Meinungen von Jugendlichen? Haben Sie ähnliche Erfahrungen gemacht?*
- *Wie könnten sich Ihrer Meinung nach Jugendliche mehr Gehör in der Europäischen Politik verschaffen?*

Drei Argumente für eine europäische Grundrechtscharta

Erstens: Auch wenn sich die Mitgliedsstaaten und die Europäische Union zur Europäischen Menschenrechtskonvention bekennen und auch wenn der Europäische Gerichtshof eine hervorragende Rechtsprechung zugunsten der Geltung unveräußerlicher Grundrechte in der Europäischen Union vorgenommen hat, es bleibt dennoch ein Gebot der Transparenz gegenüber den Bürgerinnen und Bürgern, ihre garantierten Rechte für jedermann nachlesbar als Dokument, das in den Verträgen verankert ist, festzuschreiben. Den Unionsbürgern kann damit Orientierung gegeben werden. Es wird ihnen signalisiert, dass die europäische Integration zu keinem Substanzverlust bei ihren Rechten führt. […]
Zweitens: Die Bürgerinnen und Bürger müssen ihre Rechte gegenüber staatlichem Handeln behaupten können. Unabhängig von der Einschätzung der Zielbestimmung der Europäischen Union als Bundesstaat, Staatenbund oder Gebilde sui generis[1] ist es doch Fakt, dass die EU-Organe heute schon quasi-staatlich agieren, dass sie Herrschaft ausüben. Daher muss den Handelnden in den Organen, den Beamten der Kommission und der anderen Institutionen klar sein, dass die Bürgerinnen und Bürger unveräußerliche Rechte besitzen. […]
Mein drittes Argument zielt auf die anstehende Erweiterung. Die Charta der Grundrechte ist auch und besonders ein Signal für die Menschen in Mittel- und Osteuropa, in den Reformstaaten, dass sich die EU nicht allein auf den Binnenmarkt und seine vier wirtschaftlichen Freiheiten gründet, sondern dass sie vor allem eine Wertegemeinschaft ist, die die Menschen- und Bürgerrechte als Kern ihrer Identität begreift. Die Menschen in Mittel- und Osteuropa haben besondere Erfahrungen darin, als Bürgerinnen und Bürger die zivile Gesellschaft zu gestalten, sich in Staatsangelegenheiten zu engagieren und schließlich einen Systemwechsel herbeizuführen.

1 sui generis: durch sich selbst eine Klasse bildend, einzig, besonders

Edith Müller, ehemaliges Mitglied des Europäischen Parlaments

- *Ergänzen Sie diesen Text durch weitere Argumente.*

Welche Rechte will Europas Jugend?

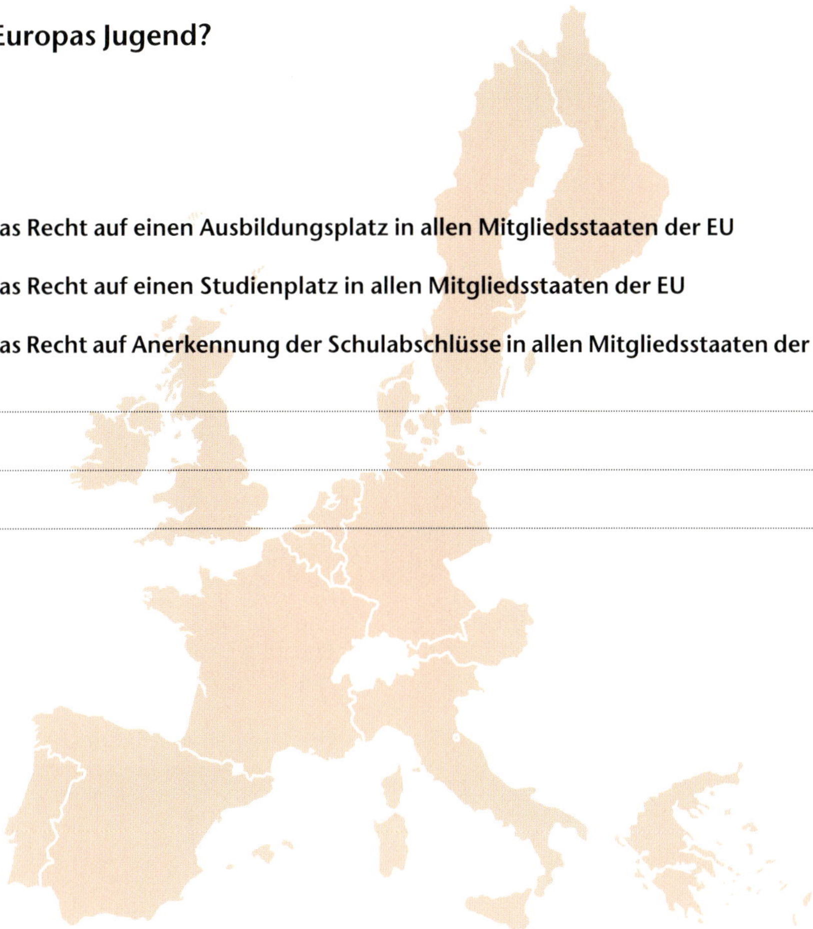

Das Recht auf einen Ausbildungsplatz in allen Mitgliedsstaaten der EU

Das Recht auf einen Studienplatz in allen Mitgliedsstaaten der EU

Das Recht auf Anerkennung der Schulabschlüsse in allen Mitgliedsstaaten der EU

....

....

....

Projektvorschlag: Europäische Grundrechte für Jugendliche

- *Formulieren Sie in einem Grundrechtskatalog für Jugendliche Ihre speziellen Bedürfnisse und Wünsche für ein vereintes Europa. Tauschen Sie sich darüber mit anderen jungen Menschen in Europa aus.*
- *Orientieren Sie sich bei der Ausarbeitung Ihrer Grundrechtsvorstellungen an den von Norbert Brieskorn formulierten Typen von Menschenrechten auf S. 93: individuelle Freiheitsrechte, politische Mitwirkungsrechte und soziale Rechte.*

1. Phase
Bilden Sie Arbeitsgruppen in Ihrem Kurs oder in Ihrer Schule. Erarbeiten Sie eine Charta mit 20 Grundrechten, die Ihnen europaweit als Jugendliche wichtig sind. Unterteilen Sie Ihre Rechte in drei Gruppen: Individual-, Sozial- und politische Partizipationsrechte. Lesen Sie hierzu auch S. 91.

2. Phase
Kooperieren Sie über das EU-Programm „Comenius", durch das Kontakte zwischen europäischen Schulen finanziert werden, mit einer Schule in West- und einer Schule in Osteuropa. Treffen Sie sich mit Schülerinnen und Schülern dieser Schule und arbeiten Sie gemeinsam an einer europäischen Grundrechtscharta. Jede Schule muss natürlich vorab ihre eigenen Vorschläge entwerfen. Die gemeinsamen Treffen und Reisen könnten über das Comenius-Programm finanziert werden. Informationen hierzu erteilen die Europareferenten der Bildungsministerien in den einzelnen Bundesländern. Sie können auch Informationen bei der Europäischen Kommission erfragen: Europäische Kommission, Vertretung in Deutschland, Unter den Linden 78, 10117 Berlin. Im Internet können Sie unter **http://www.eurplace.org/edu/comindex.html** und **http://www.eurplace.org/edu/wseu/socrate.html** nachlesen. Unter **http://www.cuxonline.de/e-scola/index.html** wird ein Comenius-Projekt vorgestellt.

3. Phase
Schicken Sie Ihre Vorschläge an die Vertretung der Europäischen Kommission in Deutschland mit der Bitte ein gemeinsames Treffen „Jugend im Parlament" aller interessierten Jugendlichen im Europäischen Parlament in Straßburg zu veranstalten.

Badinter, Elisabeth
B. (*1944) lehrt Philosophie an der Ecole Polytechnique in Paris. Sie ist vor allem mit Veröffentlichungen über Ursprung und Formen von Gewalt sowie über die Geschlechterproblematik bekannt geworden. In ihrem Buch „Ich bin Du" wird die zunehmende Angleichung von Mann und Frau thematisiert.

Beyala, Calixthe
B. (*1961) stammt aus Kamerun und lebt als Autorin in Paris. Sie hat zahlreiche Bücher über das Leben von Frauen in Afrika veröffentlicht und Forschungen auf dem Gebiet der feministischen Philosophie durchgeführt. Ihre bekanntesten Bücher sind „C'est le soleil qui mà brulée" und „Lettre d'une Africaine à ses soeurs occidentales".

Bobbio, Noberto
B. (*1909) gehört zu den führenden italienischen Philosophen der Gegenwart. Seine Forschungsschwerpunkte sind politische Philosophie, insbesondere die philosophische Begründbarkeit von Menschenrechten und Ethik. In Deutschland wurde B. mit dem Buch „Das Zeitalter der Menschenrechte" bekannt.

Brieskorn, Norbert
B. (*1946) lehrt Rechts- und Sozialphilosophie an der Hochschule für Philosophie in München. Sein Forschungsschwerpunkt betrifft u. a. die historische Entwicklung und philosophische Begründbarkeit von Menschenrechten, die auch in seinem Buch „Menschenrechte" im Vordergrund stehen.

Bujo, Bénézet
B. (*1940) lebt als Theologe und Philosoph im Kongo. Seine Forschungsschwerpunkte sind Moralphilosophie sowie afrikanische Theologie in ihrem gesellschaftlichen und interkulturellen Kontext. B. ist Ordinarius für Moraltheologie an der Katholischen Fakultät der Universität von Kinshasa. Er hat an der Reihe „Theologie Interkulturell" mitgearbeitet.

Bürgerliches Gesetzbuch (BGB)
Das BGB enthält Regelungen des Bürgerlichen Rechts (Zivilrecht). Es gliedert sich in die Teilbereiche Allgemeines Recht (z. B. Rechtsfähigkeit, Verträge u. a.), Recht der Schuldverhältnisse, Sachenrecht (Eigentum), Familienrecht und Erbrecht. Es regelt den Bereich, in dem der Einzelne seine persönlichen und wirtschaftlichen Interessen wahrnimmt, insbesondere durch vertragliche Vereinbarungen, wie z. B. Kauf, Miete oder Schadenersatzforderungen. Kommt es in einem solchen privaten Rechtsverhältnis zum Streit, kann der geltend gemachte Anspruch in einem Zivilprozess gerichtlich festgestellt werden.

Camus, Albert
(1913–1960), französischer Schriftsteller und Philosoph, der sich vorrangig Problemen der menschlichen Existenz zuwandte. Sein Werk ist geprägt von der Revolte gegen die Absurdität des Seins. Seine wichtigsten philosophischen Werke sind „Der Mythos Sisyphos" und „Der Mensch in der Revolte". Größer ist aber sein literarisches Œuvre, es umfasst Erzählungen, z. B. „Der Fremde" und „Die Pest", aber auch Dramen, z. B. „Caligula", sowie eine weitreichende journalistische Tätigkeit. Camus erhielt 1957 den Nobelpreis für Literatur.

Dönhoff, Marion Hedda Ilse Gräfin
(*1909), Journalistin. Sie war erst Chefredakteurin, dann Herausgeberin der Wochenzeitung „DIE ZEIT". In ihren Büchern beschäftigt sie sich besonders mit dem Verhältnis zum Osten, so in „Weit ist der Weg nach Osten" und „Im Wartesaal der Geschichte. Vom Kalten Krieg zur Wiedervereinigung". 1971 erhielt sie den Friedenspreis des deutschen Buchhandels.

Dostojewski, Fjodor
(1821–1881), russischer Schriftsteller. Zentrale Themen seiner Romane sind Verbrechen, Schuld, Strafe, Sühne sowie politischer Terrorismus und christliche Überzeugungen. Kennzeichen seiner, für die damalige Zeit neuen Art zu schreiben ist die Multiperspektivität der Erzählführung, die psychologisch genauere Charakterzeichnungen und -analysen ermöglicht. Wichtige Werke: „Der Spieler", „Der Idiot", „Schuld und Sühne", „Die Dämonen" und „Die Brüder Karamasow".

Familienrecht
Das F. umfasst das Ehe- und Verwandtschaftsrecht sowie das Vormundschaftsrecht. Es umfasst die Bestimmungen aus dem 4. Buch des BGB und wird durch das Personenstandsgesetz vom 8. 8. 1957 ergänzt.

Gandhi, Mohandas Karamchand
Ehrenname Mahatma, sanskrit: dessen Seele groß ist. (1869 bis 1948), Rechtsanwalt, Führer der indischen Unabhängigkeitsbewegung. Er war Mitglied des Indian National Congress und löste 1920 den gewaltlosen Widerstand gegen die britische Vorherrschaft aus. Dabei wurden britische Produkte, Firmen und Einrichtungen boykottiert („non-cooperation"). Wegen dieser Tätigkeiten wurde er wiederholt inhaftiert. Nach dem Zweiten Weltkrieg versuchte er die Auseinandersetzungen zwischen Hindus und Moslems zu schlichten. Er konnte allerdings die Spaltung des Kontinents in Indien und Pakistan nicht verhindern. Neben zahlreichen Aufsätzen veröffentlichte er seine Autobiografie.

Gewissen
G. bedeutet, dass der Mensch ein stellungnehmendes Bewusstsein zu seinem eigenen Verhalten ausbildet. Er entwickelt das Vermögen, die Moralität der eigenen Handlungen und ihrer Folgen zu beurteilen, das er nach Auffassung von Immanuel Kant als innere Anlage „ursprünglich in sich" hat. Psychologisch betrachtet, bildet sich das Gewissen während Sozialisation durch Verinnerlichung von Normen der Umwelt. Wichtige Arbeiten zur Erforschung des Gewissens legten Sigmund Freud und Jean Piaget vor.

Ghasempour, Morteza
G. stammt aus dem Iran. Er ist wissenschaftlicher Mitarbeiter am Philosophischen Seminar der Universität Köln und beschäftigt sich u. a. mit interkulturellen Deutungsperspektiven der Philosophie.

Goya, G. y Lucientes, Francisco José de
(1746–1828), spanischer Maler. Angeregt durch die Französische Revolution von 1789 und die Aufklärungsbewegung kämpfte er mit seinen Bildern vor allem gegen Aberglauben, Bigotterie und Korruption. G. begann als Maler höfischer Porträts, wandte sich dann aber einer realistischen Darstellung

von Dingen seiner Umgebung zu, in denen er deutlich Stellung bezog und interpretierte. Bekannt geworden ist er vor allem mit seiner Grafik „Der Schlaf der Vernunft bringt Ungeheuer hervor" und den 85 Radierungen „Die Schrecken des Krieges" sowie „Die Erschießung der Aufständischen".

Grundrechte
G. sind jene Rechte, die dem einzelnen Bürger oder der einzelnen Bürgerin gegenüber der Staatsgewalt zustehen. Des Weiteren verbürgen sie das Recht auf Mitgestaltung des Staats. Sie gelten als überstaatliche Rechte und sind im Grundgesetz der Bundesrepublik Deutschland in den Art. 1–19 festgelegt. Sie umfassen die Menschenrechte, die jedem zustehen, aber auch die durch die Verfassung formulierten Bürgerrechte. Sie dürfen durch andere Gesetze nicht verletzt werden.

Habermas, Jürgen
H. (*1929) war Professor für Philosophie in Frankfurt/M. Er entwickelte die Diskursethik, die darauf abzielt, Konflikte menschlichen Handelns mit Hilfe einer Dialog- und Argumentationspraxis zu lösen. Wichtige Voraussetzungen dafür sind der Wille zum Dialog und zur Wahrhaftigkeit. H. geht davon aus, dass auch Menschenrechte Gegenstand von Diskursen sein können und sollen. Einige Veröffentlichungen: „Erkenntnis und Interesse", „Theorie des kommunikativen Handelns", „Moralbewusstsein und kommunikatives Handeln" und „Die Einbeziehung des Anderen".

Hastedt, Heiner
H. (*1959) lehrt politische Philosophie und Ethik an der Universität Rostock. Seine wesentlichen Arbeitsgebiete sind politische Philosophie, Ethik und Technikphilosophie. Zu H.s wichtigsten Veröffentlichungen gehören „Philosophie der Technik" und „Ethik – Ein Grundkurs".

Havel, Václav
(*1936), tschechischer Dramatiker und Politiker. Er begründete 1977 als Bürgerrechtler und Dramatiker die „Charta 77", die von der damaligen sozialistischen Regierung die Einhaltung der Menschenrechte, z. B. Meinungs- und Versammlungsfreiheit, einforderte. Er war Mitinitiator der politischen Wende in der Tschechoslowakei, ab 1989 war er Präsident der Tschechoslowakei und wurde dann Präsident der Tschechischen Republik. Bekannte Veröffentlichungen auf dem Gebiet der politischen Publizistik: „Sommermeditationen" und „Von welcher Zukunft ich träume", die sich vor allem der Problematik der Menschenrechte widmen. Er erhielt 1989 den Friedenspreis des Deutschen Buchhandels.

Hochkommissar für Menschenrechte
Der H. ist ein Amt des UN-Menschenrechtszentrums in Genf. Dieser Posten wurde nach der Wiener Menschenrechtskonferenz 1993 neu geschaffen; seit 1997 ist die ehemalige irische Präsidentin Mary Robinson die derzeit amtierende Hochkommissarin. Sie hat folgende Aufgabengebiete zu bearbeiten: Krisenmanagement im Zusammenhang mit internationalen Konflikten, Prävention und Frühwarnung und Hilfe für Staaten, die sich in einem Transformationsprozess befinden, wie z. B. die GUS-Staaten und andere Länder Osteuropas.

Höffe, Otfried
H. (*1945) lehrt Philosophie in Tübingen. Seine Forschungsschwerpunkte sind politische Philosophie, Rechtsphilosophie und Ethik. H. hat sich vor allem mit dem Verhältnis von Recht, Vernunft und Moral sowie dem interkulturellen Diskurs der Menschenrechte beschäftigt. Seine wichtigsten Veröffentlichungen sind das „Lexikon der Ethik" sowie die Bücher „Recht und Vernunft" und „Politische Gerechtigkeit".

Jaspers, Karl
(1883–1969), Philosoph und Psychiater. Als Vertreter der Existenzphilosophie, die sich mit Fragen des menschlichen Daseins beschäftigt, wandte er sich vor allem dem Begriff der Grenzsituationen zu. Dazu gehören neben Schuld auch Kampf, Zufall und Tod. Sie sind unüberwindbare Grunddispositionen menschlichen Daseins. J. charakterisiert sie in seinem Buch „Psychologie der Weltanschauungen".

Jebb, Eglantyne
J. (1876–1928) war Lehrerin in England und setzte sich während des Ersten Weltkriegs besonders für die Zivilopfer, vor allem Kinder, ein. Sie gründete den „Save Children Fund", um Geld für hungernde Kinder in Europa zu sammeln. Überzeugt, dass Kinder Schutz und Fürsorge durch eine gesetzliche Regelung brauchen, reichte sie 1924 in Genf die Children's Charta ein, eine Satzung über die Rechte der Kinder, die vom Völkerbund als Genfer Deklaration angenommen wurde und somit eine Grundlage für die UN-Konvention über die Rechte des Kindes darstellt.

Kant, Immanuel
K. (1724–1804) war der berühmteste deutsche Philosoph der Aufklärung. Er entwickelte in seinem Hauptwerk „Kritik der reinen Vernunft" eine umfassende philosophische Theorie der Erkenntnis. In der „Kritik der praktischen Vernunft", seinem Hauptwerk zur praktischen Philosophie, erarbeitete K. die durch die Vernunft gebotene Pflicht (den kategorischen Imperativ) als den Mittelpunkt der Wertordnung. Weitere Publikationen: „Kritik der Urteilskraft" (Ästhetik), „Zum ewigen Frieden", „Was ist Aufklärung?" u. v. a. m.

Konfuzius
(551–479 v. Chr.), chinesischer Philosoph und Politiker. K. sah in der Rückkehr zur Ideologie der älteren Tschou-Zeit (1222–600 v. Chr.) die Rettung des Staats. Deshalb gab er sechs Werke heraus, die Wesen und Geist der Aufzeichnungen der amtlichen Historiographen, Musikmeister und Beamten des Kultusamts wiedergaben. Wie die meisten anderen chinesischen Philosophen war auch K. an Religion nur insofern interessiert, als sie einen Wesensbestandteil der Staats- und Gesellschaftsordnung bildet.

Küng, Hans
K. (*1928) kämpft seit Jahrzehnten für Reformen innerhalb der katholischen Kirche. Von 1962–1965 war er offizieller Berater des Zweiten Vatikanischen Konzils, ernannt von Papst Johannes XXIII. Sein späterer Widerspruch zu Rom führte zu einer Distanzierung von der Amtskirche. 1980 musste er sein Amt als ordentlicher Professor der Dogmatik an der Universität Tübingen aufgeben. Bis 1996 unterrichtete er dort weiter als fakultätsunabhängiger ordentlicher Professor für Ökumenische

Theologie. K. befasst sich seit einigen Jahren intensiv mit ethischen Fragen. Er fragt in seinen neuesten Büchern zum Projekt „Weltethos" nach einem gemeinsamen Koordinatensystem aller Völker und Religionen. Küng ist Präsident der Stiftung Weltethos. Wichtige Publikationen: „Christentum und Weltreligionen", „Theologie im Aufbruch", „Projekt Weltethos" und „Das Christentum" u. v. a. m.

Limbach, Jutta
(*1934), Rechtswissenschaftlerin und Politikerin. Sie war von 1989–1994 Senatorin der Justiz in Berlin und wurde 1994 zur Präsidentin des Bundesverfassungsgerichts gewählt.

MacIntyre, Alasdair
M. stammt aus Großbritannien und ist Professor für Philosophie an der Universität von New York. Seine Arbeitsgebiete sind Ethik und politische Philosophie. In Deutschland wurde M. mit seinem Buch „Der Verlust der Tugend" bekannt, in dem er sich mit der Rolle der Tugenden in verschiedenen Gesellschaftssystemen auseinander setzte. Er gehört zu den führenden Vertretern des Kommunitarismus, einer philosophisch-soziologischen Richtung, die vor allem die Rolle der Gemeinschaften, wie z. B. von Verbänden oder politischen Parteien, in der Gesellschaft betont.

Magritte, René
(1898–1967), belgischer Maler. Nach dem Studium an der Akademie in Brüssel war er als Tapeten-, Plakat- und Reklamezeichner tätig, 1927–1930 in Paris, wo er mit den Surrealisten in Verbindung stand. Er wurde zu einem typischen Vertreter des veristischen Surrealismus, der die banalen Dinge des Alltags, naturalistisch im Detail, verfremdet und unabhängig von Schwerkraft und Zeit wiedergibt.

Margalit, Avishai
M. (*1939) lehrt Philosophie an der Hebräischen Universität von Jerusalem. Seine Forschungsschwerpunkte sind Gerechtigkeitstheorien und Menschenrechte. International bekannt wurde M. mit dem Buch „Politik der Würde", in dem es um die Abgrenzung der Begriffe Würde, Achtung und Demütigung geht.

Nagel, Thomas
N. (*1937) lehrt Rechts- und Sozialphilosophie an der Universität von New York. Er wurde in Deutschland vor allem mit seinem Buch „Was bedeutet das alles?" bekannt. Darin erörtert er Grundprobleme der Philosophie wie Gerechtigkeit, Tod, Sinn des Lebens und den Ursprung der Sprache.

Ostendorf, Heribert
O. (*1945) war Generalstaatsanwalt in Schleswig-Holstein und leitet jetzt die Forschungsstelle für Kriminalprävention und Jugendstrafrecht an der Universität Kiel. Seine Forschungsschwerpunkte sind Jugendkriminalität und Jugendstrafrecht. Wichtige Veröffentlichungen sind „Der Kommentar zum Jugendgerichtsgesetz" und „Kriminalität und Strafe".

Picasso, Pablo
(1881–1973), spanischer Künstler. P. war wesentlich an der Entwicklung der modernen Malerei, aber auch Grafik und Plastik in Europa beteiligt. Zusammen mit George Braque entwickelte er eine Art zu malen, in der Motive in ihre geometrischen Formen zerlegt wurden, den Kubismus. Seine Werke nach 1915 sind keiner künstlerischen Richtung mehr verpflichtet. Auf der Suche nach einem persönlichen Ausdruck experimentierte er mit verschiedensten Techniken künstlerischer Gestaltung. 1937 malte er für den spanischen Pavillon der Weltausstellung „Guernica", das die Schrecken des deutschen Bombenangriffs auf die gleichnamige Stadt zeigt.

Platon
(428/27–349/48 v. Chr.), griechischer Philosoph. Er entwickelte auf dem Gebiet der Erkenntnistheorie seine Ideenlehre und beschäftigte sich auch mit ethischen und politischen Fragen. Eines seiner Hauptwerke ist die Politeía (Der Staat). Dort entwirft er seine Konzeption eines gerechten Staates, die er mithilfe von drei Gleichnissen (dem Sonnen-, Linien- und Höhlengleichnis) verdeutlicht.

Rawls, John
R. (*1921) ist Professor für Philosophie an der Harvard University. Seine Forschungsschwerpunkte sind politische Philosophie und Ethik. International bekannt wurde R. mit seinem Buch „Eine Theorie der Gerechtigkeit", in dem es um die Konzeption einer gerechten Gesellschaft und der sie tragenden Institutionen geht.

Rechtsfähigkeit
R. bedeutet die Fähigkeit, Rechte und Pflichten zu haben, die nur dem Menschen zukommen, nicht jedoch den Tieren. Rechtsfähig sind nur juristische Personen. Die R. des Menschen beginnt mit der Vollendung der Geburt und endet mit dem Tod.

Safranski, Rüdiger
S. (*1945) lebt als Schriftsteller und Publizist in Berlin. Er widmet sich in seinen Büchern vorrangig philosophischen Themen wie der menschlichen Existenz, Gut und Böse sowie Gerechtigkeit. Sein neuestes Buch heißt „Das Böse oder Das Drama der Freiheit".

Schamanismus
Ein religiöses Phänomen in Asien, Sibirien und Nordamerika; der Begriff „Schamane" (šaman) ist über das Russische in die wissenschaftliche Fachsprache gelangt. Der Schamane ist zugleich Medizinmann, Priester und Totenführer, d. h. er übt die Heilkunst, regelt die öffentlichen Opfer und geleitet die Seelen der Verstorbenen ins Jenseits. Voraussetzung dafür ist seine Ekstase-Technik, d. h. die Fähigkeit in Trance den Körper zu verlassen und im Geiste weite Reisen zu unternehmen: zum Himmel und in die Meerestiefen oder die Unterwelt.

Scharia
Die S. (islamisches Recht) beinhaltet die Auslegung des Korans, des Weiteren die Auslegung der Sunna (der schriftlich und mündlich überlieferten Handlungsweise des Propheten) durch islamische Rechtsgelehrte und den traditionellen Rechtsbrauch und das Gewohnheitsrecht. Die S. umfasst nicht nur Fragen des Rechts, sondern auch soziale und kulturelle Normen.

Schmidt, Helmut
(*1918), Politiker (SPD), amtierte von 1974–1982 als Bundeskanzler der Bundesrepublik Deutschland, nachdem er zuvor Verteidigungs-, Wirtschafts- und Finanzminister gewesen war. Zu seinen wichtigsten Veröffentlichungen gehören „Die Allgemeine Erklärung der Menschenpflichten" sowie „Weggefährten". Helmut Schmidt ist Mitherausgeber der Wochenzeitung „DIE ZEIT".

Schröder, Richard
S. ist Professor für Theologie an der Humboldt-Universität in Berlin. Er gehörte in der ehemaligen DDR zu den Mitbegründern der Friedensbewegung.

Seneca
S. (4 v. Chr.–65 n. Chr.) war als Politiker, Philosoph und Dichter einer der Hauptvertreter des römischen Stoizismus. Er wirkte als Konsul und Erzieher des späteren Kaisers Nero und hat seine philosophiegeschichtliche Bedeutung vor allem durch Schriften zur philosophisch-moralischen Lebensführung erlangt. Dabei ging es ihm hauptsächlich um die Selbstständigkeit des philosophischen Urteils seiner Zöglinge. Wichtige Werke Senecas sind u. a. „Moralische Briefe an Lucilius", eine Sammlung von 124 Lehrbriefen, aus denen unser Textauszug stammt, sowie seine Abhandlung „Über die Seelenruhe".

Shakespeare, William
(1564–1616), englischer Dramatiker, Schauspieler und Dichter. In seinen Dramen stehen vor allem das Verhältnis von Herrschenden und Untertanen sowie die inneren moralischen Kräfte der Hauptheldenim Vordergrund. Das Drama „König Johann" spiegelt den Kampf zwischen dem absolutistischen Herrschaftsanspruch des Königs und der Einforderung von Rechten durch seine Untertanen (z. B. Adlige) wider.

Stoa
S. ist die Bezeichnung für eine philosophische Richtung der Antike (ab 3. Jh. v. Chr.), die von Zenon von Kition begründet wurde. Ihr Name leitet sich vom Versammlungsort in Athen, der stoa poikile (bunte Halle) ab. Sie entwickelten ein philosophisches System, das in Logik, Physik und Ethik gegliedert war. Ziel der Ethik (höchstes Gut) war die Glückseligkeit, die im Einklang mit der Allnatur zu finden war. Diesen Einklang erreicht man durch tugendhaftes Leben und Pfichterfüllung. Als Kerntugenden galten Gerechtigkeit, Menschlichkeit, Beherrschung und Tapferkeit.

Strafgesetzbuch (StGB)
Das S. der Bundesrepublik Deutschland schützt wichtige Rechtsgüter des Menschen wie Leben, Gesundheit, Eigentum, persönliche Würde und Ehre. Es gibt jedoch nicht nur an, wie hoch dieses oder jenes Rechtsgut von der Gesellschaft bewertet wird, sondern garantiert den Bestand der Rechtsordnung insgesamt.

Thomas von Aquin
(um 1225–1274), italienischer Mönch, Philosoph und Kirchenlehrer, bedeutendster Philosoph und Theologe des Mittelalters. Er akzeptierte die Philosophie als eigenständige Wissenschaft, ordnete sie jedoch der Theologie als Fundamentalwissenschaft unter, da das weltliche Sein am göttlichen Sein teilnimmt. Unter Ethik verstand er Gottes Gebote durch praktische Vernunft zu verstehen und umzusetzen.

UNO
(United Nations Organization), eine zzt. aus 185 Staaten bestehende weltumspannende Organisation. Im Prinzip steht jedem friedenswilligen Staat die Teilnahme offen, sofern dieser der UN-Charta zustimmt. Ziele der UNO sind die Erhaltung des Weltfriedens und der internationalen Sicherheit und der Schutz der Menschenrechte. Die Hauptorgane der UN sind die Generalversammlung, der Sicherheitsrat, der Wirtschafts- und Sozialrat und der Internationale Gerichtshof. Die Einhaltung der Menschenrechte überwacht die UN-Menschenrechtskommission und der Hohe Komissar der UNO für Menschenrechte.

Vertrag
Ein V. begründet ein Rechtsverhältnis zwischen mindestens zwei Personen, die einheitliche Willenserklärungen in Bezug auf einen Gegenstand abgeben. Er kommt durch ein Angebot und die Annahme des Angebots zustande. In der philosophischen Staatstheorie haben Verträge die Funktion, das Verhältnis zwischen Souverän und Untertanen mit verbindlichen Rechten und Pflichten für beide Seiten zu regeln.

Völkerrecht
Das V. umfasst die Gesamtheit der Rechtsnormen, die das Verhältnis von Staaten und internationalen Organisationen regeln. Seine Anerkennung und Beachtung hängt von den betroffenen Staaten ab, da es keine zentrale internationale Durchsetzungsinstanz gibt. Das V. bleibt demnach von der tätigen Rechtsüberzeugung der miteinander umgehenden Staaten (als Rechtssubjekte) abhängig.

amnesty international
Sektion der Bundesrepublik Deutschland e.V.
Heerstraße 178
53111 Bonn
Tel.: 02 28/98 37 30
Fax: 02 28/63 00 36
E-Mail: ai-de@amnesty.de
http://www.amnesty.de

Bundespresseamt
Neustädtische Kirchstr. 15
10117 Berlin
Tel.: 0 30/22 44-0; 01 88 827 20
Fax: 0 30/22 44 25 50; 01 88 82 72 25 55
E-Mail: posteingang@bpabund.de
http://www.bundesregierung.de

Europarat
Conseil de l'Europe
Point I
F-67075 Strasbourg Cedex
Tel.: 00 33/3 88/41 20 00
Fax: 00 33/3 88/41 27 81
E-Mail: point_i@coe.int
http://www.coe.fr

Europäische Kommission
Vertretung in Deutschland
Unter den Linden 78
D-10117 Berlin
Tel.: 00 32/22 80 20 00
E-Mail: Vorname.Nachname@cec.eu.int
http://europa.eu.int/comm

Europäischer Gerichtshof für Menschenrechte
c/o Council of Europe
F-67075 Strasbourg Cedex
Tel.: 00 33/3 88/41 20 18
Fax: 00 33/3 88/41 27 30
E-Mail: info@curia.eu.int
http://www.echr.coe.in
http://curia.eu.int/de (Europäischer Gerichtshof)

Gesellschaft für bedrohte Völker e.V.
Düstere Str. 20 a
D-37073 Göttingen
Tel.: 05 51/49 90 60
Fax: 05 51/5 80 28
E-Mail: info@gfbv.de
http://www.gfbv.de

National Coalition für die Umsetzung der UN-Kinderrechtskonvention
Arbeitsgemeinschaft für Jugendhilfe
Haager Weg 44
53127 Bonn
Tel.: 02 28/91 02 40
Fax: 02 28/91 02-466
E-Mail: AGJBonn@aol.com
http://www.alexander-lamprecht.de/agj

Internationale Gesellschaft für Menschenrechte e.V.
Borsigallee 16
60388 Frankfurt am Main
Tel.: 0 69/23 69 71 72
Fax: 0 69/42 01 08 33
E-Mail: info@igfm.de
http://www.igfm.de

Internationaler Gerichtshof
Peace Palace
Camegieplem 2
NL-2517 KJ Den Haag
Tel.: 00 31/7 03 02 23 23
Fax: 00 31/7 03 64 99 28
E-Mail: information@icj-cij.org
http://www.icj-cij.org

Kampagne gegen Kinderarbeit in der Teppichindustrie
Remigiusstr. 21
50937 Köln
Tel.: 02 21/9 42 04 00
Fax: 02 21/9 4 20 40 40
E-Mail: rugmark@transfair.org
http://www.rugmark.de

UN-Hochkommissar für Menschenrechte
Rue Montboillart 92
CH-1211Geneve
Tel.: 00 41/22/739 81 11
Fax: 00 41/22/731 95 46
http://www.unhchr.ch

UNHCR
Wallstr. 9–13
D-10197 Berlin
Tel.: 0 30/20 22 02-0
Fax: 0 30/20 22 02-20
E-Mail: gfrbe@unhcr.ch
http://www.unhcr.de
http://www.un.org/rights

UNICEF
Deutsches Komitee für UNICEF e.V.
Hönninger Weg 104
50969 Köln
Tel.: 02 21/93 65 00
Fax: 0221/93 65 02 79
E-Mail: mail@unicef.de
http://www.unicef.de

Vorsitzende der Kinderkommission des Deutschen Bundestages
Ingrid Fischbach
Deutscher Bundestag
Platz der Republik 1
11011 Berlin
Tel.: 0 30/22 77 10 74
Fax: 0 30/22 77 64 36
E-Mail: ingrid.fischbach@bundestag.de
http://www.bundestag.de/gremien/gremien/kk_p_4htm

S. 6/7 Ethik & Unterricht, 3/1999, Diesterweg, Frankfurt/M., S. 13–17
S. 8/9 Immanuel Kant, Metaphysik der Sitten, Reclam, Stuttgart 1999, S. 130 f.; Günther Beitzke, Alexander Lüderitz, Familienrecht, Beck, München 1992, S. 284
S. 10/11 John Rawls, Eine Theorie der Gerechtigkeit, Suhrkamp, Frankfurt/M. 1998, S. 134–137
S. 12/13 Kurt Singer, Zivilcourage wagen, Piper, München 1997, S. 16; Norbert Hoerster, Die moralische Pflicht zum Rechtsgehorsam, in: ders. (Hrsg.), Recht und Moral, Reclam, Stuttgart 1990, S. 139–141; Ernst Wolf, Art.: Recht. In: Die Religion in Geschichte und Gegenwart 5, Sp. 818, Mohr, Tübingen 1986
S. 14/15 John Locke, Zwei Abhandlungen über die Regierung, Suhrkamp, Frankfurt/M. 1983, S. 201 ff.
S. 16/17 zit. nach: Wolfgang Horn, Recht, Bundeszentrale für politische Bildung, Bonn 1991, S. 11
S. 18/19 John Rawls, Eine Theorie der Gerechtigkeit, Suhrkamp, Frankfurt/M. 1977, S. 269; Thomas Hobbes, Leviathan, Reclam, Stuttgart 1998, S. 117–119
S. 20/21 Theo Mayer-Maly, Rechtswissenschaft, Oldenbourg, München 1991, S. 31 ff.; Hans Kelsen, Die Rechtsordnung als hierarchisches System von Zwangsnormen. In: Norbert Hoerster (Hrsg.), Recht und Moral, Reclam, Stuttgart 1987, S. 26–28
S. 22/23 Otfried Höffe, Politische Gerechtigkeit, Suhrkamp, Frankfurt/., 1987, S. 468
S. 24/25 Heribert Ostendorf, Kriminalität und Strafe, Bundeszentrale für politische Bildung, Bonn 1999, S. 22
S. 26/27 Walter Schätzel (Hrsg.), Der Staat, Schibli-Doppler, Basel 1970, S. 206 f.
S. 28/29 Immanuel Kant, Metaphysik der Sitten, Reclam, Stuttgart 1999, S. 67 f.; Morteza Ghasempour, Religion in interreligiöser Deutungsperspektive, in: Jürgen Hengelbrock (Hrsg.), Begegnung mit dem Islam, Philosophie – Beiträge zur Unterrichtspraxis, Heft 35/36, Cornelsen, Berlin 1997, S. 25 f.
S. 32/33 Judith M. Shklar, Über Gerechtigkeit, Fischer, Frankfurt/M. 1997, S. 10 f.; Christa Randzio-Plath, Sigrid Mangold-Wegner (Hrsg.), Frauen im Süden, Dietz, Bonn 1995, S. 17, 32; Judith M. Shklar, Über Gerechtigkeit, Fischer, Frankfurt/M. 1997, S. 25, 41; Marit Rullmann, Philosophinnen 2, Suhrkamp, Frankfurt/M. 1998, S. 286–287; Christine de Pizan, Die Stadt der Frauen, dtv, München 1986
S. 34/35 Thomas Nagel, Was bedeutet das alles?, Reclam, Stuttgart 1990, S. 51; Robert Spaemann, zit. nach: Ulrich Wickert, Das Buch der Tugenden, Heyne, München 1995, S. 291 f.; Thomas Nagel, Was bedeutet das alles?, Reclam, Stuttgart 1990, S. 57 f.
S. 36/37 Fjodor Dostojewski, Schuld und Sühne, Aufbau, Weimar 1979, S. 86 f.; Aristoteles, Die Nikomachische Ethik, Akademie, Berlin 1983, S. 96, 100; Alasdair MacIntyre, Geschichte der Ethik im Überblick, Beltz, Weinheim 1995, S. 64–66
S. 38/39 12. Shell Studie, Leske und Budrich, Opladen 1997, S. 92
S. 40/41 Olympe de Gouges, in: Ruth Hagengruber (Hrsg.), Klassische philosophische Texte von Frauen, dtv, München 1998, S. 101, 99 f.
S. 42/43 Mary Wollstonecraft, in: Ruth Hagengruber (Hrsg.), Klassische philosophische Texte von Frauen, dtv, München, 1998, S. 111, 114 f., 122; Mary Wollstonecraft, Ein Plädoyer für die Rechte der Frau, Verlag Böhlaus Nachfolger, Weimar 1999, S. 42
S. 44/45 Chinesische Weisheit, zit. nach: Ulrich Wickert, Das Buch der Tugenden, Heyne, München 1995, S. 277; Thomas Hobbes, Leviathan, Suhrkamp, Frankfurt/M. 1991, S. 134; Nikita Murawjow, Ein Verfassungsentwurf. In: Gerhard Dudek (Hrsg.), Die Dekabristen, Insel, Leipzig, 1975, S. 210, 218–221; Franz Lau, Art. Gerechtigkeit des Menschen, in: Die Religion in Geschichte und Gegenwart, Mohr, Tübingen 1986, Sp. 1410–1411
S. 46/47 John Rawls, Eine neue Theorie der Gerechtigkeit, Suhrkamp, Frankfurt/M. 1998
S. 48/49 Shell-Studie, S. 41 f.; Heiner Hastedt, Gerechtigkeit, in: ders. (Hrsg.), Ekkehard Martens, Ethik, Rowohlt, Reinbeck 1994, S. 210 ff.
S. 50/51 Günter Ellscheid, Vertragsfreiheit und Verteilungsgerechtigkeit, in: Ethik und Unterricht, 2/1999, Diesterweg, Frankfurt/M.; Friedrich Schorlemmer, Gerechtigkeit und Utopie der Bürgerbewegung, in: Heiner Hastedt, Dieter Thomé (Hrsg.), Plädoyers für Gerechtigkeit, Rostocker Philosophische Manuskripte, Heft 1, 1994, S. 36 f.; Till Warmbold, Die Schule der Zukunft? In: Ethik & Unterricht 1/2000, S. 39
S. 52/53 Le Monde, 8. 12. 1999, S. 2; The Daily Telegraph, 16. 9. 1999, S. 21; André Glucksmann, Philosophie der Abschreckung, DVA, Stuttgart 1983, S. 311f., Erika Schillings, Frieden – das erste Gebot der Vernunft, in: Ethik und Unterricht, 4/1991, Diesterweg, Frankfurt/M.
S. 54/55 Wilfried Liebchen, Die Fabel harte Realität und Argument, Fabel, Rhön-Grabfeld/Kilianshof 1992, S. 72; André Glucksmann, Philosophie der Abschreckung, DVA, Stuttgart, 1983, S. 52ff.
S. 56/57 Immanuel Kant, Zum ewigen Frieden, Reclam, Leipzig 1984, S. 21f.; Erika Schillings, Ende des Kalten Krieges – und nun die heiligen oder gerechten Kriege?, in: Ethik und Unterricht, 4/1991, Diesterweg, Frankfurt/M.
S. 60/61 Karen Farrington, Die Geschichte der Folter und Todesstrafe, Bechtermünz, Augsburg 1999, S. 174f.; Karl Jaspers, Psychologie der Weltanschauungen, Piper, München 1994, S. 273 f.
S. 62/63 DIE ZEIT, 11. 11. 1999, S. 5; Reimer Gronemeyer, Götz Eisenberg, Jugend und Gewalt, Rororo, Hamburg 1993, S. 29f
S. 64/65 Heribert Ostendorf, Kriminalität und Strafe, Bundesanstalt für politische Bildung, Bonn 1999, S. 10; Rüdiger Safranski, Das Böse oder Das Drama der Freiheit, Hanser, München 1997, S. 247f.; Elisabeth Badinter, Ich bin Du, dtv, München 1994, S. 195f.
S. 66/67 John Locke, Gedanken über Erziehung, Reclam, Stuttgart 1970, S. 47, 49 f.; Heribert Ostendorf, Kriminalität und Strafe, Bundesanstalt für politische Bildung, Bonn 1999, S. 14 f.; John Rawls, Eine Theorie der Gerechtigkeit, Suhrkamp, Frankfurt/M. 1998, S. 271 f.
S. 68/69 Heribert Ostendorf, Kriminalität und Strafe, Bundesanstalt für politische Bildung, Bonn 1999, S. 14, 67; Immanuel Kant, Metaphysik der Sitten, Reclam, Stuttgart 1999, S. 192; Heribert Ostendorf, Kriminalität und Strafe, Bundesanstalt für politische Bildung, Bonn 1999, S. 16 f
S. 70/71 Sonia Mikich, Planet Moskau, Kiepenheuer & Witsch, Köln 1998, S. 162f., 165ff.
S. 72/73 Otfried Höffe, Lexikon der Ethik, Beck, München1992, S. 266; RGG
S. 74/75 Avishai Margalit, Politik der Würde, Fischer, Frankfurt/M. 1999; Heribert Ostendorf, Kriminalität und Strafe, Bundesanstalt für politische Bildung, Bonn, 1999, S. 25

S. 76/77 Focus, 20. 6. 1999; Hamburger Abendblatt, 27. 10. 1999, S. 32; Theo Mayer-Maly, Rechtswissenschaft, Oldenbourg, München 1991, S. 198f.
S. 78/79 Heribert Ostendorf, Kriminalität und Strafe, Bundesanstalt für politische Bildung, Bonn 1999, S. 38
S. 80/81 Heribert Ostendorf, Kriminalität und Strafe, Bundesanstalt für politische Bildung, Bonn 1999, S. 38f.; Drucksache 16/2805 des Hamburger Senats an die Bürgerschaft vom 23. 06. 1999; Hamburger Abendblatt, 13. 11. 1999, S. 38; Teruo Kono, Karate – Der Weg zum Schwarzgurt, ohne Verlag
S. 82/83 Avishai Margalit, Politik der Würde, Fischer, Frankfurt/M. 1999, S. 306–309
S. 84/85 Hartmut Lehman, Dagmar Unverhau (Hrsg.), Hexenprozesse, Karl Wachholz, Neumünster 1983, S. 77f., 154f.; nach Engelbert Stiglmayr und Anton Brück, Art.: Hexen. In: Die Religion in Geschichte und Gegenwart 3, Sp. 307–310, Mohr, Tübingen 1986; nach Albert Mirgeler, Art. Jeanne d'Arc. In: Die Religion in Geschichte und Gegenwart 3, Sp. 573–574, Mohr, Tübingen 1986; RGG; Karsten Sejr Jensen; RGG
S. 86/87 Die Welt, 5. 2. 1999; S. 86; Ernst Böckenförde, zit. nach: Ulrich Wickert, Das Buch der Tugenden, Heyne, München 1995, S. 330f.; Richard Schröder, zit. nach: Rostocker Philosophische Manuskripte, Heft 1, Rostock 1994, S. 63
S. 90/91 RGG; William Shakespeare, Sämtliche Werke in einem Band, Bechtermünz, Augsburg 1988, S. 312f.
S. 92/93 Noberto Bobbio, Das Zeitalter der Menschenrechte, Wagenbach, Berlin 1999, S. 10ff.; Norbert Brieskorn, Menschenrechte, Kohlhammer, Stuttgart 1997, S. 17f.
S. 94/95 Heiner Bielefeldt u. a. (Hrsg.), Würde und Recht des Menschen, Königshausen & Neumann, Würzburg 1992, S. 170; Avishai Margalit, Politik der Würde, Fischer, Frankfurt/M. 1999, S. 75; Immanuel Kant, Grundlegung der Metaphysik der Sitten, Reclam, Stuttgart 1990, S. 66f.; Reiner Engelmann, Urs M. Fiechtner (Hrsg.), Frei und gleich geboren, Sauerländer, Aarau, Frankfurt/M., Salzburg 1997, S. 40
S. 96/97 Louise Otto-Peters, zit. nach: Johanna Ludwig, Katharina Middel (Hrsg.), „... der Menschheit Hälfte blieb noch ohne Recht", Leipziger Universitätsverlag, Leipzig 1998
S. 98/99 The Daily Telegraph, 16. 7. 1999; The Daily Telegraph, 10. 8. 1999; Hamburger Abendblatt, 18. 6. 1999
S. 100/101 Elcin Kürsat-Ahlers, Globalisierung, Migration und Multikulturalität, Zambon, Frankfurt/M. 1998
S. 102/103 Raymonda Tawil, Mein Gefängnis hat viele Mauern, Dietz, Bonn 1992, S. 269ff.; Kurt Singer, Zivilcourage wagen, Piper, München 1997, S. 209ff.
S. 104/105 Gisela Dachs, in: Zeitpunkte, 2/1993, S. 81; Henrik Bork, in: Zeitpunkte, 2/1993, S. 42, 99; Forum Europa, 12/1998, S. 1; Marion Gräfinn Dönhoff, Mathias Nass, in: DIE ZEIT, 18/1998; Jürgen Habermas, in: DIE ZEIT, 18/1999
S. 106/107 Henning Boeckle, in: Aus Politik und Zeitgeschichte, 11/1998, S. 4ff.
S. 108/109 Stiftung Weltethos; Hans Küng, Weltethos für Weltpolitik und Weltwirtschaft, Piper, München 1997, S. 140ff., 155
S. 110/111 Knud E. Løgstrup, Art. Pflichten, in: Die Religion in Geschichte und Gegenwart, Mohr, Tübingen 1986; Helmut Schmidt (Hrsg.) Allgemeine Erklärung der Menschenpflichten, Piper, München 1997, S. 27ff.
S. 112/113 Bénézet Bujo, Afrikanische Anfrage an das europäische Menschenrechtsdenken, in: Johannes Hoffmann (Hrsg.), Begründungen von Menschenrechten aus der Sicht unterschiedlicher Kulturen, Verlag für interkulturelle Kommunikation, Frankfurt/M. 1991
S. 114/115 Calixthe Beyala, Lettre d'une Africaine à ses seurs occidentales, Spengler, Paris 1995, S. 41; Bénézet Bujo, Afrikanische Anfrage an das europäische Menschenrechtsdenken, in: Johannes Hoffmann (Hrsg.), Begründungen von Menschenrechten aus der Sicht unterschiedlicher Kulturen, 1991; Bénézet Bujo, Afrikanische Anfrage an das europäische Menschenrechtsdenken, in: Johannes Hoffmann (Hrsg.), Begründungen von Menschenrechten aus der Sicht unterschiedlicher Kulturen, 1991, S. 218ff.
S. 116/117 Richard von Weizsäcker, in: Bürgerschaft der Freien und Hansestadt Hamburg (Hrsg.), Zeitenwende – Aufbruch ins 21. Jahrhundert, Christians, Hamburg, 1999, S. 15ff.; Jutta Limbach, in: Bürgerschaft der Freien und Hansestadt Hamburg (Hrsg.), Zeitenwende – Aufbruch ins 21. Jahrhundert, Christians, Hamburg, 1999, S. 68ff.; Sommermeditationen, Rowohlt, Hamburg 1994, S. 25f.
S. 118/119 EU-Kommission (Hrsg.), Eine europäische Charta der Grundrechte, Berlin 1999, S. 26/27

Bildnachweis

S. 4/5 © Rheinisches Bildarchiv
S. 6 Museé Picasso, Paris; Archiv für Kunst und Geschichte
S. 9 David Kyungu, Hamburg
S. 10 Original Sammlung Heiner Vogel; Bildarchiv Preußischer Kulturbesitz
S. 16 Hirmer Verlag, München
S. 22 Archiv für Kunst und Geschichte
S. 23 Archiv für Kunst und Geschichte
S. 25 Süddeutscher Verlag Bilderdienst
S. 26 Topor
S. 28 Hans Georg Rauch, Politische Landschaft, 1983, © Ursula Rauch
S. 31 Barbara Schumann, Berlin
S. 33 Walter Hanel/CCC, www.c5.net
S. 35 aus: Karikatur und Satire, S. 104, Privatbesitz München
S. 39 © Graphische Sammlung Albertina, Berlin
S. 41 Musée Carnavalet, Paris
S. 42 Vico von Bülow, Ammerland
S. 47 Simone Gilges, Berlin
S. 48 Borislav Sajtinac/CCC, www.c5.net
S. 50 CCC, www.c5.net
S. 52 dpa
S. 54 Photo RMN
S. 56 Artothek, Peissenberg
S. 58 aus: Kriminalität und Strafrecht, Informationen zur politischen Bildung 248, Bonn 1999, S. 41; Horst Haitzinger/CCC, www.c5.net
S. 59 (o. u. u.) Archiv für Kunst und Geschichte
S. 63 Karine Daisay, Paris
S. 64 © Action Press
S. 69 Horst Haitzinger/CCC, www.c5.net
S. 70 © Ken Light/Saba 1994, Huntsville, Texas, Beath, Action Press
S. 76 aus: Kriminalität und Strafrecht, Informationen zur politischen Bildung 248, Bonn 1999, S. 41
S. 79 Steve Shelton, Das Fotoarchiv
S. 84 Bildarchiv Hansmann, Stockdorf
S. 85 aus: Von Jahr zu Jahr, Cornelsen, Berlin 1997, S. 9
S. 86 © Zentralbild
S. 88/89 Bildarchiv Preußischer Kulturbesitz
S. 93 Luis Murschetz/CCC, www.c5.net
S. 99 Action Press
S. 100 © Ursula Rauch
S. 103 Reuters
S. 106 Brigitte Schneider/CCC, www.c5.net
S. 112 CCC, www.c5.net
S. 113 Privatsammlung, Paris, VG Bild-Kunst, Bonn
S. 119 Cornelsen, Berlin

Nicht in allen Fällen war es möglich, die Rechteinhaber für Texte oder Bilder ausfindig zu machen. Berechtigte Ansprüche werden selbstverständlich im Rahmen der üblichen Vereinbarungen abgegolten.

Weiterführende Literatur

1. Kap.: Recht muss Recht bleiben

Horst Becker, Jürgen Heß, Grundwissen Recht, Klett, Stuttgart 1994
Heinrich Fisch, Abiturwissen Sozialwissenschaften, Weltbild-Kolleg, Augsburg 1992
Norbert Hoerster (Hrsg.), Recht und Moral – Texte zur Rechtsphilosophie, Reclam, Stuttgart 1998
Wolfgang Horn, Recht, Bundeszentrale für politische Bildung, Bonn 1991
Ekkehard Götze, Rechtslexikon, Fischer, Frankfurt/M. 1996
Theo Mayer-Maly, Rechtswissenschaft, Oldenbourg, München 1991

2. Kap.: Vom Sinn und Zweck der Gerechtigkeit

Ethik & Unterricht, 2/1996 (Themenheft „Gerechtigkeit"), Diesterweg, Frankfurt/M.
André Glucksmann, Philosophie der Abschreckung, DVA, Stuttgart 1984
Ruth Hagengruber (Hrsg.), Klassische philosophische Texte von Frauen, dtv, München 1998
Otfried Höffe (Hrsg.), Lexikon der Ethik, Beck, München 1992
Avishai Margalit, Politik der Würde, Fischer, Frankfurt/M. 1999
Thomas Nagel, Recht und Unrecht sowie Gerechtigkeit, in: ders., Was bedeutet das alles?, Reclam, Stuttgart 1990
Judith M. Shklar, Über Ungerechtigkeit, Fischer, Frankfurt/M. 1997
Martha C. Nussbaum, Gerechtigkeit oder das gute Leben, Suhrkamp, Frankfurt/M. 1999
Christine de Pizan, Die Stadt der Frauen, dtv, München 1986

3. Kap.: Kriminalität und Strafe

Götz Eisenberg, Reimer Gronemeyer, Jugend und Gewalt, Rowohlt, Reinbek 1996
Karen Farrington, Geschichte der Folter und Todesstrafe, Bechtermünz, Würzburg 1999
Michel Foucault, Überwachen und Strafen, Fischer, Frankfurt/M. 1976
Otfried Höffe, Gibt es ein interkulturelles Strafrecht?, Suhrkamp, Frankfurt/. 1999
Heribert Ostendorf, Kriminalität und Strafe, Bundeszentrale für politische Bildung, Bonn 1999
Kurt Singer, Zivilcourage wagen, Piper, München 1992

4. Kap.: Menschenrechte – Menschenpflichten

Noberto Bobbio, Das Zeitalter der Menschenrechte. Ist Toleranz durchsetzbar?, Wagenbach, Berlin 1999
Norbert Brieskorn, Menschenrechte, Kohlhammer, Stuttgart 1997
Reiner Engelmann, Urs. M. Fiechtner (Hrsg.), Frei und gleich geboren. Ein Menschenrechte-Lesebuch, Sauerländer, Frankfurt/M. 1997
Václav Havel, Sommermeditationen, Rowohlt, Reinbek 1994
Beate Hoecker, Frauen, Männer und die Politik, Dietz, Bonn 1998
Hasso Hoffmann, Die Entdeckung der Menschenrechte, de Gruyter, Berlin 1999
Franz-Josef Hutter, Carsten Tessmer (Hrsg.), Die Menschenrechte in Deutschland. Geschichte und Gegenwart, Beck, München 1997
Johannes Hoffmann (Hrsg.), Begründung der Menschenrechte aus der Sicht unterschiedlicher Kulturen, Verlag für Interkulturelle Kommunikation, Frankfurt/M. 1991
Tim Kuschnerus, Zum Beispiel Menschenrechte, Lamuv, Göttingen 1994
Johanna Ludwig, Katharina Middell (Hrsg.), „... der Menschheit Hälfte blieb noch ohne Recht". Menschenrechte für Frauen – Frauen für Menschenrechte, Leipziger Universitätsverlag, Leipzig 1998
Menschenrechte, in: Wochenzeitung „Das Parlament", 6. 11. 1998
Mary Wollstonecraft, Plädoyer für die Rechte der Frau, Verlag Hermann Böhlaus Nachfolger, Weimar 1999
Helmut Schmidt (Hrsg.), Allgemeine Erklärung der Menschenpflichten, Piper, München 1997
Brunno Simma, Ulrich Fastenroth (Hrsg.), Menschenrechte, dtv, München 1992